AUFSTAND DES INDIVIDUUMS

Dr. Reinhard K. Sprenger gilt als der profilierteste Führungsexperte Deutschlands. Zu seinen Kunden zählen nahezu alle Dax-100-Unternehmen. Mit seinen mittlerweile zu Klassikern avancierten Büchern *Mythos Motivation* und *Das Prinzip Selbstverantwortung* (beide Campus Verlag) veränderte Reinhard K. Sprenger die Managementwelt.

Reinhard K. Sprenger

AUFSTAND DES INDIVIDUUMS
Warum wir Führung komplett neu denken müssen

Mit Illustrationen von
Thomas Plaßmann

Campus Verlag
Frankfurt/New York

Redaktion: Karin Beiküfner, Düsseldorf

Bibliografische Information der Deutschen Bibliothek
Die Deutsche Bibliothek verzeichnet diese Publikation in der
Deutschen Nationalbibliografie. Detailierte bibliografische Daten
sind im Internet über http://dnb.ddb.de abrufbar
ISBN 3-593-37639-3

Limitierte Sonderausgabe 2005

Das Werk einschließlich aller seiner Teile ist urheberrechtlich geschützt.
Jede Verwertung ist ohne Zustimmung des Verlags unzulässig. Das gilt
insbesondere für Vervielfältigungen, Übersetzungen, Mikroverfilmungen
und die Einspeicherung und Verarbeitung in elektronischen Systemen.
Copyright © 2005 Campus Verlag GmbH, Frankfurt/Main
Umschlaggestaltung: Büro Hamburg
Satz: Leingärtner, Nabburg
Druck und Bindung: Freiburger Graphische Betriebe, Freiburg i. Br.
Gedruckt auf säurefreiem und chlorfrei gebleichtem Papier.
Printed in Germany

Besuchen Sie uns im Internet: www.campus.de

*Johannes Henrich gewidmet,
dem Helfer in vielen wichtigen Jahren.*

INHALT

EINLEITUNG
oder was Sie von diesem Buch erwarten können
11

DAS EGALISIERENDE UNTERNEHMEN
oder die Krise hat einen Namen
23

UNTERNEHMERTUM IM UNTERNEHMEN
oder wie man Angestellte zu Bonsai-Kapitalisten macht
52

360-GRAD-BEURTEILUNG
oder der unheimliche Charme der Totalüberwachung
63

COACHING
oder wie man aus Unternehmen Kindertagesstätten macht
75

Leistungsbeurteilungen
oder warum wir uns nicht brauchen
80

Mitarbeiterbefragungen
oder wer nichts zu sagen hat, wird befragt
97

Personalentwicklung
oder wie man mit guten Absichten den Weg zur Hölle pflastert
107

Team-Dreams, Dream-Teams
oder wie man Kreativität verhindert
126

Zielvereinbarungen
oder warum man sich Sisyphos als glücklichen Menschen vorstellen muss
143

Training
oder wie man Psychoklamauk an Manager verkauft
161

Identifikation
oder wie man Gesinnung nötigt
170

Das individualisierende Unternehmen
oder Menschen führen zum Erfolg
179

Führung
oder warum es auf den Unterschied ankommt
187

Störung
oder der Weg aus der Erfolgsfalle
197

Auswahl
oder wer sich wen aussucht
204

Einsatz
oder wer zu welcher Aufgabe passt
216

Bindung
oder warum Geld allein nicht glücklich macht
225

Ergebnisse
oder warum Menschen nur das tun, was sie wollen
234

ENTSCHEIDUNGEN
oder die Freiheit zum Unvorhersehbaren
266

BILDUNG
oder warum man Führung nicht lernen kann
273

INDIVIDUELLE FÜHRUNG
oder die Souveränität des Ich
279

NACHWORT
293

LITERATUR
295

Einleitung
oder was Sie von diesem Buch erwarten können

Anfang, der erste

Erste Sätze sollten ein Buch in Gang setzen wie erste Küsse eine große Liebe.

It's good to be remembered that everybody is following his own dream.

Diesen Satz von Thomas Banyacya, einem Häuptling der Hopi-Indianer, trage ich schon lange bei mir. In mehrfacher Hinsicht schien er mir geeignet, dieses Buch einzuleiten. Dann aber kamen mir Zweifel. Ein Buch zur Führungspraxis so beginnen? Ist das nicht ein bisschen zu pathetisch? Also begann ich noch einmal.

Anfang, der zweite

Stellen Sie sich vor, Sie sind gestorben. (Wahrscheinlich war der andere Einstieg doch besser!) Sie kommen vor die Himmelspforte, Petrus bittet Sie freundlich herein und eröffnet Ihnen, Sie hätten die Wahl: zwischen Himmel und Hölle. Sie dürften auch jeweils ein Schnupperwochenende verbringen. Sie sind hocherfreut und entscheiden sich, zuerst mit dem Fahrstuhl in die Hölle zu fahren. Zu Ihrer Überraschung betreten Sie eine Landschaft, wie sie schöner nicht sein könnte: mild geschwungene Hügel, Golfplätze, Sonnenschein, ein tiefblauer See, ein lauer Wind bläht die Segel der Schiffe. Sie treffen längst vergessene Kollegen wieder; die scheinen ein Fest nach dem anderen zu feiern. Jeder treibt seinen

Lieblingssport, isst seine Lieblingsmahlzeit, tut das, was er am liebsten mag. Auf einem Schild lesen Sie: »Jedem nach seinen Bedürfnissen.« Man kann auch kommen und gehen, wann man will. Der Teufel entpuppt sich als wahrer Gentleman, freundlich und beflissen. Sie sind tief beeindruckt, wollen aber noch die Alternative prüfen. Also fahren Sie mit dem Fahrstuhl nach oben in den Himmel. Milch und Honig fließen dort, es duftet nach Tulpen und Narzissen, die Luft erzittert von Schalmeien, und gebratene Tauben fliegen Ihnen direkt in den Mund. Goldgelockte Engel lesen Ihnen jeden Wunsch von den Lippen ab. Alles ist sanft, friedlich, einladend. Auch hier können Sie kommen und gehen, wann und wohin Sie wollen. Das Leben im Himmel erscheint Ihnen mehr als nur lebenswert, jedoch auf Dauer ein bisschen langweilig. Sie kommen wieder zu Petrus, und auf seine Frage, wie Sie sich nun entschieden hätten, wählen Sie ohne Zögern die Hölle. »In Ordnung«, sagt Petrus, schiebt Sie in den Fahrstuhl und ab geht's nach unten. Der Fahrstuhl hält, die Türen öffnen sich, sie treten voll freudiger Erwartung heraus ... und werden von glühenden Stahlzangen gepackt, emporgerissen, durchgeschüttelt und über einen Feuerrost gehalten. Die Luft ist brennend heiß und erfüllt von Heulen und Zähneklappern. Sie sehen unter sich Ihre Kollegen in Reih und Glied auf dem Feuerrost liegen, man kann sie kaum auseinanderhalten, alle gleich groß, gleich lang, nur Nummern unterscheiden sie. Überall Feuerstellen, über denen aufgereiht Menschenkaskaden schmoren. »Moment mal«, wenden Sie sich protestierend an den Teufel, der sich plötzlich als widerwärtiger Bursche herausstellt, »das sah doch hier vorher ganz anders aus!« »Ja schon«, antwortet der Teufel, »aber damals waren Sie Bewerber. Jetzt sind Sie Personal!«

Naja, mit 'nem Witz anzufangen ist immer so eine Sache. Gerade in Deutschland. Außerdem kennt die Story bald jeder. Sie trifft auch nicht genau das, was ich eigentlich sagen will. Da hilft mir ein Zwischenruf aus dem Zuschauerraum: »Wann kommen wir denn endlich zur Praxis?« Genau! Das ist es – ein Praxisbeispiel musste her. Also begann ich ein drittes Mal.

Anfang, der dritte

»Das bin ich nicht!« »Ich finde mich da nicht wieder!« »Das hat mit mir und meiner Aufgabe nichts zu tun!« – Der Widerstand gegen die Einführung von Stellenbeschreibungen war in dieser Schärfe überraschend. Die Kettelhack Riker Pharma GmbH war schon vor Jahren von der 3M gekauft worden, hatte aber bislang ein relativ autonomes Eigenleben führen können. Anfang der neunziger Jahre entschloss sich die Konzernmutter, das Medizingeschäft unter einem Dach zusammenzufassen und das kleine Pharmaunternehmen organisatorisch einzugliedern. Das hieß zunächst: Managementinstrumente einführen. Der Personalleiter versuchte, die erhitzten Gemüter zu beruhigen: »Das ist eine Stellenbeschreibung, keine Personenbeschreibung!« Der Widerstand ließ langsam nach ... brach aber mit unverminderter Härte wieder auf, als die Unternehmensleitung sich entschloss, ein System der Stellen*bewertung* anzuhängen und das Ganze an ein Gehaltssystem zu koppeln. Mit orientalischer Inbrunst wehrte man sich dagegen, in Kategorien ein-, auf-, abgewertet und mit einer Endsumme in Job-Groups eingestuft zu werden. Die Menschen des kleinen Unternehmens, die Jahrzehnte friedlich – und außerordentlich erfolgreich – zusammengearbeitet hatten, sahen sich nun auf fast sadistische Weise gegeneinander aufgerechnet und zum Anhängsel eines Systems gemacht.

Die Reaktion der Menschen verblüffte mich damals. Als Vertreter der Konzernmutter erschienen mir unsere Managementinstrumente wie hochkulturelle Geschenke an etwas zurückgebliebene Provinzler. Ich hatte entsprechend große Mühe, anzuerkennen, dass die Provinzler unsere Entwicklungshilfe gar nicht haben wollten. Offenbar war ihr über lange Jahre gewachsenes Selbstbewusstsein mit den vom System angebotenen Rollen, Kategorien und Schemata nicht zur Deckung zu bringen. Vielleicht spürten sie auch, dass solche Punkt-Faktor-Systeme sie als Menschen entpersonalisierten und auf ein Aufgabenerfüllungspotenzial reduzierten. Das Unteilbare (lat. *individuum*) wehrte sich dagegen, aufgeteilt zu werden.

Seit jener Erfahrung hat mich das Verhältnis des Einzelnen zu seinem Unternehmen nicht mehr losgelassen. Wenn man in Großunternehmen gleichsam »aufgewachsen« ist, dann hält man vieles für selbstverständlich, sogar für überlegen, was bei unverbildeter, gleichsam naiver Sicht der Dinge eher befremdlich wirkt. In Klein- und mittelständischen Unternehmen entdeckt man häufig noch renitente Reste des oft bespöttelten »gesunden Menschenverstandes«, sobald die scheinbar »fortschrittlichen« Instrumente der Großunternehmen übernommen werden sollen. Sollten wir die Reaktion der Menschen nicht ernster nehmen? Artikuliert sich in diesem Widerstand nicht ein ganz natürlicher, noch unverbildeter Reflex gegen die organisierte Kleintierzüchtung in den Großunternehmen? Gegen die Zumutungen des Systems? Gegen die Entindividualisierung durch Instrumente? Gegen Anonymisierung durch Größe?

Vom Wir zum Ich

Individualität stört in allen Organisationen. Ihre Existenz ist für sie ein ebensolcher Skandal, wie eine hybride Pflanze es für den Botaniker ist, dessen mühsam erarbeitete Systematik dadurch ins Wanken gerät. Als Unzuverlässigkeit von Mitarbeitern ist das Problem lange bekannt. Seit dem Zweiten Weltkrieg sind jedoch mehrere Individualisierungswellen über unsere Gesellschaft hinweggespült und haben eine veränderte Landschaft hinterlassen. Wir haben uns vom Wir zum Ich bewegt, von der Kontinuität zum Wandel. Das plötzliche Aufbrechen der zuvor hermetisch getrennten Gesellschaften in Ost und West hat diesen Prozess weiter dynamisiert. Europa regionalisiert sich; man ist sich der Unterschiede bewusster denn je. Wenn dem modernen Menschen an etwas gelegen ist, dann an seiner Individualität.

Auch in den Unternehmen: Das internationale Zusammenwachsen der Märkte, der Zufluss ausländischer Arbeitskräfte sowie die Zunahme grenzüberschreitender Fusionen lässt die Mitarbeiterschaft heterogener werden. Zu den Unterschieden von Geschlecht, Alter und Bildung kommen jene der Nationalitäten, Hautfarben und Kulturen. Die »Corporate Identity« ist zum albernen Trödel alternder Schornsteinindustrien abgesunken. Die Flächentarife – auch die geistigen! – haben ihre Zukunft hinter sich. Auf der Kundenseite ebenso: Auch die Kunden werden immer unterschiedlicher, kapriziöser, wechselhafter. Die Nischenmärkte immer kleiner und kurzlebiger. Das Leistungsangebot immer spezifischer: Die »Losgröße Eins« in der Industrie, das persönliche Auto, das Unikat, das unverwechselbar Zuzuordnende – das sind die Erfolgsfaktoren der Zukunft. Die Minderheit ist zum Mainstream angeschwollen. Man denke nur an die Konjunktur des Wortes »maßgeschneidert«. Mit dem 21. Jahrhundert beginnt das Zeitalter des Individuums – und der Einfluss der Institutionen schwindet.

Das, was diese Komplexität bewältigen kann – Kreativität, Selbstverantwortung, Flexibilität –, kann wiederum nur das Individuum leisten. Ohne den subjektiven Einzelnen keine Innovation. Außerhalb von Gewohnheit und Regeln denken – das ist an die Person gebunden. Die notwendige Aufwertung des Individuellen prallt jedoch gegen Management- und Organisationsformen, die vor rund 120 Jahren eingeführt wurden und deren Stoßgebete nur einen Refrain haben: »Ordnung, Ordnung über alles.« Diese Spannung ist zu spüren in den Anstrengungen zum »Change-Management«, in den Klagen über flächendeckende Demotivationslagen, dem Scheitern der immer neuen Managementmoden, in der Suche nach neuen Wegen, gute Mitarbeiter zu gewinnen und zu halten, in der Debatte über »glass ceilings« und »work-life-balance«. Verschärft wird die Situation durch das Wegbrechen der Karriereleiter, die früher Organisation und Individuum innig verband.

In dieser Lage hilft es wenig, die Menschen mit gutem Zureden ändern zu wollen. Die Menschen sind immer die richtigen. Die Organisationen sind die falschen. Und es wäre ein Missverständnis, zu meinen, man könne die Spannung mit floskelhaften Werten, Visionen und Leitbildern lösen. Damit werden nur Wunschzettel aufs Fenstersims gelegt. An der Schwelle zum neuen Jahrtausend fehlt eine Unternehmens-

politik nach rationalen Prinzipien, die die Spielregeln der Zusammenarbeit überprüft und auf die neuen Verhältnisse einstellt. Die will ich anbieten.

Ich kontrastiere dazu das *egalisierende* Unternehmen mit dem *individualisierenden*. Im *egalisierenden* Unternehmen ist das Individuum das Problem. Man versucht sich die Menschen »passend« zu machen. Dazu verhilft ein breit angelegtes Instrumentarium des Messens, Bewertens und Veränderns. Dieses Instrumentarium analysiere ich im ersten Teil des Buches. Ich entfalte die These, dass Unternehmen sich zwar modern wähnen, mit ihrer Methode »Überwachen – Disziplinieren – Gleichschalten« sich aber im organisatorischen Mittelalter befinden. Nur das Vokabular hat sich geändert, nicht das Handeln. Ich richte mich hier vor allem gegen jene Nivellierer, die mit jakobinischem Eifer jede Individualität unter die Guillotine ihrer Begradigungsabsicht legen. Ich verweise auf die Spät- und Nebenwirkungen solch gängiger Managementtechniken wie Coaching, 360-Grad-Beurteilung oder Zielvereinbarung, vor allem aber auf ihre versteckten Botschaften, vor denen die Sachwalter der guten Absicht die Augen verschließen. Das Ergebnis lautet:

> *Alle Managementmethoden scheitern
> an nicht akzeptierter Individualität.*

Damit wird – Ironie der Verhältnisse – genau jene Wertreserve ignoriert, die die anstehenden Aufgaben lösen kann.

Die einzelnen Kapitel können für sich gelesen werden; jedes bringt Grundlegendes zur Sprache. Dies führt auch zu thematischen Überschneidungen. Was den einen Leser stören mag, wird ein anderer dem Buch als willkommene Erweiterung von Grundgedanken gutschreiben.

Im *individualisierenden* Unternehmen ist das Individuum die Lösung. Die Organisation wird daher gleichsam um die Menschen »herum« gebaut. Die daraus entstehenden flexiblen Strukturen werden nicht mehr über Kontrolle zusammengehalten, sondern durch Vertrauen. Diese Perspektive entfalte ich im zweiten Teil des Buches. Ich orientiere mich dabei an zwei Grundfragen:

- Was bedeutet ein nicht-instrumenteller Umgang mit Menschen?
- Was beinhaltet eine Führung, die im Mitarbeiter den individuellen Einzelnen sieht?

Auf dem Weg von der einen Unternehmensform zur anderen begegnen wir dem »Aufstand des Individuums«. Es handelt sich dabei weniger um eine diagnostische, als vielmehr um eine blicklenkende Aussage. Noch äußert sich der Aufstand eher »innerlich«, in Demotivation, Zynismus oder Institutionenskepsis. Viele Mitarbeiter laufen mit arretierter Spartaste herum. Aber die Zahl der Menschen wächst, die sich auf ihre eigene Kraft besinnen, statt der Scheinsicherheit der Unternehmen zu trauen.

Warum ich dieses Buch geschrieben habe

Bücher über das *How to* der Mitarbeiterführung sind allmählich so originell geworden wie die Verachtung von Gartenzwergen. Dennoch werden einige von Ihnen hartnäckig erwarten, dass meine Analyse in habhafte Rezepte mündet. Ich will Sie gerne enttäuschen. Ich würde nämlich genau das tun, wogegen ich in diesem Buch anschreibe. Was ich Ihnen anbiete, ist weder eine universell anwendbare Instantlösung noch eine unterhaltsame Anekdotenpromenade. Vielmehr eine Grundhaltung, eine Perspektive, die Ihnen vielleicht helfen kann, die Revolution zu *über*leben, die wir alle gerade *er*leben. Patentrezepte gibt es ohnehin nicht, wenngleich ich an meinen Präferenzen keinen Zweifel lasse. Manchmal weiß ich auch (noch) keine Alternative, manchmal deute ich sie an, mitunter fehlt das Beispiel. In den meisten Fällen reicht es mir, den »Spielraum« erwachsener Kooperation abzustecken, ohne ihn gleich zu möblieren. Außerdem habe ich hier auf fast alles verzichtet, was ich schon in *Mythos Motivation* und *Das Prinzip Selbstverantwortung* vorgeschlagen habe. Dennoch entstehen, so meine ich, ausreichend deutliche Konturen eines nicht-entindividualisierenden, nicht-entmündigenden, vielmehr vertrauenden, mit Freiheit zu vereinbarenden und insofern vernünftigen Unternehmens.

Sollte ich aber am Eingang dieses Buches eine Inschrift anbringen, so müsste sie lauten: Es möge sich fernhalten, wer nur dem Bestehenden applaudieren möchte. Wer unwillig ist, das Sosein in Frage zu stellen. Denn aus dem Beobachten und Beschreiben geht hervor, dass es anders sein sollte. Wieso auch sollte ich die Stimme erheben, wenn nicht gegen etwas, was ich für falsch halte? Ich erkenne, was ist, aber ich erkenne es nicht an. Ich mache Ausschließungen bewusst und lege sie noch einmal zur Abstimmung vor. So besteht die Chance, vollzogene Entscheidungen zu revidieren, mindestens aber die Zukunft offen zu halten. In Abwandlung eines bekannten Adorno-Zitats: »Nur der, der sich die Gegenwart *auch* als eine andere denken kann als die existierende, verfügt über Zukunft.« Das ruft Gegner auf den Plan – jene unter Ihnen, die aus dem bisherigen Zustand ihre Vorteile ziehen. Wer von Ihnen konsequent mitdenkt, auch wenn er nicht mitgeht, dem wird das Buch etwas zu sagen haben. Meine Überzeugungskraft hört jedoch dort auf, wo der eherne Wille zum Unverständnis herrscht, das heißt: die automatische Abwehr einer Erkenntnisalternative. Nicht alle Leser können lesen. Wer aber anderes sieht und dabei Überzeugendes zustande bringt – umso besser.

Dieses Buch ist eine Liebeserklärung an den Einzelnen. Aus dem elementaren Tatbestand seiner unaufhebbaren Individualität macht es sein Pathos und sein Prinzip:

> *Suche deine eigene Einsicht und folge ihr!*

Das ist der kategorische Imperativ des Individuums. Das ist auch der kategorische Imperativ des individualisierenden Unternehmens: »Trage dazu bei, dass Menschen ihr Besonderes entfalten können!« All das sind Denkfiguren, die Ihnen ermöglichen können, die kritischen Reflexionen zu »überstehen«. Ich bekenne mich zu meiner Betroffenheit, mitunter zu meiner Empörung. Jedenfalls mag ich mich nicht zu den gutgelaunten Zynikern gesellen, die nur noch die Börsenkurse als legitime Schicksalsnotierung kennen. Vielmehr richte ich mich an Leser, die bei aller operationalen Hektik im Geschäftsleben einen Mangel spüren, die tief im Inneren jene Brechung erleben, für die Worte fehlen. Für Menschen also, die spüren, dass da etwas falsch läuft.

Von mir haben Sie mithin nicht viel mehr zu erwarten als die Perspektive dessen, dem die Würde des Einzelnen wichtig ist. Zudem – so fürchte ich – werden meine Ausführungen streng subjektiv sein. Aber das halte ich eher für einen Vorzug. Ich hege tiefen Argwohn gegen jene, die ihre Neutralität und Objektivität beteuern, wenn es um die Verteidigung ihrer eigenen Sache geht. Es ist jedoch unmöglich, Staub wegzublasen, ohne dass jemand hustet. Sollten Sie also während des Lesens verärgert nach Luft schnappen, fallen automatisch Sauerstoffmasken aus der Kabinendecke. Ziehen Sie die zu sich heran, pressen Sie sie fest über Mund und Nase, atmen Sie tief ein – und lassen Sie erst einmal einen Gedanken zu, bevor Sie ihn ablehnen.

Das egalisierende Unternehmen

Das egalisierende Unternehmen
oder die Krise hat einen Namen

Die intelligenteste Weise zu verdummen,
ist durch ein System.
Shaftesbury

Vive la Résistance!

»Den Wandel gestalten!« »Lernen lernen!« Vom »Change as an event« zum »Change as a way of life!«. Manchmal habe ich vor meinem Vortrag noch etwas Zeit und lausche den Worten des großen Vorsitzenden, der seine Mannen (mehrheitlich) und Frauen auf dieses oder jenes Thema einzuschwören versucht, seine Kenntnisse aus dem letzten Rhetorikseminar herausholt, Worte und Gesten energisch einsetzt, die Stimme hebt, zum Schlusscrescendo kommt: »Kein Stein bleibt auf dem anderen!« Man spürt, er will beeindrucken, mitreißen. Gute Fachleute sind das in der Regel, keine Kunstschmiede blattgoldener Worte, aber meistens ehrlich guten Willens. Von der Seite schaue ich mir die Gesichter der Zuhörer an. Die meisten blicken ausdruckslos, einige gelangweilt, manche schlafen fast, »... das stehen wir nun auch noch durch ... ist sowieso wie jedes Jahr ... meine Güte, immer noch nicht Pause ...« Eine Veranstaltung nach dem Muster: »Wir machen die Dusche an und stellen die anderen drunter.«

Das Management stößt die Unternehmen von einem Reorganisationsdelirium ins nächste. Immer neue Managementmoden sollen den Wandel beschleunigen. In einem Klima der allumgreifenden Veränderung kommt es zur Tribunalisierung der gesamten unternehmensinternen Lebenswirklichkeit. Auf der Anklagebank: der Status quo. Die Erwartung an den Einzelnen: »Ändere dich!« »Liebe den Wandel!« »Sei ein Change-Manager!« Der Rechtfertigungsdruck hat sich unter der Hand um 180 Grad gedreht: Musste man früher die Änderung rechtfertigen, so muss man heute die Nicht-Änderung begründen. Um nicht der Fortschrittsfeindlichkeit bezichtigt zu werden, nimmt man mindes-

tens anglisierte Worthülsen in seinen Wortschatz auf, richtet Stabsstellen ein, bricht rhetorisch zu neuen Ufern auf und versichert sich allseits bester Absichten.

Aber nur wenig bewegt sich. Nehmen wir das Beispiel »Lean Management«: Bei chronischer spekulativer Magersucht wird die unternehmensinterne Gesamtpopulation mit Appetitzüglern ernährt. Die Exklusion der Mitarbeiter ist die Exklusion des ganzen Problems: »Wir können auch den Laden dicht machen, dann haben wir die Kosten auf Null.« Das Outsourcen, Downsizen und Leutehinauswerfen hat zwar Unternehmensberater reich gemacht, die Unternehmen aber nicht innovativer.

- Oder die »Lernende Organisation«: Sie ist nirgendwo mehr als ein Etikett ohne praktische Konsequenzen.
- Das »Wissensmanagement«: eine große informationstechnologische Seifenblase.
- Die Rede von der »Vertrauenskultur« ist eine rhetorische Pointe, aber keine ernst zu nehmende unternehmensgestaltende These.
- »Sei teamfähig!«, skandieren Leute, die ihre Karriere ihrer Teamfähigkeit gerade *nicht* verdanken.

- »Sei Unternehmer!«, rufen Angestellte Angestellten zu, die seit 20 Jahren im Unternehmen haben verweilen können, eben weil sie *keine* Unternehmer sind.
- Der Neo-Taylorismus, der sich »Reengineering« nennt – nicht mehr als der letzte angestrengte Versuch, Menschen zurück in die Prozesskette zu quetschen. Um dann zu jammern, der ausbleibende Erfolg sei auf die unzulängliche Umsetzung im Unternehmen zurückzuführen. Wenn Theorie und Praxis nicht passen, umso schlimmer für die Praxis!
- Oder die Ankurbelung internen Unternehmertums durch die Flucht ins ISO-Handbuch. Kundenorientierung durch Standardisierung. Das Motto: Dokumentation, Dokumentation, Dokumentation. Das Wegstehlen aus der Qualitätsarbeit in die Qualitätsbehauptung als Arbeitsbeschaffungsmaßnahme der externen und internen ISO-Mafia.
- Irgendein Selbst-, Fremd- oder so genannter Querdenker faselt was vom »Lernen des Entlernens« (wobei außer ihm niemand recht weiß, was damit gemeint sein könnte).
- Manch einem schwant dunkel, dass Total-Quality-Management nichts mit Qualität, dass das Betriebliche Vorschlagswesen nichts mit Kreativität, dass Pay for Performance nichts mit Leistung zu tun hat. Und beim Wort »Mission-Statement« oder »Vision« wird vielen nur noch übel.

Ein Körnchen Wahrheit lag in all diesen Initiativen, aber nichts davon war von Dauer. Eine Managementmode nach der anderen wird lauwarm abgefedert und letztlich zur Seite gelegt. Sie funktionieren einfach nicht. Die Unternehmen sind voller Widerstand. Entsprechend unzufrieden ist man mit den Resultaten. In der Wirtschaft entstehen neue Werte eben nicht durch neue Worte.

Aufstand statt Anklage

In der Coca-Cola-Hauptzentrale in Essen hängt im großen Treppenaufgang seit Menschengedenken ein überlebensgroßes Bild von Max Keith. Dieser Mann war es, der als erster Coca-Cola in Deutschland produzierte und die Marke hierzulande groß gemacht hat. Er war – obwohl als

Person wohl eher umstritten – die Leitfigur für viele Mitarbeiter des Traditionsunternehmens. Im Jahre 1998 hatte der Geschäftsführer von Coca-Cola Deutschland, Pat Smyth, einen wahren Geistesblitz. Die Zeit für Traditionspflege sei ja nun wohl vorbei! Er ließ das Bild abhängen und ersetzte es durch eine Grafik, in deren Zentrum das Wort »Change« prangte. Nicht lange. Der heftige Protest der Mitarbeiter sorgte dafür, dass der alte Zustand wieder hergestellt wurde.

Die Diskussionen stehen spürbar im Zeichen der Überforderung. Überall diagnostiziert man mentale Zentralverriegelung, macht die Klage zur Anklage über die ach so unwilligen anderen und versucht es in der Regel mit Appellen und gutem Zureden. Die Hilflosigkeit der Aufrufe erinnert an mittelalterliche Wanderprediger: »Bewegt euch, ihr verwahrlosten Gestalten des gemütlichen Siechtums!« Beine müsse man ihnen machen, auf Trab bringen müsse man sie …

Was ist da los? Gibt es nur ein Umsetzungsproblem, wie immer behauptet wird? Oder will man alles auf einmal? Will man zu schnell zu viel und übersieht, dass komplexe Systeme nicht zielorientiert steuerbar sind und unberechenbar reagieren? Hat man die alte Therapeutenweisheit vergessen:

> *Nichts, was bleiben soll, kommt schnell.*

Oder stimmen die Grundannahmen nicht? Woher kommt diese Renitenz gegen die gärende Mischung aus altem Wein in neuen Schläuchen, inhaltlicher Ratlosigkeit und berateresoterischen Halbwahrheiten, die so lange kolportiert werden, bis niemand mehr recht weiß, welche Hälfte wahr und welche unwahr ist?

Meine These ist: Die Veränderungsprogramme gehen von falschen Voraussetzungen aus. Der gesellschaftliche Rahmen hat sich geändert. Im Widerstand der Menschen zeigt sich der kulturgeschichtliche Wandel der Arbeitswelt: Es ist der Widerstand gegen bloße Identifikation, gegen Institutionen mit falschen Angeboten, gegen die verlogene Phraseologie der betriebsinternen Anpassungspropaganda. Das Trallala der Managementmoden ist nur das Ornament der Krise. Und die Krise hat einen Namen: Individualität.

Organization Man

»Meiner Ansicht nach war das Hauptproblem nicht so sehr, einen selbsttätigen Mechanismus zu erfinden, der die Baumwolle herausziehen und in einen fortlaufenden Faden einflechten konnte, als vielmehr den Leuten ihren unsteten Arbeitstag abzugewöhnen und sie dazu zu bringen, sich mit der unabänderlichen Ordnung eines Automaten zu identifizieren.« So beschreibt Andrew Ure, einer der bedeutendsten Verfechter des Fabriksystems des 19. Jahrhunderts, die mit der Erfindung der Spinnmaschine verbundene Disziplinierung des Menschen. Von dort aus versuchte das Fabrikwesen, kontinuierlichen Arbeitseinsatz für einfachste Verrichtungen zu sichern. In der Ära der standardisierten Massenproduktion war dann Frederick Winslow Taylors *Principles of Scientific Management* aus dem Jahre 1911 bahnbrechend. Der Ingenieur hatte einige Stahlwerke analysiert und die folgenreiche Aussage gemacht, dass »alle Gedankenarbeit von der Ausführungsarbeit getrennt werden sollte«. Taylors Ideen wurden geprägt durch die sogenannten »exakten« Wissenschaften: Logik, Mathematik und Physik. Ihre Denkfiguren bevorzugten das Regelhafte, Wiederholbare, Vergleichbare. In einer Zeit, in der das Kapital der strategische Engpass war und die Märkte leidlich berechenbar, wurden Planung, Budgetierung, Systeme, Strategien und Standards die prägenden Denkmuster. Bekanntlich konnte man das Modell T von Ford in jeder Farbe haben, Hauptsache, sie war schwarz.

In der Fabrik, die nach Taylors Ideen gebaut war, bestand die Aufgabe der Führung darin, Mitarbeiter an klar definierte »Stellen« anzupassen, sie zu kontrollieren und zu motivieren. »Ein Mann, eine Aufgabe!« Die personenfreie Organisation. Das System war das gesetzte. Die Menschen waren die zugelosten, variablen, ambulanten. Sie hatten sich fungibel und elastisch in das System einzufügen. In dem Maße, in dem ihnen das gelang, waren sie »gut«. Sie wurden gedacht als Teile einer Maschine, »von oben« durch das Management in mehrfacher Hinsicht »geschmiert«. Die Unberechenbarkeit des Individuums, die aus der Freiheit kommt, war nur Störfall. Es ging – ganz im Gegenteil – um die Ausschaltung der Individualität. Mit der Parzellierung waren die Menschen gleichgeordnet und austauschbar. Die Erwartungen, die sich daran knüpften, hießen Störungsfreiheit, Gleichmaß, Prognosesicherheit. Permanente »Inspektion« gewährleistete Gehorsam. Das Ergebnis: Die Unternehmung wurde zur *Organisation*. Oder sollte ich sagen: zum Gefängnis? Wenn die Firmen noch heute davon sprechen, dass sie Mitarbeiter »freisetzen«, dann wurden sie wohl vorher gefangen gehalten.

Von der Spitze der Hierarchie blickte die Führungskraft auf Ordnung, Symmetrie und Uniformität herab – auf säuberlich getrennte Aufgaben und Verantwortungsbereiche innerhalb des Unternehmens. Von unten blickten die Mitarbeiter hinauf zu einer Phalanx von Vorgesetzten. Das gesamte System war vertikal ausgerichtet und auf Positionsautorität und Befehlsketten gebaut. Unglücklicherweise hatten auch schon damals die Menschen unterschiedliche Einstellungen, Fähigkeiten und Interessen, was sie schwer kontrollierbar machte. Mit scharfer Disziplinierung glaubte man, das Problem lösen zu können. Es wurden viele komplexe Strukturen und Systeme mit sich vielfach überdeckenden Regeln und Instrumenten geboren, um die individuellen Unkalkulierbarkeiten zu minimieren – um Menschen »so voraussagbar und so kontrollierbar zu machen wie das Kapital, das sie managen sollen«. So der legendäre ITT-Chef Harold Geneen.

»Organisation« hieß der Ausweg aus dem Dilemma der Differenz. Aus den Individuen sollten Organisationsmitglieder werden. Der Soziologe William Whyte beschrieb Mitte der fünfziger Jahre die Prozeduren, wie moderne Organisationen die kreativen Energien des Einzelnen unterdrückten zugunsten eines größeren Bedarfs an Kontinuität, Sicherheit und Prognosegenauigkeit. Sein Buch *Organization Man* belegte eindrucksvoll eine einfache Tatsache: Das Individuum ist nichts; das System ist alles. Entwirft man von der Ikone des »organizational man« her das Unternehmen, so ergeben sich Sozialformen von Kommunen, Kommunitarismen, Kommunismen – von der *communio sanctorum* über die zentrale Planwirtschaft bis zur Idee des möglichst homogenen außenlosen Unternehmens als letzte Gemeindestruktur. So hat Henry Ford sein Unternehmen gebaut. In der klassischen Managementlehre ist seither die Kommunion das Sakrament. Daher das offensichtliche Interesse an Einheitlichkeit, Zustimmung und Konformität – insbesondere dann, wenn man ihre sachlichen Gehalte selbst vorgeben kann. Vorgaben, Leitbilder, Scripte: Am Ende stehen dressierte menschliche Antwortmaschinen, die den immer gleichen Text herunterbeten, wenn man in der Firma anruft. Bis hin zum falschen Deutsch der Zugführer der Deutschen Bahn AG, die verpflichtet sind, kurz vor der Endstation durchzugeben: »Der Zug endet hier!«, während wir schon aus Kostengründen hoffen, dass nur die Fahrt hier endet, der Zug aber wiederverwendet wird.

Planwirtschaften heute

Mentale Modelle prägen die Art und Weise, wie wir unsere Organisationen, Unternehmen und Institutionen gestalten. Der Philosoph Thomas Kuhn hat geschrieben:

> *Wir sehen nichts,*
> *bis wir die richtige Metapher für etwas haben.*

Oder, wie Einstein notierte: »Unsere Theorien bestimmen, was wir messen.« Wenn das vorherrschende Modell das der Maschine ist, des Uhrwerks, und die mechanistischen Denkmodelle Isaac Newtons oder René Descartes' dominieren, so hat das Konsequenzen. Bis heute. Es gibt eine geheime Sehnsucht vieler Manager nach der Berechenbarkeit physikalischer Systeme, die man so steuert, wie man Auto fährt: Bremsen, Gasgeben, die PS auf die Straße bringen, den Wachstumsmotor anwerfen, einen höheren Gang einlegen. Und wenn sich irgendwo ein Schraube lockert, dann wird sie festgezogen oder eben ersetzt. Betrachtet man die verschiedenen Managementmoden, Change-Programme und Führungsinstrumente, so muss man feststellen, dass die tief eingelagerten Grundannahmen über das Unternehmen als »Maschine« weitgehend unangetastet sind. Die Grundfigur, die Organisation zu verabsolutieren und den Menschen daran anzuflanschen, ist jedenfalls trotz gegenteiliger Beteuerungen erstaunlich veränderungsresistent.

Die Sehnsüchte heißen nach wie vor Firmensoldatentum und Geschlossenheitskartell. Konformität und Compliance sind nach wie vor die ungeschriebenen Gesetze. »Empowerment«, das gönnerhaft patronisierende Codewort der letzten Jahre, verlängert die Haltung eines allwissend-herablassenden Managers, der den immer leicht zurückgebliebenen Mitarbeiter mit Sinn und Initiative versorgt. Noch heute keine Führungsidee, die nicht sofort institutionalisiert, in instrumentelle Form gegossen und generalisiert wird. Alles beginnt in Begeisterung und endet in Organisation. Die langweilige Bürokratensprache voller leerer Zombiebegriffe atmet den Primat der Ordnung. Die Unternehmen konkurrieren über Mittelwerte. Der Einzelne darf nicht zu schnell oder zu langsam laufen; beides ist für den Gesamterfolg gefährlich. An alle: »Im Gleichschritt, marsch!« Auch die meisten MBA-Programme sehen im Arbeitsplatz und im Markt ein Uhrwerk. Nicht zuletzt deshalb, weil die etablierte Rolle der Führungskräfte unangetastet bleiben soll.

Selbst bei den internationalen Ablegern vordergründig so fortschrittlicher Unternehmen wie IBM, Compaq, Dell und seit neuerem auch Hewlett Packard regeln Anweisungen aus dem Headquarter das kleinste Detail. »Ich komme aus der Zentrale und bin hier, um Ihnen zu helfen!« Da will der Willkommensgruß nicht wirklich herzlich ausfallen. Oft bleibt den Regionalchefs die Freiheit einer Zwangsjacke. »Inter-

nationale Koordination« heißt das dann trostbringend. Viel Aufgewärmtes ist dabei: Call-Center, die wie Legebatterien angelegt sind; zehn Quadratmeter große Kombibüros, in denen man wie im gläsernen Beichtstuhl sitzt; der alltägliche Chic des feigen, uniformen Kampfdress, der erst am »casual friday« entlarvt wird. Und das virtuelle Büro, als Flexibilitätsfortschritt gefeiert, verabschiedet endgültig das Stofftier, das auf dem Bildschirm hockt, die liebevoll gepflegte Grünpflanze oder die gekrakelte Zeichnung der dreijährigen Tochter an der Pinnwand. Nur noch der Bildschirmschoner symbolisiert ein Stückchen Individualität.

Im alten Paradigma sucht und schafft die Organisation sich Menschen, die sich ein- und anpassen. Sie sind Mittel zum Zweck: vordefinierte Stellen zu besetzen, fremdgesetzte Aufgaben zu lösen, die Erfordernisse der Organisation zu erfüllen. Der Mensch ist sich nicht selbst zum Zweck, sondern Werkzeug. Er ist nicht Partner, sondern Erfüllungsgehilfe. Er ist nicht unterschiedlich, deshalb macht er keinen Unterschied. Er zählt nicht in seiner Besonderheit, sondern in seiner Anpassungsfähigkeit. Selbst sein heißt schuldig sein. Es regiert der *Kollektivsingular*: die »Belegschaft«, die sowieso nur die Räume dreckig macht; die »Human Ressources«, die man verbraucht und erneuert. Da ist das Unwort »Menschenmaterial« nicht weit. Oder das »Personal« – etwa im Sinne des Handy-Diktums von Johannes Gross: »Wer überall angepiepst werden darf und sich von überall melden muss, gehört zum Personal.« Im Unterschied zum Einzelnen wohl, zum Besonderen, zum Unverfügbaren, der ruft, aber nicht gerufen wird.

Störfall Persönlichkeit

Diese Denkfiguren, Mythen und Herrschaftsmuster haben sich in die Labyrinthe unseres Denkens so tief eingegraben, dass sie unterhalb der geschäftigen Globalisierungshysterie nach wie vor das Leben in den Unternehmen prägen. Irritationsfest glaubt man an Organisation, Struktur, Kontrolle, Planung, ISO 9 000. Und nichts ist so unangenehm wie die Unkalkulierbarkeit des Individuums – weshalb die Personalarbeit ein Instrument nach dem anderen ausschwitzt, um den Einzelnen vergleich-, anpass- und austauschbar zu machen. Eine Figur auf dem Schachbrett der Organisation. Und ein Job-Feld sieht so aus:

Man versucht, die menschliche Komplexität in viereckige Kästchen zu packen. One size fits all. Das ist die aktuelle »Verwendungsgenauigkeit« der Anforderungsprofile; das ist die Wieder-Holbarkeit der Stellenbeschreibungen; das ist der am Mainstream orientierte kleinste gemeinsame Nenner der Assessment-Center; das ist das Personal-»Management«. In den Beurteilungssystemen heißt es ja auch fast unisono: »Erfüllt die Anforderungen der Position.«

Das Problem ist: Wir finden keine viereckigen Menschen! Schon Henry Ford soll gestöhnt haben: »All I want is a good pair of hands, unfortunately I must take them with a person attached.« Menschen »passen« nicht genau in Kästchen; einiges bleibt im Wortsinne »unerfüllt«, ist defizitär. Einiges ist auch übermäßig vorhanden, hängt über, bleibt außen vor. In einem übertragenen Sinne sehen die Verhältnisse nämlich so aus:

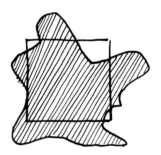

Auf die Soll-Ist-Wert-Abweichung reagiert die Organisation mit entschiedenem Veränderungswillen. Allerdings soll nicht die Organisation verändert werden, sondern der Mensch. Man fragt nicht »Was kann der Mitarbeiter?«, sondern »Was kann er nicht?«. Man holt den Schraubenzieher heraus, heftig entschlossen, individualpsychologische Erbkrankheiten zu besiegen. Hinweg mit dem Schlechten am Menschen! Rigoros schreitet man zur Veränderung jener Eigenschaften, die man für verbesserungsfähig hält. Die Frage »Wer ist ›man‹?« stellt sich nicht wirklich ernsthaft.

Woher aber wissen wir, dass wir da ein Problem haben? Zwar kann es jeder fühlen, alle scheinen es zu wissen, aber irgendwie wäre es wohl besser, wir könnten es – *messen*. Beim Wort »messen« beginnen die Augen zu leuchten, denn das haben wir im BWL-Studium gelernt: Messen. Zählen. Wiegen. Einsteins Diktum »Nicht alles, was zählt, kann gezählt werden, und nicht alles, was gezählt werden kann, zählt« haben wir schon immer für das alterssenile Geschwätz eines abgedrehten Physikers gehalten, der im Herbst seines Lebens den transzendenten Stein der Weisen gefunden zu haben glaubte. Nichts, das nicht geeignet wäre, in der suggestiven Form des Rankings als ultimative Ordnung der Welt präsentiert zu werden. Unvergleichbares wird verglichen mit Daten, die weder etwas belegen noch widerlegen. Manchmal habe ich den Eindruck, alle betriebswirtschaftliche Rationalität erschöpft sich in der Killerfrage: »Wie messen Sie das?«

Messen definiert und isoliert das zu Messende, entwickelt ein Instrument, mit dem gemessen werden kann, definiert einen Maßstab, mithilfe dessen verglichen wird. Die gerade modische Zielabgleichungsmethode des Balanced Scorecard führt ihrerseits zu einer Systeminflation. Entsprechend des Diktums »Nur was messbar ist, ist auch zu managen«, wird für alles und jedes eine Messgröße gesucht: die Bereichsklimaanalyse muss her, die Kundenzufriedenheitsanalyse ... und wenn ich nicht messen kann, dann kann ich wenigstens befragen, bewerten und beurteilen.

> *Neue Instrumente gebären neue Instrumente.*

Vermessen

Immer wieder wird, wenn von Führung die Rede ist, die Metapher des »Werkzeugkastens« bemüht. Man stelle sich vor, was darin herumliegt: Hammer, Meißel, Schraubenzieher, Zange und Zollstock, und schon ist man bei dem Mitarbeiter als zu vermessendem, gestaltendem, zu behauendem grobem Klotz, der jedenfalls so, wie er ist, nicht hinnehmbar zu sein scheint. Die Vorlage für das Endprodukt bilden irgendwelche »Leitlinien für Führung und Zusammenarbeit« oder schlicht – man selbst.

Instrumente spalten die Situation in einen Instrumentierenden, gleichsam einen Arzt, Bildhauer, Manager, und einen Instrumentierten, den Mitarbeiter. Die Veränderungsrichtung ist damit klar definiert: Der »andere« soll sich ändern. Mit Werkzeugen aber bearbeitet man nicht nur das zu Verändernde, sondern man hält es auch *von sich fern*. Manches will man ja auch nur »mit der Zange anfassen«. Deshalb greift man gerne zum Instrument, das einem die Zumutungen des Individuellen vom Leib hält. Das daraus resultierende Verhältnis der Führungskraft zum Mitarbeiter ist nicht das der *Begegnung*, sondern der *Trennung*. Instrumente sind daher vor allem eines: Prothesen bei mangelndem Selbstbewusstsein der Führungskräfte. Ersatz für Kontakt und Kommunikation auf Augenhöhe. Deshalb ruft schwache Führung immer nach neuen Systemen und Instrumenten. Und wer solche anzubieten hat, kann sich des Beifalls sicher sein. Mittlerweile gibt es einen ganzen Kasten davon: Leistungsbeurteilungen, Personalentwicklungsprogramme, ISO-Auditierungen, 360-Grad-Feedback, Zielvereinbarungen und viele mehr. Suchen Sie sich eins aus.

Von Kant hätte man lernen können, dass der Mensch aus krummem Holz ist und nichts Gerades aus ihm werden kann. Aber nein: Auch das, was da überhängt, stört den Begradigungswillen, soll zurückgeschnitten werden. Das Management greift zum Rohrstock: »Na warte!« Man installiert Fluchtverhinderungssysteme wie Arbeitszeitkontrolle, Reportingsysteme, Anreizprogramme und/oder verfüttert moralisierende Introjekte wie Kundenorientierung, Visionen und Missionen. Man erlässt Richtlinien, die die Freiräume, die zu nutzen wären, schließen; Vorgaben, die die Art und Weise, wie eine Aufgabe gelöst werden kann, vorschreiben. 97 Methoden zur Durchführung eines Mitarbeitergesprächs – wo wir doch wissen, dass, wer sich vorbereitet, nicht zuhört; er redet oder plant zu reden. Das alles, um Menschen zurechtzustutzen. Die Konsequenz: Stärken trocknen aus oder werden in die Freizeit umgeleitet. Vorschriften erzeugen eben Dienst nach Vorschrift. Das Besondere des Menschen findet anderswo statt.

Die Instrumente halten nicht nur fern, sie erzeugen auch Realität. Sie erschaffen Wirklichkeiten, an denen sich die Menschen orientieren. Sie lenken ab von der Außenwelt, dem Markt, dem Wettbewerb, dem Kunden, und schaffen eine »innen« definierte Wirklichkeit. Sie repräsentieren Organisation. Entsprechend laden sie den Mitarbeiter nicht dazu ein, an sich selbst zu glauben und so selbstvertrauend sich nach außen zu wenden, sondern an die Organisation zu glauben.

Instrumente wirken normend, normierend und normalisierend.

Mit ihnen wird immer auch ein weiteres kleines Stück Gleichheit produziert. Von Freiheit hingegen, die das Neue freisetzte, wird nur geredet; verwirklicht würde sie Unterschiede und Ungleichheit erzeugen. Instrumente erzeugen damit das gerade Gegenteil dessen, was sie zu erzeugen vorgeben. Sie verhindern das, was alle wollen: Kreativität, Selbstverantwortung, Innovation. Kurz: das, was nur ein Einzelner hervorbringen kann. Unter der Hand wandeln sich daher viele Instrumente der ernst gemeinten Partizipation in Hilfsmittel der Unterdrückung.

Vielfach unbeabsichtigt. Führung will in der Regel nur das Beste: Defizite ausgleichen, helfen, vorbereiten ... und macht doch aus dem Menschen einen zu formenden Gegenstand, ein Artefakt. Ihre Lektionen richten den Menschen ab und richten ihn zu – bis aufs Zwergenformat. Sehen – Verstehen – Dran drehen: Verkindlichung des Menschen ist das große Ungedachte, von dem man die Augen abwendet. Sie formatiert ihn so, dass am Schluss alle Persönlichkeit, alle Individualität und mit ihr alle Selbstverantwortung verloren geht. Die Kleintierzüchtung der Führung zeugt harmlose Menschen. Man träumt vom »Mitarbeiter nach Maß« – und produziert Mittelmaß. Im Stahlbad dieser Rationalität löst sich alle Widerständigkeit auf, und die Eigenart bleibt als Schlacke zurück.

Dahinter verbirgt sich eine scheinbar optimistische Grundannahme: Alles ist möglich! Jeder kann alles, wenn er nur will! Wenn er nur die richtige Einstellung hat! Und alle möglichen Tschakka-Schreier und Feuerlauf-Hohlköpfe tun ein Übriges, um die Machbarkeitssehnsucht wach zu halten. »Entdecke den Giganten in dir!« Die Führungskraft hat die Aufgabe, Potenziale zu »entfesseln«. Allerdings muss sie diese Kraftentfaltung auch kanalisieren. Dazu erlässt man Richtlinien und Policys, die die Energie wieder eindämmen. Es scheint verlockend, Menschen zu »machen«, zu klonen und unternehmenskulturell genmanipulieren zu können. Offenbar ist es leichter, alle über einen Kamm zu scheren. Griechisch »iso« heißt ja auch »gleich«.

Die Suspendierung der Persönlichkeit ist aber nicht nur eine bedauerliche Begleiterscheinung arbeitsteiliger Prozesse, sondern die Voraussetzung planwirtschaftlicher Produktion schlechthin. Führungs-»Instrumente« sind dabei traditionelle Formen der Angst- und Unsicherheitsbewältigung. Für diese Praxis hat man eine Vielzahl »sachlicher« Argumente, eine sämige Mischung aus anthropologischen Grundannahmen, sogenannten Sachzwängen und Risikoscheu. In Wahrheit aber haben die systemverliebten Manager die Wissbegierde der Verfertiger von Kreuzworträtseln. Die Erfahrung des individuell Disparaten wird wortwörtlich »systematisch« vermieden. Das Instrument ist die Annulierung.

Individualisierung

»Bei uns gibt es nur eine Regel, und das ist die Ausnahme.« Floyd Williams hält seit zwölf Jahren dem Softwareunternehmen SAS Institute in North Carolina die Treue. Als hoch ausgebildeter IT-Fachmann ist er auf dem Arbeitsmarkt heftig umworben. »Warum soll ich wechseln? In vielen anderen Unternehmen bin ich nur eine Nummer.« Floyd Williams' Aussage findet sich in der ersten Januar-Ausgabe von *Fortune*, die jedes Jahr die Ergebnisse einer groß angelegten Meinungsumfrage veröffentlicht: »The 100 Best Companies to Work for in America«. Southwest Airlines, Deloitte & Touche, Goldman Sachs, Cisco, Merck oder Peoplesoft finden sich immer unter den ersten 20. Wichtiger noch als die Rangliste aber sind die Begründungen, warum die Menschen dort und nicht woanders arbeiten wollen. Am besten fasst den Meinungstrend ein Mitarbeiter von SAS zusammen: »Hier bin ich ein Individuum. Man geht auf meine persönlichen Wünsche ein.«

In diesen Worten artikuliert sich ein Wandel, der sich seit einigen Jahren abzeichnet, aber sich erst jetzt, verschärft durch verschiedene Entwicklungen, Bahn bricht. Ein *eigenes Leben* zu führen – es gibt in der westlichen Welt wohl kaum einen höher gehandelten Wert. Was Menschen wirklich bewegt, was sie anstreben, wofür sie sich einsetzen, was für sie unverzichtbar ist – was immer das sein mag: Geld, Arbeit, Liebe, Macht – all das sind nur elementare Voraussetzungen für ein eigenes Leben. Traditionen, Vorbilder und Gebräuche haben ihre lebensprägende Wirkung verloren. Überlieferte Lebensrezepturen oder Rollenstereotype haben abgedankt. Zukunft wird nicht mehr aus Herkunft abgeleitet. Kein System vermeintlicher Wahrheit gilt mehr. Die Kinder der Freiheit haben die Frage nach dem Richtigen und Falschen selbst zu beantworten. Und immer wieder neu: Die Selbst-GmbH ist gegründet (es muss ja nicht gleich die Ich-AG sein). Man mag es bedauern oder begrüßen: Der Mensch, noch von Kafka auf seine Aktenlage reduziert, explodiert förmlich in seinen Ansprüchen, in seinem Erlebnishunger, in seiner Selbstdynamisierung. Dazu gehört die abnehmende Bereitschaft, sich anzupassen, sich einzuordnen, nur auszuführen – von den einen als Egoismus-Epidemie gegeißelt, von den anderen als Emanzipation gefeiert.

Das hat historische Gründe: Nach dem Zweiten Weltkrieg lassen sich in Westeuropa mehrere *Individualisierungswellen* nachzeichnen, die von der Soziologie sauber vermessen wurden. Zwar war die Selbstautorisierung des Individuums für die europäische Moderne von Anfang an kennzeichnend. Aber wir leben nun unter den Voraussetzungen verinnerlichter Demokratie. Die Menschen sind mit großen Freiräumen aufgewachsen, sind im Vergleich zu früher hervorragend ausgebildet. Eine Person zu sein, bedeutet, eine *autonome Quelle des Handelns* zu sein. Wenn alte Gewissheiten zerbrechen, wenn auch die Garantiefunktionen der Institutionen in Zweifel gezogen werden, dann ist die Person auf sich selbst angewiesen. Sie gilt es zu retten. Man muss sie stärken, denn nur sie kann sich in Unsicherheit und Wechselfällen behaupten.

Der Verlust von Gewissheit steigert die Bedeutung der Person.

Identität

Natürlich sind die modernen Menschen alle nicht nur originelle Einzelwesen im Spannungsfeld zwischen selbstbewusster Einmaligkeit und lockerer Vielfältigkeit. Das wäre außerordentlich anstrengend. Sie sind gemeinschaftsfähig, können sich auf andere einstellen, mitfühlen, sich anpassen. Aber sie sind sich ihrer Singularität deutlicher bewusst als die Generationen vorher; sie sehen sich mehr als Einzelne in der Distanz zu anderen; vor allem aber kämpfen sie einen verzweifelten Dauerkleinkrieg gegen die genormte Behinderung einer standardisierten Institutionenumwelt.

Womit wir das zweite Merkmal ansprechen: Identitätsgewinn durch Institutionenskepsis. Flucht aus den Großorganisationen. Die Konzernmüdigkeit hat in einigen Branchen der USA und Westeuropas mittlerweile dramatische Formen angenommen. Noch vor zwei Jahrzehnten war jeder fünfte amerikanische Arbeitnehmer bei einem der 500 größten Unternehmen angestellt; heute ist es nicht einmal jeder zwölfte. Selbst die steigende Zahl freiwilliger Helfer in sozialen Diensten hält Distanz zu den Kirchen und trägen Wohlfahrtsverbänden.

Das dritte Merkmal ist dann die Rettung der Person durch das Prinzip der Individualität. Überall auf der Welt erwarten Menschen mehr von ihrem Leben. Sie wollen als Individuen behandelt werden. Sie leben eine »selbstbewusste« Individualität, was automatisch Konflikte mit der Organisation erzeugt. Der Mensch wird zum Fürsprecher seiner Besonderheit, als kleinste existierende Minderheit. (Was per se konfliktgeladen ist: Minderheitenschutz hieß in Deutschland schon immer Schutz *vor* Minderheiten.) Sie erwarten mithin auch von ihrer Arbeit Sinn und Identität. Die basalen Antworten auf die Frage nach dem Berufsverständnis kreisen daher in der Regel um Selbstbestimmung und Autonomie: Nach bestem Wissen arbeiten, nicht stehen bleiben, Fachwissen ausbauen durch Fortbildung, Unabhängigkeit anstreben, nicht nur tun, was gefordert ist, sein Umfeld beeinflussen und verändern, Verantwortung übernehmen, sich für größere Entscheidungsspielräume einsetzen. Der Kerngedanke von Arbeit ist dabei nicht, dass ich gerne für andere arbeite, sondern *für mich selbst*. Ich tue etwas, an das ich glaube, das mir richtig erscheint und das ich verwirklichen will. Arbeit aus mir heraus, aus dem »wirklich Wollen«.

Das gemeinsame Motiv dieser Äußerungen ist individuelle Persönlichkeitsentwicklung. Unverwechselbar zu sein, einen Unterschied zu machen. Nicht mehr Anpassung und Pflichterfüllung in Beruf und Familie sind der Sinn des Lebens, sondern selbstbestimmter Lebensgenuss. Eine leidenschaftliche Beziehung zur Welt kommt hier zum Ausdruck, was sich beispielsweise auch in verbreiteter Fitnessaktivität und Reiselust artikuliert. Das ist nicht Fluchtreflex, sondern Welt- und Personenerfahrung in einem.

Vielfalt der Lebensstile

Hinzu kommen Effekte jener Entwicklung, die *Globalisierung* zu nennen wir uns angewöhnt haben. Jeder würzt heute seine Heils- bzw. Unheilsbotschaften mit einer Prise Globalisierung, um seinen Veränderungsvorschlägen epochalen Nachdruck zu verleihen. Je nach Perspektive beginnt das Paradies auf Erden oder die Produktion überflüssiger Körper. Sicher ist: Die mit der Öffnung des Ostens sich dammbruchartig überstürzenden Entwicklungen haben dazu geführt, dass sich Europa immer weiter regionalisiert und kulturell ausdifferenziert. Der Norddeutsche wird immer norddeutscher, der Süddeutsche immer süddeutscher. Was in Dresden funktioniert, scheitert in Aachen. Authentisch ist, was unterschiedlich ist. »Die Eigensinnigen« nannte *Der Spiegel* eine Generation, die sich durch selbstbewusste Heterogenität charakterisiert.

Auch viele Unternehmen sind längst keine »deutschen« mehr. Märkte, die international zusammenwachsen, Arbeitskräfte, die im Zuge der EU-Erweiterung zu uns kommen, die Zunahme grenzüberschreitender Fusionen sowie der – nicht nur sektorale! – Arbeitskräftemangel haben dazu geführt, dass die Mitarbeiterschaft immer bunter wird. Die vereinheitlichende Kategorie »Mitarbeiter« unterschlägt diese Vielfalt. Zu den Unterschieden von Geschlecht, Alter, Bildung und Lebensstilen sind schon heute weitere hinzugekommen: Menschen verschiedener Nationalitäten, Hautfarben, Sprachen, Traditionen und Religionen arbeiten zusammen. Latinos sollen nun mit Deutschen auskommen, Türken mit Amerikanern, Moslems mit Europäern. Aber nicht nur in der Fabrikhalle, auch im Management wird es zukünftig mehr Unterschiedlichkeit geben müssen, wollen wir die Vielfalt der Märkte abbilden.

Die alte Idee der »Unternehmenskultur« passt nicht mehr zu dieser Entwicklung. Nicht wenige Experten gehen davon aus, dass im Jahre 2005 etwa 45 Prozent der sogenannten »werktätigen Bevölkerung« Frauen sein werden. Schon gegenwärtig haben durchschnittlich etwa 60 Prozent der Mitarbeiter Kinder oder Sorgepflichten für ältere Familienmitglieder. Männer, deren Familienpflichten wachsen, wenn ihre Frauen Karriere machen. Alleinerziehende Eltern beiderlei Geschlechts. Im privaten Hintergrund der meisten Mitarbeiter steht alles mögliche, aber kaum mehr eine »Normalfamilie«. Der »organization man« der fünfziger Jahre, der noch »alles« für das Unternehmen gab, mit ihm »verheiratet« war, ist in den Ruhestand getreten. Seine Nachkommen wollen auch gute Arbeit leisten, sind oft leidenschaftlich bei der Sache, aber sie wollen auch ein Familienleben führen, ihre Kinder groß werden sehen, ihre Hobbys pflegen, Freundschaften nicht vernachlässigen. Sie suchen nach einer neuen Balance.

Differenz auch auf den Absatzmärkten. Wie problematisch es ist, große Marken aufzubauen, kann man an der EU ablesen, deren große Marktstrategien auf den nationalen Teilmärkten scheitern. Wir leben im Differenzkapitalismus. Selbst McDonald's, Inbegriff eines weltumspannenden Essenssozialismus, kommt mit 25 Prozent der Speisekarte lokalen Essgewohnheiten entgen. Als Angebot zerfällt, was bisher als Einheit galt. Es individualisiert sich. Pay-per-View bedeutet: Ich zahle nicht mehr für ein Programm, sondern nur noch für einzelne Sendungen. Musik wird nicht mehr als Gesamt-CD abgerufen, sondern per Titel. Programmierdienste und Finanzberatungen kann man sich per Netz stundenweise kaufen. Maßanzüge, die per Kamera und Computerberechnung zugeschnitten werden. Autos, die sich der Kunde aus Bausätzen selbst zusammenbauen kann. Versicherungen: immer spezialisierter. Patienten wählen auch bei den Gesundheitsangeboten. Die Individualisierung lässt keinen weißen Fleck mehr auf der Karte der Möglichkeiten. Das bedeutet für die Unternehmen Höchstleistung in Bezug auf eindeutig identifizierbare Leistungsangebote. Also erkennbare Profilierung und Unterscheidung.

*In der Ökonomie hat heute nur der eine Chance,
der das Besondere anbietet.*

Global, lokal, egal?

Damit steht auch die Individualität der Unternehmen selbst auf dem Spiel. Fusionen und Akquisitionen werfen die Frage nach der Identität der Unternehmen neu auf. Sie zeigen dann ihr wahres Gesicht als nichttriviale und damit unplanbare Systeme. Deshalb kommen auf vier Hochzeiten drei Todesfälle. Nur pluralistische Unternehmenskulturen sind assimilationsfähig. Starke Kulturen behindern Fusionen. Aufgrund ihrer starken Kulturen haben deshalb Hewlett-Packard und 3M ihre Akquisitionsaktivitäten deutlich reduziert. Aber nicht nur die Unternehmenskulturen entscheiden über den Erfolg einer Fusion, sondern die Kultur im Umgang mit fremden Kulturen. Der Umgang mit Unterschiedlichkeit. Gerade globale Unternehmen tendieren zu generalisierenden Denkweisen und kommen damit automatisch in Konflikt zu lokalen Perspektiven. Viele Unternehmen schwanken deshalb zwischen der Furcht, das Fremde zu unterdrücken, und der Furcht, der eigenen Identität beraubt zu werden.

Vor diesem Hintergrund wird der Aufstand des Individuums gegen die Verhältnisse verständlich. Das gab es in der Geschichte schon einmal: Die Renaissance war die Reaktion auf die Kopernikanische Wende, auf das Zerspringen der aristotelischen Himmelsglocken. Wir erleben eine Neo-Renaissance: Die Person wird auf sich selbst zurückgeworfen, muss sich neu entwerfen – in eine unsichere Welt hinein. Die Gegenwart ist also nicht das absolut Neue, sondern stellt nur eine Steigerung und Verschärfung dar. Nur die Eitelkeit der Modernisten verlangt, in einer Epoche des absolut Neuen zu leben.

Ich diskutiere hier nicht das Paradox des heutigen Individuums: auf der einen Seite bis zum Äußersten auf seine Unabhängigkeit bedacht, auf der anderen Seite als Luxus-Gepeinigtes Fürsorge beanspruchend. Ein Individuum, das die Doppelgestalt des Dissidenten und des Kleinkindes in sich vereint. Mein Thema ist auch nicht das paradoxe Individualitätsangebot der Gesellschaft und Mode. Wenn Originalität zum Standard wird, ist das nicht besonders originell. Aber das Bewusstsein der Menschen ist geprägt von persönlicher Eigenart, Einzigartigkeit und Unverwechselbarkeit. Und dieses Bewusstsein hat faktische Konsequenzen.

Wir erleben einen kulturgeschichtlichen Wandel in der Selbstauffassung der Person. Es ist überraschend, wie Menschen in den neuen, beschleunigt flexiblen Arbeitsformen wieder den alten Sinn suchen und darauf beharren, dass Arbeit Identität stiftet. Aber jenseits der früher schon hoch gehandelten Arbeitszufriedenheit gibt es heute noch etwas anderes: Menschen wollen *mit sich selbst* zufrieden sein. Sie bilanzieren heute auch anhand der Frage:»Kann ich in der Arbeit etwas für meine Person gewinnen?« Nicht nur der Betrieb, auch die Person muss einen Gewinn machen können, der über die Daseinsfür- und -vorsorge hinausgeht. Arbeit ist Mittel zum Zweck der Selbststeigerung. Der Aufstand des Individuums hat daher vor allem Konsequenzen für die Architektur der Unternehmen. Mitarbeiter sind keine gesichtslosen Befehlsempfänger mehr; sie sind selbstbewusster, individueller, reflektierter. Sie wollen, dass man ihre Namen kennt. Sie sind wie Partner einer Beratungsfirma, Werbeagentur oder Freiberuflerorganisation. Sie wollen ihren Wunsch nach Autonomie und Selbstständigkeit auch dann erfüllt sehen, wenn Sie in einem Großunternehmen arbeiten. Sie widersetzen sich der allgemeinen Einschwörung auf die Durchschnittlichkeit. Sie verlangen in zunehmendem Maße, dass sich das Unternehmen auf die je besonderen Bedürfnisse des Einzelnen einstellt.

In die Zange genommen

»Arbeit« wird in diesen Tagen neu verteilt und neu erfunden. Zur Bastelrevolution des Privaten hat sich die Globalisierungsrevolution des Wirtschaftlichen gesellt. Die Staaten werden von Finanzeliten kontrolliert, die mit Nicht-Eroberung drohen: Entzug der Investitionen! Die Einführung des Euro startete das Rennen um die Vorherrschaft auf dem europäischen Binnenmarkt. Verstärkter Wettbewerb in Deutschland geht Hand in Hand mit verbesserten Wachstumsperspektiven im Ausland. Fusionen und Übernahmen gestalten die Unternehmenslandschaft neu. Informationstechnologien und E-Commerce verändern die Spielregeln und revolutionieren die gesamte Wirtschaft, vom Management bis zu den Kundenbeziehungen – mit neuen Möglichkeiten für Unternehmer und Kapitalgeber. Jeder Einzelne ist betroffen. 90 Prozent der heutigen Büroarbeitsplätze werden in der gegenwärtigen Form verschwinden. Immer mehr Bürger legen ihr Geld in Aktien an. Kreative Menschen werden durch ihre Ideen reich. Andere durch Erbschaft. Angestellte fordern mehr Freiraum. Arbeitnehmer konkurrieren auf der individuellen Ebene mit internationalen Wettbewerbern.

> *Die Gegenwart ist zu einem anarchischen Fest
> der Revolutionen geworden.*

Die Organisation wird also von mehreren Seiten in die Zange genommen:

- durch die Individualisierung, die aus den Menschen andere gemacht hat, in einer Art und Weise, wie Henry Ford sich das nie hätte vorstellen können;
- durch den ungeheuren Innovationsdruck, der von den Absatzmärkten ausgeht und die traditionellen Strukturen infrage stellt;
- durch hoch differenzierte Arbeitsmärkte gepaart mit wachsendem Arbeitskräftemangel, deutlich alternder Erwerbsbevölkerung und multikultureller Auffächerung;
- durch die Globalisierung, die mit ihrer Melange aus Fusions- und Finanzmarkthysterie die Individualität der Unternehmen neu herausfordert;
- durch das Wegbrechen der Karriereleiter, die früher Organisation und Individuum lebenslang miteinander verband.

Unternehmen reagieren auf diesen Zangengriff mit hektischem Aktionismus. Auf die alte Kontrollstruktur werden in immer kürzeren Abständen immer neue Managementmoden aufgepfropft. Sie alle versanden. Lärmend werden immer neue Reparaturbaustellen eröffnet. Aber das alte Kommandier-System hat nur Kreide gefressen. Unterhalb der hochtönenden Rhetorik des Wandels bestehen die wesentlichen strukturellen Grundannahmen weiter. Viele der heutigen Managementmoden basieren noch auf einem Menschenbild, das vor über einhundert Jahren entworfen wurde. Daraus resultiert eine misstrauische, nivellierende, hochinstrumentelle Form der Kooperation, die wie ein organisatorisches Fossil in die digitale Gegenwart hineinragt.

Einer wie alle

Die Organisation der Unternehmen hinkt der Mentalitäts- und Werteentwicklung der Menschen dramatisch hinterher. Betrachten wir die innere Verfasstheit der meisten Unternehmen, dann ist es insbesondere um den Respekt vor der Individualität schlecht bestellt. In den Broschüren, Mission-Statements und Leitbildern trieft es zwar nur so vor Respekt und Wertschätzung des Einzelnen. Aber beharrlich hält sich in den Unternehmen die Ansicht, dass Klasse, Schicht, Geschlecht und Ausbildung ein kollektives Verhalten prägen. Mag dieser Kettenschluss auch noch so fragwürdig sein: Wenn jemand als Angestellter bei Siemens arbeitet, glaubt man auch zu wissen, wie er denkt, sich verhält, kleidet, welche beruflichen Ziele er verfolgt. Im betrieblichen Alltag sollen alle Mitarbeiter mit derselben Einstellung zu Werke gehen, gemeinsam alle an einem Strang ziehen, geschlossen hinter Visionen herrennen, sich auf Ziele werfen, die andere ihnen vor die Nase gehängt haben, einem kodifizierten Führungsideal huldigen, Leitbilder, Policys, Vorschriften beachten: Man stellt sich die Mitarbeiter als eine Herde vor, die getrieben, geführt, eingezäunt wird.

Über den einzelnen Menschen schütten die Unternehmen mithin ihr ganzes Füllhorn an Normen, Systemen, Anforderungen und Verhaltenszumutungen aus. Implizite Glaubenssätze ersticken jede Produkt-, Verfahrens- oder Organisationsinnovation. Dazu gehören Dogmen wie:

»Das Budget ist der Gott.«
»Auf Mitarbeiter ist kein Verlass.«
»Wir müssen Leistung pausenlos kontrollieren und Druck machen.«
»Wenn kein anderes Unternehmen das bisher macht, wird das wohl seine Gründe haben.«
»Der Vorstand wird sich wohl etwas dabei gedacht haben.«
»Sage es ihnen, und sie werden es wissen.«

Viele Unternehmen glauben immer noch, sie könnten ihre Mitarbeiter zum Erfolg kontrollieren. Ich spiele nicht leichtfertig mit dem verbreiteten Vorurteil gegenüber Controllern. Aber es ist kein Zufall, dass diese Personengruppe unter Vorständen und Geschäftsführern überrepräsentiert ist. Ja, man traut nun nicht mal mehr den Kontrolleuren: Die »Audit Mania« signalisiert ein überhöhtes Bedürfnis nach unabhängiger Kontrolle. Die Konsequenz: Unzählige Unternehmen gleichen der »Pathologischen Abteilung« im Krankenhaus – sie fokussieren Fehler, Schwächen, Kosten. Und ersticken unter einem Panzer von Bürokratie. (»Steht das Budget endlich?«, »Hat jemand die Tabelle mit den Genehmigungsschritten?«) Die meisten Unternehmen sind hoffnungslos überreguliert. Als geordnet gilt, wo die Alternative vernichtet ist. Da werden keine Gefangenen gemacht. Nicht zufällig bilden die MBA-Programme zum »Master of Business *Administration*« aus. Individualität wird allenfalls in homöopathischen Dosen unter Kontrolle der Personalabteilung als erträglich empfunden. Die gleichmacherische Tyrannei der Erfolgsstorys und ein rigoroser Verhaltenskodex vertreibt jede Besonderheit hinter die doppelmoralischen Paravents unternehmenskultureller Wohlanständigkeit. Überall wittert man gesundheitliche Gefährdungen des Unternehmenskörpers.

> *Organisation ist die Furcht,*
> *irgendeiner könnte irgendwo glücklich sein.*

Die Resultate sehen wir heute überall. Kleine Business-Pioniere zeigen den großen Konzernen, wie der Markt funktioniert. Während die letzteren sich immer noch mit Betriebsverfassungsgesetz und Tarifvertrag herumschlagen, gilt für die ersteren die Existenz eines Betriebsrates als Zeichen, dass sie etwas falsch gemacht haben. Gigantische Unternehmen werden von Zwei-Mann-Unternehmen in die Enge gedrängt. Hoch begabte Mitarbeiter mit echtem Unternehmergeist verlassen die Betriebe, weil sie sich nicht ausleben können. Die wirklich guten Leute haben immer weniger Lust auf Großunternehmen, die immense Anpassungszwänge auftürmen. Dadurch werden Konzerne – ähnlich wie die Politik – mehr und mehr zum Spielfeld für mittelmäßige Talente.

»Ich« oder »Wir«?

Das Verhältnis von Individuum und Unternehmen könnte daher spannungsvoller nicht sein. Nach wie vor geht es darum, Individualität – wie fein aufgegliedert und differenziert auch immer – in ein ursächliches Verhältnis zu unternehmerischem Erfolg zu bringen. Wie also können »Ich« und »Wir«, wie können »Kontinuität« und »Wandel«, wie können »Autonomie« und »Zusammenarbeit«, »Selbstverantwortung« und »Hierarchie« neu aufeinander abgestimmt werden? Einerseits müssen wir die Gesetze der »economy of scale« beachten, andererseits schnell, flexibel und originell das Neue in die Welt bringen. Einerseits entspringt aus dem Zwang zur Qualität, Kostensenkung und Effizienz eine gewisse Normierung, andererseits muss dem internationalen Wettbewerbsdruck mit Innovationen begegnet werden, die offene Welten erfordern. Einerseits brauchen wir Anpassung an organisierte Abläufe, andererseits Ergebnisse, die nur dem Individuum geschuldet sind. Mixed messages: Man will gleichzeitig Kreativität und Anpassung, Unternehmertum und ISO 9000, Höchstleistung und Unterwerfung. Viele Unternehmen drohen an ihren inneren Widersprüchen zu ersticken. Mitarbeiter müssen sich als Versuchskaninchen eines zynischen Verwirrspiels erleben, das entweder ihren Verblödungsgrad oder ihre Widerstandsfähigkeit gegenüber paradoxen Anforderungen testen soll. Damit beginnt ein in dieser Schärfe historisch vorbildloser Konflikt um das Selbstverständnis der Organisation *als Organisation*, deren Strukturen nun nicht mehr nur fortgeschrieben, sondern ausgehandelt, entschieden, gerechtfertigt, ja vielleicht sogar neu erfunden werden müssen. »Ethik-Tropfen« und »heiße Wir-Umschläge« (Ulrich Beck) wirken dabei allenfalls kurzfristig als Placebo. Sie werden die anstehende Gestaltungsaufgabe nicht lösen.

Sollten Unternehmen nur den technologischen Wandel ernst nehmen oder nicht auch den Bewusstseinswandel der Menschen, die in ihnen arbeiten? Sollten wir im Menschen nicht stärker das Individuum sehen? Nicht nur die Fotos neuer Mitarbeiter ans Schwarze Brett pinnen oder ins Intranet hängen, sondern wirklich das Unternehmen flexibler machen? Sollten wir nicht mehr den Unterschied ehren? Die Organisationen um die Menschen herum bauen? Damit tut man sich schwer im Land der Gleichstellungsbeauftragten. Beharrung aus Angst vor Bedeutungsverlust: Nicht nur die Gewerkschaften als Interessenvertreter alternder Arbeitsplatzbesitzer sitzen im Traditionsgefängnis. Auch das vorständige Politbüro, versteinert und verstockt, klammert sich echsenhaft an seine monstranziöse Organisation. Wo die Regulierungswut herrscht, gibt es wenig Neigung, das Besondere zur Geltung zu bringen. Man rechnet noch immer mit der Anpassungsmentalität des Durchschnitts und steuert unbeirrt auf den DDR-Effekt zu: Die tragenden Säulen – Zustimmung, Legitimität und Attraktivität – erodieren.

Blinde Flecken

Die Geschichte des Verhältnisses des Einzelnen zur Organisation ist nicht nur eine Geschichte des technischen Wandels, sondern vor allem des Wandels unseres Menschenbildes. Die Abwehr des Individuellen gehörte schon immer zum Gemeingut totalitärer Ideologien, die als Reaktion auf die dramatischen Veränderungen der modernen Lebenswelt entstanden sind. Sie trüben noch heute den unverstellten Blick auf die Individualität. Wie anders ist es zu verstehen, dass sich in einer Kultur, die sich wesentlich den Leistungen ihrer Individuen verdankt, so viel dumpfe Sorge verbreitet, nur weil sich nach dem politischen Ende des Sozialismus der Individualismus mit größerem Selbstbewusstsein entfaltet? Eine Ordnung ist erschüttert worden, ohne dass eine neue schon errichtet war. Jetzt leiden wir darunter, in der Zugluft zu sitzen. Es ist an der Zeit, den betriebsinternen Tabukatalogen den Respekt zu verweigern. In den globalen Informationsgesellschaften von morgen ist ein Unternehmen nur so gut, wie die Menschen, die in ihm arbeiten. Der Fortschritt marschiert nun mal nicht in Reih und Glied. Dabei gilt es auch, in sich selbst die Arroganz der Arriviertheit und das Misstrauen zu bekämpfen, die man bei den Alten so lächerlich gefunden hat. Denn auf die wichtige Frage, was eigentlich ein Unternehmen *als Unternehmen* zusammenhält, geben die herrschenden Eliten nur hilflose Antworten, die sich im Wesentlichen aus der altlinken Sinnbewirtschaftung speisen. Was ihnen allen fehlt, ist das Vertrauen in das Individuum. Wie es einst Mahatma Ghandi schrieb:

> »*Die Individualität ist die eigentliche Quelle allen Fortschritts.*«

»Neue Personen« können Menschen aber nicht in alten Institutionen werden. Das legt strukturelle Konsequenzen nahe. Der Aufstand des Individuums, er zielt auf eine neue, auf eine bessere Ordnung. Wenn jedoch Einstellung und Motivation des Einzelnen und das System in Widerspruch geraten, siegt im Regelfall das System. Viele Menschen haben deshalb innerlich gekündigt, weil sie sich – aus ihrer Sicht: »sinnvoll« – an beengende Arbeitsverhältnisse angepasst haben. Sie haben

eine Pappnase aufgesetzt und beugen sich dem so genannten »Sachzwang«. Die Führung verlangt von den Mitarbeitern, »Defizite« auszugleichen, sich zu engagieren, sich den neuen Anforderungen anzupassen. Allerdings sollen die Bedingungen *im* Unternehmen weitgehend unverändert bleiben. Dagegen rebellieren alle individuellen Reflexe. Das kann nicht funktionieren. Denn Bewegung braucht Raum.

Viele Unternehmen bauen ihren Mitarbeitern einen Käfig. Und der hat mit Blick auf Individualität sechs Funktionen:

1. *Einschließen:* Man fordert zur Identifikation auf und etikettiert abweichendes Verhalten als Nestbeschmutzung.
2. *Ausschließen:* Exoten kommen nicht ins Management; bei der Bewerberauswahl werden ganz bestimmte Persönlichkeitsprofile ausgeschlossen.
3. *Ignorieren:* Man sagt den Mitarbeitern, dass ihre individuellen Unterschiede keine Rolle spielten und nur die Leistung für ihr Fortkommen zähle. Ob Mann oder Frau, egal! Man hält die Vorbildfunktion der Vorgesetzten hoch und kopiert die Erfolgsgeschichten anderer.

4. *Anpassen:* Die Menschen sollen sich in die Organisation einfügen; die Niederlassung im Ausland wird nach den gleichen Prinzipien geführt wie die Muttergesellschaft; es gibt »the one best way« und andere Reduktionismen: »Wir sind ein Marketing-Unternehmen!« »Wir sind die Beraterbank!« Man führt Personalsysteme ein. Man übernimmt den Jargon des Wandels bei rigider Verhaltensstarre.
5. *Unterdrücken:* Man greift zu Begradigungssystemen wie Richtlinien, Policys, Leitbildern, Visionen, Missionen. Verbreitet sind Sprüche wie »Das machen wir hier immer so!«, »Da könnte ja jeder kommen!«, »Unternehmensinteresse vor Abteilungsinteresse!«, »Wenn Sie erst einmal lang genug bei uns sind …!«. Topmanager akquirierter Unternehmen werden entlassen.
6. *Isolieren:* Neue Kreativitätssilos werden eingerichtet, Teams eingesetzt, Pilotprojekte aufgesetzt, »unpassende« Unternehmenseinheiten verkauft.

Im Käfig werden Mitarbeiter zu risikoscheuen, innovationsfeindlichen und defensiven Ausführungsautomaten, die erst dann zucken, wenn »oben« einer den Schalter bewegt. Angepasste, passive und innenorientierte Opfer einer glorreichen Unternehmensvergangenheit. Die Spätfolgen einer erfolgsgestützten Entindividualisierung – das ist es, was sich in der inneren Architektur des Unternehmens ausdrückt. Das alles ist weit von jener Energie entfernt, die einst das Unternehmen so kraftvoll nach vorne trieb. Die zwischenzeitlich mit Befehlen vollgeschriebene Tafel ist heute mit Werbung neu beschriftet. »Commitment« steht da in großen Lettern. In einer für ernsthafte Zeitgenossen unerträglichen Weise werden dabei strukturelle Fragen auf eine personenzentrierte Ebene verschoben. Die Änderung wird dem Einzelnen angelastet; die Organisation soll unbelastet und unbelästigt bleiben. Man versucht, sich die Menschen »passend« zu machen. Im Namen der Organisation kann der »Vorstand« genannte Wohlfahrtsausschuss, in dem die Wertbewussten sitzen, jene behandeln, die noch nicht sämtliche organisationskulturellen Werte »angenommen« haben. Die besseren Organisationsmitglieder schützen die unvollkommenen gleichsam vor sich selbst, indem sie die unzulänglichen Mitarbeiter vor den Folgen ihrer »Unterentwicklung« bewahren. Das Unternehmen wandelt sich zum Umerziehungsheim. Was Herrschaft in dem Maße sichert, wie es die Menschen irritiert. Nur böse Zungen meinen, das sei beabsichtigt.

Das sieht das Management in der Regel nicht oder will es nicht wahrhaben. Es ist blind dafür, dass es die Phänomene erzeugt, die es beklagt. Wie alle Systeme versuchen auch die Repräsentanten der Organisationen die Umwelt so wahrzunehmen, dass frühere Erkenntnisse und Erfolge möglichst bestätigt werden. In ihren fundamentalen Grundannahmen sind Unternehmen Struktur-Nostalgiker. Sie möchten so bleiben, wie sie sind. Vor allem Manager sehr erfolgreicher Unternehmen tun sich schwer, den erfolgreichen Status quo in Frage zu stellen. Das Letzte, was sie wollen, ist Veränderung. Entsprechend ist der Umgang mit Informationen hochselektiv; bestimmte Wirklichkeitspartikel werden ausgeblendet. Um ein Beispiel zu nennen: Überall wird nach Kreativität gefragt – und mit dem Betrieblichen Vorschlagswesen geantwortet.

Echte Kreativität erkennt man daran,
dass sie unwillkommen ist.

Um nicht irritiert zu werden, filtern Unternehmen Informationen aus der Umwelt so, dass gigantische »Blinde Flecken« entstehen: Ausblendungen und Wirklichkeitsausgrenzungen. So war Nixdorf – *das* Vorzeigeunternehmen der deutschen Nachkriegszeit – lange Zeit nicht bereit anzuerkennen, dass es zwischen Großrechner und PC zerdrückt wurde. Nichts steht dem Verfall näher als hohe Blüte. Die Schweizer Uhrenindustrie der siebziger Jahre ist ein weiteres Beispiel.

Heute heißt der blinde Fleck: »Alle Mitarbeiter sind gleich!« Das wird niemand so explizit behaupten wollen. Betrachtet man aber die konkrete innere Verfasstheit der Unternehmen, so wird deutlich, dass die Organisation normt und normiert: Das »Personal«, zu dem man sich selbst am liebsten nicht zählt. Was eher wie ein zoologischer Begriff daherkommt, ist das Codewort des entindividualisierenden Denkrahmens, der die Unternehmen bis ins Mark bestimmt.

Im Folgenden will ich – um nicht über die Fallstricke des guten Willens zu stolpern – diese blinden Flecken sichtbar machen. Wenn ich dazu durch die Kathedralen der Führungsinstrumente und Managementmoden flaniere, dann in der festen Überzeugung, dass man den Käfig öffnen muss, der es den Verteidigern des organisatorischen Status quo erlaubt, passiv zu bleiben. Die Arbeitswelt der Zukunft verlangt nach offenen Welten.

Unternehmertum im Unternehmen
oder wie man Angestellte zu
Bonsai-Kapitalisten macht

> Ein Unternehmer hat den Mut,
> in den Augen der herrschenden Meinung exzentrisch,
> unkonventionell und voreilig zu sein.
> *John M. Keynes*

Revolutionäre der Wirtschaft

»Menschen – mit dem Beile zugehauen«, dröhnte anno 1909 der Berliner Professor der Volkswirtschaft Werner Sombart auf der Suche nach der »idealen Unternehmernatur«. »Es sind Männer (keine Weiber!) – ausgerüstet vor allem mit einer außergewöhnlichen Vitalität, aus der ein übernormaler Betätigungsdrang, eine leidenschaftliche Freude an der Arbeit, eine unbändige Lust zur Macht hervorquellen.« Typisch dürfte Emil Rathenau gewesen sein, der Gründer des 1996 untergegangenen Elektrokonzerns AEG, der in der Industrialisierung die Möglichkeit sah, einer wachsenden Bevölkerung Wohlstand zu bringen und daraus für sich ebenfalls Gewinn zu ziehen. Bei seinem Tode im Juni 1915 war die »Allgemeine Elektricitäts-Gesellschaft« die größte des Landes und lag klar vor dem 36 Jahre älteren Unternehmen von Werner von Siemens und Johann Georg Halske.

Es gab die Erfolgreichen: den großbürgerlichen Georg von Siemens, bis Ende 1900 Vorstandssprecher der Deutschen Bank in Berlin; oder den handfesten und Skat spielenden Königlichen Baurat Philipp Holzmann. Es gab die Scheiternden: den Automobilhersteller Carl Borgward, den Werftbesitzer Willy Schlieker, der einst bei Friedrich Flick seine Karriere begonnen hatte, sowie den späteren Stahlproduzenten Willy Korf. Es gab so Unterschiedliche wie den Kaufhauskönig Helmut Horten und den Reiseveranstalter Josef Neckermann, den Computerpionier Heinz Nixdorf und die Versandhändler Gustav und Grete Schickedanz. Nicht selten waren es clevere Emporkömmlinge, in den

Augen des wertverpflichteten Bürgertums amoralische Profiteure. Als Jugendliche haben sie häufig emotionale Mangelsituationen durchlitten, vielfach auch ökonomische Knappheit. Bis auf wenige Ausnahmen waren sie aber von einem geradezu bohrenden Willen befeuert, ihren skeptischen Eltern zu beweisen, dass sie etwas auf die Beine stellen konnten.

Heute prägen das Unternehmerbild »globale Macher« einerseits und »Turnschuhunternehmer« andererseits. Die großen Unternehmerpatriarchen sind rar geworden. Dazu gehören in Deutschland noch Berthold Beitz von Krupp, Hans L. Merkle von Bosch und Reinhard Mohn von Bertelsmann, in Italien Giovanni Agnelli von Fiat und Enrico Cuccia von der Mediobanca und in Schweden Peter Wallenberg.

Was kennzeichnet diese Menschentypen? Was zeichnet sie aus? *Sie setzen neue Kombinationen durch* – diese Formel stammt von Joseph Alois Schumpeter. »Revolutionäre der Wirtschaft« nennt er sie; sie halten nicht an Symmetrie und Reversibilität fest, sondern spüren den Reiz der Unausgeglichenheit, akzeptieren das Faktum der Irreversibilität und demonstrieren die Bereitschaft zum Vertrauen. Sie nehmen auf, was da ist, setzen es neu zusammen und bringen diese Kombination auf den Markt. Sie verändern Konsumformen, Beschäftigungsstrukturen und Produktionsweisen. Denn die kapitalistische Entwicklung folgt keiner linearen Logik, sondern ergibt sich aus einer Vielzahl institutionalisierter Experimente, hinter der individuelle unternehmerische Intelligenz steckt. Nicht die bloße Mechanik der Kapitalmassen, sondern vor allem die Tricks und Ideen von Newcomern und Start-ups treiben die Entwicklung voran. Schumpeter stellt fest: »Gewöhnlich wird nur das Problem betrachtet, wie der Kapitalismus mit bestehenden Strukturen umgeht, während das relevante Problem darin besteht, wie er sie schafft und zerstört.« Egal, ob neue Produktionsmethode, neue Marktbearbeitung oder neue Arbeitsorganisation: Wichtig ist die Erschließung einer neuen Wertquelle, die produktive Ungleichgewichte in den ökonomischen Kreislauf bringt. Der »Revolutionär der Wirtschaft« ist ein Unruheherd. Die Bereitschaft, etwas zu riskieren, den Erfolg, die erreichte Position aufs Spiel zu setzen, macht seine Sinne wach, fördert die Intuition. Unternehmersein ist mithin kein Beruf und in der Regel auch kein Dauerzustand.

> *Der Unternehmer ist jemand,*
> *dessen Element das experimentelle Leben ist.*

Entscheidend für die Definition des Unternehmers ist sein Verhältnis zur Zukunft: Der wirkliche Unternehmer betreibt nicht Risikokalkulation mit messbaren Größen, sondern setzt sich der Unsicherheit aus und wagt eine Entscheidung. Passives Konsequenzenziehen aus gegebenen Daten ist etwas anderes als das aktive Projizieren von Möglichkeiten. Das »Neue« ist sein Element. Die Welt ist ihm keine Summe unabänderlicher »Ereignisse«, sondern eine Menge mehr oder weniger glaubhafter »Behauptungen«.

Intrapreneure

»Sei Unternehmer!« – dieser Mobilisierungsappell prägt nun wie kein zweiter die Führungskulturen in den Unternehmen. Man hofft auf einen Menschentyp, der dem sackgassenführenden Weiterso eine Energie des Andersmachens entgegensetzt. Ein Gefühl von Befreiung und Erfrischung angesichts der schweren Melancholie des Gewordenen – das ist es, was sich mit dem vielfältig einsetzbaren Wunschbegriff des Unternehmers verbindet. Gedacht wird dabei an eine symbolisch hoch befrachtete Persönlichkeitsmischung aus dem oben beschriebenen »kreativen Zerstörer« und lauter Nixdorfs, Grundigs, Neckermännern. Gerade diese Persönlichkeiten waren nun aber alles andere als anpassungsfähig. Das waren kantige, hochindividuelle Typen, nicht selten polterig, undiplomatisch, kaum parkettfähig. Sie passten sich nicht den Strukturen an, sondern zwangen die Strukturen zur Anpassung.

Solche Menschen würden in den meisten heutigen Unternehmen scheitern. Dort ist geschmeidiges Ein- und Unterordnen gefordert, diplomatisches Geschick, Beachtung der Policys. Was keinesfalls per se verachtenswerte Leistungen sind, aber eben kein Unternehmertum bezeugt. »Sei Unternehmer!« – das rufen Unternehmen ihren Managern und diese ihren Mitarbeitern zu. Angestellte, die ihren parasitären Erfolg aus der Unfähigkeit anderer Angestellter ziehen, sich selbst zu organisieren, fordern Verhaltensänderung bei Angestellten, die bisher im Unternehmen haben verweilen können, weil sie sich einfügen konnten und erhebliche Anpassungsleistungen vollbrachten.

Aber ist es überhaupt redlich, von Angestellten Unternehmertum zu verlangen? Das machtlogische Charakteristikum von wirklichen Unternehmern ist ihre Gleichrangigkeit. Sie sind nur sich selbst rechenschaftspflichtig. Unabhängigkeitsstreben, Bevormundungsallergie ist ihr Motor. »Ich bin das, was ich geworden bin, eigentlich nur geworden, weil ich es nicht ertragen habe, einen Vorgesetzten zu haben.« So Hermann J. Abs, ehemals Vorstandssprecher der Deutschen Bank. Sie schaffen sich ihre Strukturen und Regelungen selbst. Vor allem aber riskieren sie ihr Vermögen, haften mit ihrem Kapital. Sie suchen Kredit als Vorschuss auf die Zukunft. Das ist riskant. Die Gründung einer Firma gleicht einem Sprung ins Nichts. Woher soll man wissen, ob das Produkt marktfähig ist, sich der Kredit refinanzieren lässt und die Mitarbeiter mitziehen? Unternehmer ist nur, wer sich vorher zum Schuldner macht. Unternehmer kennen daher nur ein Urteil, eine Deutungshoheit: den Markt.

Angesichts solcher Unwägbarkeiten scheint das Setzen auf Karriereerfolg in einer betrieblichen Bürokratie allemal sicherer. Da ist die Erfolgsgröße, was die Zunahme von Prestige und Einkommen anbetrifft, antizipierbar. Wer einmal drin ist, hat eine vorweg gestaffelte und auf relative Prognostizierbarkeit ausgerichtete »Laufbahn« im Blick. Angestellte kennen daher eine andere Deutungshoheit: den Unternehmer. Er, der ihnen zuruft, Intrapreneure zu werden, zwingt sie im nächsten Moment zur Rechtfertigung. Die Angestellten treffen entsprechend Vorsorge, um sich jederzeit verteidigen zu können. Mehr noch: Manager treffen zahllose Entscheidungen nur so, weil sie damit rechnen müssen, zur Rechenschaft gezogen zu werden. Am Ende siegt deshalb nicht selten ängstliche Konformität über Unternehmermut. Für den Manager als Pseudounternehmer ist deshalb der Beifall seiner Kollegen von ausschlaggebender Bedeutung. Es heißt ja auch »managermagazin« und nicht »Unternehmer-Magazin«: Eine solche Zeitschrift hätte kaum Bilder. Unternehmer lassen sich ungerne ablichten.

Unternehmer sind Agenten des Wandels, Manager Agenten der Stabilität. Genauer noch, Unternehmer arbeiten mit Unsicherheit (nichtmessbaren Risiken), während Manager mit messbaren Risiken umgehen. Unternehmer werden gebraucht, um neue Organisationen einzuführen. Manager werden gebraucht, um sie zu steuern. Unternehmer gehen über Grenzen ins Ungewisse, Manager implementieren das Bekannte. Wo der Unternehmer unwahrscheinliche Entwicklungschancen erkennt, sieht der Manager unwägbare Kostenbelastungen. Der Manager ist also vor allem Regulator des Betriebs. Er ist nicht Manager geworden, um mit Neuem zu experimentieren. Und es macht einen Unterschied, ob man sich an wechselnde Umweltbedingungen anpassen will oder die Definition einer neuen Welt im Blick hat. Wenn jemand im Unternehmen Unternehmer wäre, *wäre* er Unternehmer. Und nicht Angestellter.

Die Ähnlichkeitsmaschinerie

Aber das scheuklappernde Unternehmer-Geschwurbel schert sich den Teufel um logische Schieflagen. Der Vorstand eines Familienunternehmens, an seine leitenden Angestellten gewandt: »Seien Sie Unternehmer – aber vergessen Sie nicht, dass Sie *mein* Geld ausgeben!« Schöner geht's nicht. Das ist lupenreines Double Bind. Einerseits wird Unternehmertum gefordert, andererseits nötigt die Hierarchie zur Unterwerfung unter die Botmäßigkeit institutionalisierter Normen. Viele Menschen sehnen sich in der Tat nach unternehmerischen Freiräumen, und diese Sehnsucht wird durch entsprechende Unternehmensbotschaften genährt. Sobald sie aber eigenaktiv handeln, werden sie schon wieder zurückgepfiffen: »Wie konnten Sie sich nur so weit aus dem Fenster lehnen!« Enttäuschung oben und unten.

Man sagt, man wolle Unternehmer, belässt es aber bei frühindustriellen Strukturen. Anschließend konstatiert man: »Die Menschen wollen nicht!« oder »Die Mitarbeiter sind noch nicht soweit!« Und schreitet zur Therapeutisierung. Damit individualisiert man Verhaltenserwartungen, denen strukturell gar nicht entsprochen werden *kann*, wenn die Menschen nicht gegen ihre Interessen handeln sollen.

Schaut man also genauer hin, so schwankt der Sei-Unternehmer-Appell zwischen hilfloser Schwallwörterei und aufrichtiger Konfusion. Er will über die traditionellen Ungleichheitsrelationen lediglich hinwegtäuschen. Er erzeugt die Illusion der Unabhängigkeit, den *Sound* der Selbstverantwortung. Symbolisch wird das Versprechen von Freiheit und Spielraum gegeben, zugleich aber ein schier unlös-

barer Konflikt mitgeliefert: »Handle selbstständig und eigenverantwortlich – aber nur so, wie ich es für richtig halte!« Mithin: »Sei mir ähnlich!«

Da ist er, zur Kenntlichkeit entstellt: der Wunsch nach dem Bonsai-Unternehmer, nach dem geklonten Mitarbeiter, der eben nicht – komplexitätserweiternd – seine Andersartigkeit dem Unternehmen zur Verfügung stellt, der eben nicht sein individuelles Unternehmertum verwirklicht. Sondern die Ähnlichkeitsmaschinerie beliefert ... was für die Unternehmen von erheblichem Nachteil ist. Man muss nicht erst das berühmte Milchmädchen bemühen, um zu wissen: Je komplexer ein Unternehmen, desto mehr Marktchancen werden wahrgenommen, desto überlebensfähiger.

Je ähnlicher die Menschen im Unternehmen,
desto weniger komplex, desto krisenanfälliger ist das Unternehmen.

Verhinderte Verantwortung

Ist das beharrlich missbrauchte Wort vom Unternehmertum im Unternehmen lediglich ein Missverständnis oder eine ganz intentional operierende Schwindeletikette? Mancher ahnt schon, dass er mit der Forderung, den Intrapreneur in sich zu entdecken, auf pathetische Weise übers Ziel hinausschießt. Daher heißt es heute oft auch: »Handle unternehmerisch!« – sprachlich unschöner, dafür weniger kraftmeiernd.

Aber auch dieser weichgezeichnete Appell blendet die hierarchische Umgebung aus. Das Problem wird durch gutes Zureden an den Einzelnen delegiert, während die strukturgebenden Hard Facts in die genau gegenteilige Richtung weisen und Anpassung fordern. In der Tat haben Menschen vielfach verlernt, Verantwortung für ihre Leistung zu übernehmen. Insofern ist es allemal berechtigt, ein *Mehr* an unternehmerischem Denken und Handeln, ein *Mehr* an Selbstverantwortung, ein *Mehr* an Eigeninitiative zu fordern. Und zu viele Manager geben viel zu früh auf, wo noch hartnäckiges und entschlossenes Handeln Erfolg brächte.

Wie aber steht es mit dem strukturellen Rahmen? Nach einer 1999 veröffentlichten Untersuchung hat ein Mitarbeiter dann bei seinem Chef einen Stein im Brett, wenn er 1. fleißig und 2. zu Überstunden bereit ist. Auf den allerletzten Rangplatz verwiesen die befragten Chefs dagegen jenen Mitarbeiter, der erfolgreich »eigene Projekte initiiert«. Das illustriert die *Doppeltendenz*, die die Unternehmenswirklichkeit prägt: Einerseits wird oft geradezu nötigend zu mehr unternehmerischem Handeln aufgerufen, andererseits das Unternehmen täglich mehr verregelt. Jeder Leser mag selbst abschätzen, wieviel Energie in seinem Unternehmen in Planungsgenauigkeit und Prognosesicherheit fließt. Wie man mit aller Macht versucht, den Zufall, das Spontane zu bannen. Wie die Springfluten des internen Reportings anschwellen. Wie die Tendenz überschießt, jedes Gestaltungsproblem mit einer Richtlinie zu erschlagen. Wenn einer nur bis 300 Mark Verantwortung übernehmen kann und von ihm andererseits Unternehmertum verlangt wird, ist das einfach nur lächerlich. Je mehr aber ein Unternehmen verregelt wird, desto mehr Handlungsalternativen werden vernichtet, desto mehr türmen sich die Anpassungszwänge, desto mehr – und das ist besonders wichtig! – wird unternehmerische Selbstverantwortung zur reinen *Sorgfaltspflicht* verengt.

Das größte innere Problem der Unternehmen ist der Widerspruch zwischen den aufrüttelnden Sei-Unternehmer-Parolen und der strukturellen Unmöglichkeit unternehmerischen Handelns – insbesondere die Engführung der Verantwortung zur fehlervermeidenden Sorgfaltspflicht. Unternehmerisches Handeln degeneriert dadurch zum internen Kampf gegen Vorschriften, Richtlinien und Policys. Viele Unternehmen sind mittlerweile – und werden zunehmend – so verregelt (Stichwort ISO), dass ihnen die Organisation durch die Decke schösse, würde tatsächlich unternehmerisch gehandelt. Sie sind nicht einmal annähernd auf mehr unternehmerisches Handeln eingestellt, ja entwickeln sich nicht selten in die genau umgekehrte Richtung. Es ist aber geradezu zynisch, mehr unternehmerisches Handeln zu fordern, nicht aber die *Bedingungen der Möglichkeit* unternehmerischen Handelns zu schaffen.

Aus dieser Perspektive erscheint auch das »Handle unternehmerisch!« als eine Alibi-Parole, die die strukturellen Hindernisse vernebelt. Mehr noch: In gleichem Maße, wie die Absicherungsmentalität überbordet, wird das Problem dem Einzelnen angelastet ... was es der Führung ermöglicht, Behäbigkeit, Langsamkeit, mangelnde Eigeninitiative als individuelles Problem, gleichsam als Krankheit erscheinen zu lassen: »Die *wollen* einfach nicht!« Dadurch gelangt das Ich, das sich schier uneinlösbaren Anforderungen ausgesetzt sieht, auf einen unbarmherzigen Prüfstand. Jeglicher Misserfolg lässt sich als Resultat persönlichen Versagens lesen. Strukturelle Probleme werden postwendend an den Einzelnen zurückadressiert. Eine höchst bequeme Haltung: Nicht wenige Topmanager verdanken ihre Existenz dieser Wirrnis.

Freiheit – »dennoch!«

Wir stehen vor einer Ära des experimentellen Kapitalismus, der mit der Kultur zentraler Regulierung, säuberlicher Kompetenzzuweisung und langfristiger Festlegungen aufräumt. Die neuen Prinzipien heißen lokale Verhandlung, gemischte Zuständigkeit und vorläufige Versuche. Unter den zu erwartenden wirtschaftlichen Bedingungen brauchen wir daher in der Tat mehr Selbstverantwortung, Eigeninitiative und unternehmerische Kraft. Das bedeutet für die Organisationen vor allem ein *Loslassen*: von der Alles-im-Griff-Mentalität, von den Planungsexzessen, den Misstrauensinszenierungen, den Überregulierungen, der fehlerfeindlichen Unternehmenskultur, der Verfolgerrolle im Selbstbild vieler Vorgesetzter.

Selbstverantwortlich und unternehmerisch handelt ein Mitarbeiter, wenn er Aufgaben und Handlungsweisen aus einer breiten Skala nichtstereotyper Möglichkeiten auswählt. Wenn er den Rahmen des Üblichen sprengt. Wenn er Möglichkeitsbewusstsein entwickelt. Wenn er das Vorformulierte, das Genormte, das Regelhafte überschreitet. Das aber erzeugt Unsicherheit, bedeutet Wagnis, eben das, was unternehmerisches Handeln charakterisiert. Wer wirklich mehr Selbstverantwortung, mehr unternehmerischen Geist in der ganzen Breite seiner Firma will, wer wirklich will, dass jeder Mitarbeiter mehr Eigeninitiative entwickelt, der muss *in die Organisation wieder die Unternehmung einführen.*

Wenn Sie wirklich Unternehmertum anerkennen wollen, dann müssen Sie den »Geist aus der Flasche« lassen. Das heißt: *Wahlmöglichkeiten eröffnen.* Unternehmertum kann sich nur entwickeln, wenn das Handeln in den Unternehmen nicht durch Direktiven, Regularien, Richtlinien, Dekrete, Verordnungen und Anordnungen vollständig determiniert ist. Nur Freiheit macht verantwortlich. Dazu müssen Sie kleine Einheiten bauen, Unterschiedlichkeit fördern, Fehlschläge als unvermeidliche Begleiterscheinungen tolerieren. Für ein Mehr an Originalität sich einsetzen, für ein Mehr an Freiraum, für ein Mehr an gewollter und bewusst zugelassener Unsicherheit. Für ein bescheidenes »Dennoch« unter schwierigen Bedingungen. Denn das Problem »Unternehmertum im Unternehmen« lässt sich nicht ohne Überhänge lösen. Wo Menschen zusammenarbeiten, wird es immer Richtlinien und Vorschriften geben. Es geht um das gestaltbare *Maß* unternehmerischen Spielraums. Man wird kaum glaubwürdig Intrapreneurship fordern und gleichzeitig immer neue Anpassungszwänge auftürmen können, ohne zu verwirren und letztlich die Zynismuslücke zu vertiefen.

Mut zur eigenen Idee

Können wir von Unternehmertypen nicht etwas lernen dafür, wie wir Unternehmen bauen sollten? Gewiss. Zum Beispiel: Erfolgreiche Unternehmer haben sich niemals in Schablonen pressen lassen. Sie wollten immer die Ausnahme sein. Sie haben sich dem Gleichmachungsdruck entzogen. Robert Bosch in seinem Vermächtnis: »Der Buchstabe tötet, der Geist macht lebendig.« Unternehmer bringen nicht nur neue Kombinationen auf den Markt, sondern auch die Energie auf, das Produkt am Markt durchzusetzen. Sie stellen sich der nichtmessbaren Unsicherheit. Sie fällen Entscheidungen in Situationen minimaler Information und treffen sie schnell.

> *Unternehmer suchen ihren Gewinn auf individuellen Wegen.*
> *Nicht auf den vorgebahnten.*

Ein Unternehmer hat daher vor allem eines: Mut. Genau das, was man bei Managern so selten findet! Mut, den er dem Optimismus verdankt, der sich aus dem Glauben an sich und die *eigene* Idee speist. Er will die Bahnen des Erprobten durchbrechen. Er will das Vorgefundene anders verwenden. Nicht Selbstentfaltung und Selbstverwirklichung kennzeichnen seinen Rationalismus, sondern Selbstverausgabung und Selbstdurchsetzung. Nicht einmal Geld: Stellvertretend für viele Horst Görtz, Gründer der Softwarefirma Utimaco, die schon 1995 von der Europäischen Kommission zu den 500 dynamischsten Unternehmen Europas gezählt wurde: »Ich wollte selbst etwas machen, das Geldverdienen hat bei mir nie an erster Stelle gestanden.« Dem Gründungsimpuls liegt eine Freude am Ändern und Wagen zugrunde – gerade wegen der zu erwartenden Schwierigkeiten. Das ist aber vor allem jener Mut, der sich vom Urteil anderer unabhängig macht. Das ist der Realisierungswille, der sich nicht selten gegen die herrschende Meinung stemmt, sich von ihr nicht aufhalten lässt. Das ist das Individuum, *das immer nur aus eigenem Antrieb handelt.* Ihm liegt daran, sich den Erfolg zuzuschreiben, und es wird auch beim Misserfolg nicht von sich absehen. Dazu benötigt es seine *eigene* Einsicht, die auf einen *eigenen* Anspruch bezogen ist. Ist das der Mensch, der sich jährlich einer Leistungsbeurteilung unterzieht? Ist das der Mensch, dem man die Wurst vor die Nase hängt und von dem man Anpassung und Konformität erwartet? Daher die zentrale Frage: *Welchen Menschentypus wollen wir im Unternehmen mehrheitlich finden?* Wissenschaftlich, also ohne die Entschlossenheit zum Urteil, lässt sich über die Auswahlthematik wahrscheinlich nicht viel Kluges aussagen. Aber selbst der in Sachen Werturteil so überaus zurückhaltende Max Weber erlaubt sich hier eine Ausnahme: Jede, ausnahmslos jede Organisation sei, »wenn man sie bewerten will«, daraufhin zu überprüfen, welchem menschlichen Typus sie die optimale Chance gibt, herrschend zu werden. Dem Ähnlichen? Oder dem Einzigen?

360-GRAD-BEURTEILUNG
oder der unheimliche Charme der Totalüberwachung

Der perfekte Disziplinarapparat wäre derjenige,
der es einem einzigen Blick ermöglichte,
dauernd alles zu sehen ... ein vollkommenes Auge der Mitte,
dem nichts entginge und auf das alle Blicke gerichtet wären.
Michel Foucault

Nie gut genug

Michael Keller, Regionalleiter einer großen deutschen Sparkasse, war platt. Seine Region hatte das beste Ergebnis seit Jahren hingelegt, das Klima in den Zweigstellen war ausgezeichnet, und auch sein Vorstand war mit seiner Leistung mehr als zufrieden. Doch nun saß dieser Personalreferent vor ihm und sagte ihm ins Gesicht: »Sie sind die schlechteste Führungskraft des Unternehmens!« Keller glaubte, nicht richtig zu hören: »Wie kommen Sie denn darauf?« »Die Ergebnisse der 360-Grad-Beurteilung«, antwortete der Personaler unbeirrt, »sie sind eindeutig. Gemessen an den zwanzig Kriterien, die wir der Führungsleistung zugrunde gelegt haben, ist an dem Ergebnis nicht zu zweifeln. In einigen Bereichen wurden Sie von Ihren Mitarbeitern zwar auch hoch, sogar sehr hoch bewertet, aber insgesamt sind Sie die schwächste Führungskraft des Unternehmens. Im nächsten Jahr werden wir die Befragung wiederholen. Wenn Sie ein ähnliches Ergebnis vermeiden wollen, sollten Sie an Ihren Defiziten arbeiten!«

Michael Keller, dem eben noch zugerufen wurde, unternehmerisch zu denken und zu handeln, etwas Neues in die Welt zu bringen, das Unternehmen zu außergewöhnlichen Leistungen zu führen, muss sich jetzt erst mal einem Total-Check-up unterziehen. Dabei ist er nichts weiter als ein Opfer guter Absichten. Viele Firmen, die jahrzehntelang die besten Sachbearbeiter zu Führungskräften gemacht haben, sind in das andere Extrem verfallen. Sie haben detailliert die Führungsrolle beschrieben, Führungsleistung mit zig Kriterien zerpflügt, Leitlinien und Gebrauchsanweisungen für die Leitlinien erlassen und diesen Tugendkatalog einer 360-Grad-Beurteilung unterlegt. Bei dieser – mittlerweile zum »Multisource-Assessment« promovierten – Methode werden Manager von ihren Chefs, Mitarbeitern, Kollegen und manchmal auch anderen Kooperationspartnern im Unternehmen bewertet. Beifall von allen Seiten bedeutet: der »perfekte« Manager. Niedrige Werte heißen »Entwicklungsmöglichkeiten«. Das ist Maschinendenken pur: Man stellt die Führungskräfte »auf den Prüfstand«. Einmal Ölwechsel, bitte.

In den siebziger Jahren für die Leistungsbeurteilung hoher israelischer Militärs (sic!) entwickelt, verschwand die 360-Grad-Beurteilung in der Wirtschaft nach anfänglich negativen Erfahrungen wieder. Jetzt wird sie allerorts wiederbelebt: 90 Prozent der Fortune-500-Unternehmen experimentieren mit der Methode. Lohnt sich der Aufwand, der Projektteams monatelang bindet und finanziell in die Millionen geht? »Ja!«, sagen die Befürworter. Habe man bei der reinen Linienbeurteilung »von oben« mit unvermeidlichen Asymmetrien und ausgeschlossenen Gegenseitigkeiten zu kämpfen, so könne die Rundumbeurteilung diese Defizite kompensieren. Sie stehe daher für vernetztes Denken und Offenheit, für Fairness und gehobene Streitkultur. »Führungskräfte müssen Rückmeldungen aus allen Richtungen bekommen«, so lautet die Botschaft, »das sensibilisiert für die Wirkungen des Handelns und steigert die interne Kundenorientierung. Denn nur eine Führungskraft, die weiß, wie sie ankommt, kann ihr Verhalten ändern. Führungsdefizite werden endlich sichtbar und – weil sichtbar – behebbar.«

Rundum im Widerspruch

Die Idee klingt im ersten Moment bestechend. Sogar fair: Warum auch sollen sich nur die Mitarbeiter beurteilen lassen? Diese Oberfläche verliert ihren Glanz, wenn man tiefer in das Thema vordringt. Denn das Neue daran ist nicht so neu: Nahezu alle Führungskräfte wurden immer schon beurteilt, von ihren Vorgesetzten. Das Neue daran ist das »von unten« und »von der Seite«: gleichsam, welch furchtbares Wort, »flächendeckend«. Das gesamte personale Umfeld soll die Leistung der Führungskräfte einschätzen, die sich natürlich auch selbst einschätzen dürfen, um sich dann über die Differenz zwischen der eigenen Einschätzung und der der anderen den Kopf zu zerbrechen. Man weitet mithin nicht nur den Beurteilerwinkel aus, sondern dreht sogar die Beurteilungsrichtung um: Auch Mitarbeiter sehen sich plötzlich in der delikaten Situation, ihre Chefs beurteilen zu können. Dürfen? Müssen? Auf diesen Punkt – Beurteilung von unten nach oben – will ich mich im Folgenden konzentrieren.

Gehen wir das Thema systematisch an und stellen die drei wichtigsten Analysefragen, um die Einführung eines Management-Tools im Unternehmen zu prüfen:

- Wie heißt die Frage, auf die das Instrument die Antwort sein soll?
- Wessen Problem ist das?
- Wer sind die Verlierer der Problemlösung?

Also: Wie heißt die Frage, auf die das 360-Grad-Feedback die Antwort sein soll? »Die Führungskräfte bekommen zu wenig Feedback!« Einverstanden. »Die Mitarbeiter trauen sich nicht, ihren Chefs ein Feedback zu geben!« Hm. »Deshalb brauchen wir ein Instrument, das die Menschen entlastet und Offenheit ermöglicht.« Diese Argumente sind ernst zu nehmen. Aber sie sind abzuwägen gegen ausgesprochen kontraproduktive Nebenwirkungen, die die angestrebten Effekte gegenlagern. Aus meiner Sicht sind solche Beurteilungen unlogisch, konsequenzlos, nichtssagend und feige. Beginnen wir mit dem Letzteren.

Anonym und feige

In einer Zeit, in der ein Managerlächeln schon unter Zivilcourage fällt, mag es naheliegend sein, die Beurteilungen – erst einmal! erst einmal! – anonym abzugeben. Doch welch absurdes, welch erniedrigendes Schauspiel! Wie Erpresserbriefe, nachts heimlich in den Briefschlitz geworfen, im Schutz der bergenden Dunkelheit das Skandalöse, Gott! das Unaussprechliche zu tun: das Vor-Gesetz zu beurteilen. Der Unbotmäßige, der nicht zu seinem Wort steht, der sich feige verdrückt, nur heimlich sein Votum abgibt: Ist das der, der im Unternehmen des dritten Jahrtausends einen Unterschied macht?

Die impliziten, die unausgesprochenen Botschaften dieses Versteckspiels sind die wichtigen. Und die sagen dem beurteilenden Mitarbeiter:

»Wir trauen dir nicht zu, dass du zu deinem Wort stehst! Wir erkennen in dir nicht den mündigen, erwachsenen Wahlbürger an! Du bist auch eigentlich kein Individuum, kein Einzelner, kein Mündiger, – nein, du bist Masse, eben: anonym.« Der Mitarbeiter vermittelt durch seine anonyme Beurteilung der Führungskraft wiederum: »Du musst dich ändern, damit es mir besser geht! Das sage ich dir aber nicht offen, als Erwachsener, von Angesicht zu Angesicht, nein, das äußere ich allenfalls anonym.« So werden die Mitarbeiter zur Opferstory eingeladen: Der Chef ist dafür verantwortlich, dass mein Leben funktioniert! Zudem können die Mitarbeiter im Unauffälligen und Nichtfeststellbaren aufgehen. Das »man« findet stets einen Weg, es nicht gewesen zu sein.

> *Wo »man« etwas gesagt hat, da hat niemand etwas gesagt.*

Die zögernde Attitüde haftbarkeitsscheuer Halbzustimmung zielt für beide Seiten auf Entlastungsarrangements. Was die Unternehmensleitung nicht daran hindert, das Weihrauchkesselchen der Selbstverantwortung zu schwenken. Dass sie damit die Fehlhaltungen unterstützt, dass sie damit die Abhängigkeit, das Oben-Unten-Muster noch auftürmt, was sie doch ambitiös untertunneln wollte, lieber Himmel! Eine unhintergehbare Paradoxie: Die Rundumbeurteilung setzt eine Offenheit voraus, die durch diese Methode gerade erst geschaffen werden soll. Gäbe es ein solches Klima, brauchte man kein anonymes Votum. Und wo Vertrauen fehlt, sorgt das Instrument für neues Misstrauen. Es ist eine Illusion, Personalpolitik durch die Hintertür zu betreiben in der Erwartung, das Instrument werde das offene Feedback-Klima von selber nach sich ziehen. Die List der ökonomischen Vernunft soll bewirken, dass der Unsinn den Sinn befördert. Eine heitere Variante der Dialektik der Aufklärung.

Das Heikle an der Sache ist, dass am Ende die Anonymität doch aufgebrochen werden muss. Wenn das 360-Grad-Feedback überhaupt etwas bringen soll, müssen die Beteiligten irgendwann das Visier hochklappen. Vorbei ist die Anonymität. Das antizipieren die Mitarbeiter natürlich. Deshalb lautet der heimliche Vertrag: »Beurteile mich gut, dann bleibe ich freundlich!« Wer aber als Führungskraft mehrheitlich Mitarbeiter hat, die anonym bleiben wollen, hat als Führungskraft versagt. Den können Sie in Führungsseminaren siebenmal chemisch reinigen lassen; er wird niemals ein sozial warmes und ermutigendes Klima schaffen. Sparen Sie sich den Aufwand! Tauschen Sie die Führungskräfte aus! Und wenn eine Führungskraft meint, auch ein Feedback von seinen Mitarbeitern zu brauchen, dann sind erwachsene Menschen gefragt, die einander offen und ehrlich ihr Erleben schildern und um die Perspektivgebundenheit ihrer Wahrnehmung wissen. Dass das in der Praxis eher die Ausnahme ist, weiß ich. Aber dagegen hilft auch ein Instrument nicht. Im Gegenteil: Die Anonymität des Verfahrens erzeugt genau das, was zu beseitigen es angetreten war – eine Kultur des Verbergens.

Ohne Konsequenzen

Wir leben in intellektuell risikoreichen Zeiten. Man setzt sich der Gefahr aus, mit den Kardinal Ratzingers dieser Welt zusammengebunden zu werden, wenn man – so wie ich – in der Hierarchie die Ordnung der Dinge erblickt. Hierarchie, die, solange sie existiert, auch respektiert werden muss, wenn sie funktionieren soll. Man mag jedoch zur Hierarchie stehen, wie man will: Solange es sie gibt, hat der Vorgesetzte auch das Interpretationsmonopol. Ob das sinnvoll ist, diskutiere ich hier nicht. Es ist ihm qua hierarchischer Ordnung zuerkannt; mittels ihrer entscheidet er über die Sozialchancen seiner Mitarbeiter. Das heißt vor allem: Seine Urteile haben *Konsequenzen*. Beurteilungen, die Konsequenzen haben, sind in Unternehmen logischerweise an hierarchische Macht gebunden. Beurteilt wird top-down. Punkt.

Beurteilungen des Vorgesetzten durch die Mitarbeiter sind hingegen hierarchisch konsequenzlos (es sei denn, eine noch darüber stehende Autorität exekutiert im Negativfall das Mitarbeitervotum; das habe ich noch nicht erlebt). Sie haben etwas Närrisches. Imitation prestigieuse: die Obrigkeit gewährt huldvoll den nur gespielten Staatsstreich. Und der Mitarbeiter entblödet sich nicht, das zynische Spiel mitzuspielen: »Schaut her, wie liberal er ist!« Unter der Schellenkappe kann der Hofnarr dem König ungestraft ans Bein pinkeln. Der König lacht.

Oder wollen die Unternehmenslenker unter den Führungskräften einmal gründlich »aufräumen« (das Wort »ausmerzen« fällt in diesem Zusammenhang häufig)? Entlassungen weich vorbereiten? Quasi-objektive Verfahren vorschieben, weil sie die persönliche Exekution unangenehmer Personalentscheidungen scheuen? Sich beim anstehenden Blutbad die Hände nicht schmutzig machen? Wie dem auch sei: Wenn es im Unternehmen eine Beurteilungskultur gibt, dann eine mit logischen Konsequenzen. Eine 360-Grad-Beurteilung ohne Konsequenzen ist die *Inszenierung des Scheins*. Sie alimentiert nur den grassierenden Zynismus. Dieser Zynismus ist das Resultat von Konsequenzlosigkeit. Ich kenne aus langjähriger Erfahrung ein Unternehmen, das seit Jahrzehnten hochaufwendige »Personal Audits« durchführt (von vielen Unternehmen dafür bewundert), die im Erleben der Mitarbeiter jedoch Berge papierener Vergeblichkeit sind.

Konsequenzlose Urteile sind in hierarchischen Systemen lächerlich.

Vielsagend nichtssagend

Ein Beobachter erschafft die Wirklichkeit, die er zu beobachten wähnt, durch seine Fragestellungen, seine Interessen, seine Prägungen. So ist in vielen Studien nachgewiesen worden, dass ein und dieselbe Person von verschiedenen Beurteilern völlig unterschiedlich erlebt wird. Ein fauler Mitarbeiter wird seinen Chef in der Regel als autoritär empfinden, während ein Überflieger mit demselben Chef keine Probleme hat. Und was den einen Mitarbeiter nervt, lässt den anderen kalt; wovor der eine zurückschreckt, das spornt den anderen an. Schon die Basisthese der 360-Grad-Beurteilung ist mithin fragwürdig: dass nämlich vier Augen mehr sehen als zwei. Man kommt nicht der Wahrheit näher, indem man die Zahl der Beobachter vervielfacht. Das gebündelte, gemittelte Urteil sagt gar nichts: Menschen sind nun einmal – zum Glück! – unterschiedlich. Was als statistisch gemittelter Gesamteindruck dann herauskommt, ist allenfalls aussagelos, mitunter sogar ein Zerrbild. Darauf zu reagieren ist unsinnig: Weil eine generelle Verhaltensänderung das spezifische Problem *dieses* Mitarbeiters nicht löst.

> *Die Summe der Subjektivität ergibt noch lange keine Objektivität.*

Und selbst wenn nicht gemittelt wird: Was sagt das, wenn nur *ein* Mitarbeiter unzufrieden ist? Externalisiert er nicht nur seinen inneren Unmut? Bin ich als Chef dafür da, ihn glücklich zu machen? Und wenn mein Kollege mich beurteilt – ich bin doch sein Konkurrent, mit dem ich im Wettbewerb um das knappe Gut Karriereaufstieg konkurriere, wie kann er mich sachlich und ohne Eigeninteressen beurteilen? Wenn ich den anderen zu gut beurteile, bringe ich mich möglicherweise um meine Aufstiegschancen. Punkte ich ihn herunter, wird er sich rächen. Wie naiv muss man eigentlich sein, um das mit Wirklichkeitssinn vertreten zu können? Das sind keine »unangenehmen Wahrheiten«, wie immer wieder behauptet wird, es sind interessegeleitete und hochsubjektive Urteile. Das ist keine Selbsterkenntnis, sondern Fremdprojektion. Auch jene, die gerne zwischen 360-Grad-Beurteilung und 360-Grad-Feedback unterscheiden wollen, ignorieren beharrlich die Grundbedingung der Macht, unter der die Kommunikation abläuft und die alle Kooperationsverhältnisse einfärbt. Der ideologische Wunschtraum eines herrschaftsfreien Unternehmens, in dem das »Feedback« die »Beurteilung« semantisch erlöst, wird auch dadurch nicht plausibler, dass er ständig wiederholt wird.

Sachlich, technisch, instrumentell klingen die Argumente für das Instrument, von Hoffnung und gutem Willen durchwebt. Aber die mikropolitischen Aspekte werden schlicht ausgeblendet. Es ist doch naiv und weltfremd, so zu tun, als würden nicht Interessen, Machtkämpfe und Eitelkeiten in das Urteil der Menschen übereinander einfließen. Zudem sind Faktoren beurteilungsrelevant, die mit der beurteilten Person überhaupt nichts zu tun haben. Wenn das Betriebsklima unter den Mitarbeitern schlecht ist, wenn die Abteilung umstrukturiert wird, dann wird das in der Regel den Führungskräften angelastet. Deren Freiräume werden aber oft überschätzt und die Abhängigkeiten übersehen. Es entsteht leicht der Eindruck, der Vorgesetzte *wolle* nicht auf den Mitarbeiter eingehen, wenn er seine Anregungen nicht aufgreift. Dabei berücksichtigt er andere Abhängigkeiten und entscheidet im Dilemma. Da nützt es wenig, Konflikte zwischen Chefs und Mitarbeitern in statistische Messwerte zu pressen.

Disziplinierende Blicke

Die zweite Analysefrage: *Wessen Problem ist das?* Anders gewendet: Wer hat überhaupt ein Interesse an dem Instrument? Die Gutmenschen in den Personalabteilungen mit ihren schönen Formeln von Offenheit, Team und sozialer Kompetenz? Okay. Aber auch die Mitarbeiter? Meine Erfahrung sagt: Nein. Sie müssen in der Regel erst mühsam zum Mitmachen zwangsverpflichtet werden. Die Führungskräfte? Mehrheitlich auch nicht. Und jene, die an einem qualifizierten Feedback interessiert sind, werden mit einem pauschalen Urteil wenig anzufangen wissen. Bleibt allein das Top-Management. Mit der 360-Grad-Beurteilung erhöht es den Beobachtungsdruck auf die Führungskräfte. Der von allen Seiten kommende Disziplinarblick macht aus den Überwachten allmählich Selbstüberwacher. Sie »verinnerlichen« die Rundumüberwachung. Hatten wir das nicht schon mal im Sozialismus? Mit Selbstkritik Funktionäre weich kochen? 360 Grad ist ja auch ganz schön heiß, weit über den Siedepunkt hinaus. Anschließend ist man dann wieder reif für Lob und tröstende Worte. Abermals Herrschaftsinstrumente, um den anderen in Abhängigkeit zu halten.

Nicht mehr? Nicht mal Informationen über die Qualität der Führungskräfte? Nein. Die Informationen haben wenig mit der Wirklichkeit zu tun. Neues ist auf diese Weise ohnehin nicht zu erfahren. Die Problemfälle sind in der Regel lange bekannt. Selten kommt dabei etwas heraus, was der Chef-Chef nicht schon vorher wusste. Also: Ein teures und aufwendiges Selbstberuhigungsritual, um Handeln vorzuweisen, aber Klarheit und Konsequenz vermeiden zu können. Hauptsache, man kann die mittleren Manager unter Strom halten. Völlig unglaubwürdig wird die Sache dann, wenn sich die Führungsspitze selbst der Prüfung nicht stellt.

Bleibt die dritte Analysefrage zu beantworten: *Wer sind die Verlierer der Problemlösung?* Wenn Vorgesetzte zur Zielscheibe der allseitigen Bewertung durch Mitarbeiter, Kollegen, Kunden und höhere Manager werden, dann lautet die Botschaft: »Du kannst den Ansprüchen nie genügen, aber du musst dich immer anstrengen!« Dem liegt eine ganz bestimmte Führungsidee zugrunde, nämlich dass Führung den Beurteilern »gefallen sollte«. Ist das wünschenswert? Vielleicht. Ist das auch notwendig?

Das alte »Single-Source-Assessment« durch den Chef ist eine persönliche Beurteilung, die an ein zurechenbares Individuum gebunden ist. Bei der 360-Grad-Beurteilung handelt es sich hingegen um eine *entpersönlichte* Strategie der Disziplinierung: Man ist gleichsam »umzingelt« von Punktrichtern. Überall könnte man anecken, überall könnte man jemandem auf die Füße treten, überall muss man mit Abstrafung rechnen. Das so erzeugte Einschließungsmilieu schreibt den Individuen eine hochaufmerksame, nach innen gerichtete Sensibilität vor. Die 360-Grad-Beurteilung stellt das Individuum in ein Feld der Überwachung und verstrickt es gleichzeitig in ein Netz von Urteilen. So wie man im Krankenhaus auf die »Beobachtungsstation« kommt. Also lautet die Aufforderung: »Mach dir überall Freunde!«

... und immer unter Druck

Welche Spätwirkungen hat diese Totalüberwachung? Wenn Sie sich lange beobachtet gefühlt haben, dann fühlen Sie sich auch beobachtet, wenn Sie gar nicht beobachtet werden. Sie spüren den prüfenden Blick der anderen, auch wenn Sie mit sich selbst beschäftigt sind. Sie inszenieren dann für eine imaginäre Tribüne. Zwischen »Herrschenden« und »Beherrschten« ist nicht mehr klar zu trennen. Allein der mögliche Blick des Wächters, auch wenn er gerade weggguckt, erzeugt im Inneren der Mitarbeiter Reflexe, ohne selbst als steuernder Wille deutlich und klar in Erscheinung zu treten. Das Unternehmen als *Disziplinaranlage*. Und da ja jeder jeden beurteilt, haben wir gegenseitige Kontrolle und Überwachung in Permanenz. Jeder des anderen Krankenwärter. Ich brauche nicht mehr »von oben« disziplinieren, sondern kann Beurteilung als eine Art selbstregelndes Kesseltreiben organisieren. Die Spätfolgen des Disziplinarblicks: Der neue Kraftwerksleiter, dessen autoritärer Vorgänger das Unternehmen schon vor über zwei Jahren verlassen hatte: »Die Leute reden nicht mit mir. Immer noch warten sie darauf, dass ich genau so werde wie mein Vorgänger.«

Die Gestaltgeste der Organisation heißt: »Rechtfertige dich!« Dieser Rechtfertigungsdruck hat sich nunmehr zu 360 Grad abgerundet. Die Einkreisung des Menschen ist zu einem systematischen Abschluss gekommen. Es bewahrheitet sich endlich Rousseaus infernalische

Fantasie: Geboren sein heißt, vor Gericht zu stehen. Unternehmen werden zu Gerichtssälen, in denen die wichtigste Sache verteidigt wird, die es gibt: wir selbst. Unsere Existenz wird zu einer einzigen Apologie.

> *Die säkulare Hölle: der Einzelne als Beute seiner Mitmenschen.*

Als wäre es nicht schon genug, sich permanent auf die Schulbank setzen zu müssen und fortwährend benotet zu wissen. Die 360-Grad-Beurteilung ist Druckmittel und Racheinstrument – keineswegs ein Hebel zur Demokratisierung. Diese frivole Dressurmethode macht – mehr noch als die Leistungsbeurteilung durch den Chef – aus Führungskräften unmündige, abgerichtete und kontrollierte Befehlsempfänger. Innerlich und äußerlich rundgeschliffen.

Das Obszöne daran ist – wie beim Lob – das Image des Instruments: Wie kann man gegen eine Methode sein, die so partizipativ, so demokratisch, so wohltätig daherkommt? Nein, sie ist ein Paradebeispiel für subtil geänderte Instrumente, die dem gleichen Zweck dienen, Herrschaft aber nicht als solche erscheinen lassen. Hier soll kontrolliert und dressiert und diszipliniert werden. Nichts anderes. Nebenbei wird die Therapeutisierung betrieblichen Handelns weiter vorangetrieben: »Nach einem solchen 360-Grad-Feedback darf kein Manager mit negativen Ergebnissen allein gelassen werden«, meint Jörg Schappei, Personalchef beim Zigarettenmulti R. J. Reynolds. Er stellt seinen Leuten deshalb einen Coach an die Seite, mit dem die Manager unter vier Augen ihre Ergebnisse besprechen können – bevor sie im Team die Resultate durchgehen. »Ohne Hilfe besteht die Gefahr, dass Chefs mit der Kritik nicht fertig werden.« O Jesus. Haben wir denn völlig den Verstand verloren? Wollen wir »Betreutes Arbeiten«?

Im Panopticum

Einspruch: Aber nur durch Feedback kann man lernen! Abgelehnt: Hier wird Lernen mit Anpassen verwechselt. Sie erfahren durch ein Feedback über sich überhaupt nichts; Sie erfahren nur etwas darüber, wie andere auf Sie reagieren. Was Sie da lernen können, ist, wie Sie sich den Erwartungen anderer besser anpassen können. Das kann zweifellos in Ihrem Karriereinteresse sein. Aber es zielt nur auf den »inneren« Markt des Unternehmens. Hilft Ihnen das auch auf dem »äußeren« Markt der Kunden und Absatzmärkte? Werden Sie so zu einem jener Unternehmertypen, die wirklich etwas unternehmen? Wenn Sie ängstlich aufpassen, dass Sie nirgends anecken? Wir haben hier ein typisches Beispiel für eine nach innen orientierte Bürokratie, die uns beim Kunden keinen Meter weiterbringt. Sie versorgt lediglich die internen Unterscheidungsmärkte mit Spielmaterial. Dem Terror der Gefälligkeit wird das Individuelle geopfert. Und wenn Sie sich erhoffen, durch Feedback etwas zu lernen, dann suchen Sie sich doch den Feedbackgeber aus und lassen ihn sich nicht von der Organisation vorschreiben, oder?

Fragwürdige Thesen, fahrlässige Schlussfolgerungen, fatale Folgen: Es kann doch nicht Aufgabe von Führungskräften sein, anderen zu gefallen. Eine beliebte Führungskraft ist nicht notwendig eine gute Führungskraft. Man kann in dieser Aufgabe nicht Everybody's Darling sein. Zum Chefsein gehört Unbequemes. Und wenn viele Menschheitslehrer den »unerschütterlichen Glauben an die eigenen Fähigkeiten« als das Geheimnis erfolgreicher und glücklicher Menschen ausweisen, dieses »Ich habe es zwar noch nie gemacht, aber es wird schon gelingen« – wie soll sich dieser Persönlichkeitstyp ausbilden, wenn er sich ständig rechtfertigen und dem Urteil anderer unterwerfen muss? Führungskräfte müssen führen, konsequent sein, auch unangenehme Entscheidungen treffen. Wenn sie schon durch permanente Beurteilungen von oben infantilisiert und verunsichert werden, so sollten sie nicht auch noch auf Teufel komm raus ihren Mitarbeitern gefallen wollen. »Machs-andern-recht«-Energie ist die Folge. Keineswegs aber Unternehmertum und Eigeninitiative. Wenn irrtümlich jemand zur Führungskraft gemacht wurde, der dafür ungeeignet ist, dann sieht man das an den Ergebnissen. Dann gehört er nicht an diesen Platz. Wenn er aber erfolgreich ist – glauben Sie wirklich, dass er an seinem Führungsstil etwas verändert?

Jeremy Bentham entwarf 1787 ein so genanntes Panopticon, ein rundgebautes Gefängnis, in dessen Mitte ein Wachturm steht. Von diesem Wachturm aus kann man in jede einzelne Zelle schauen. Immer.

Tag und Nacht. Umgekehrt jedoch nicht: Die Scheiben des Wachturms sind blind. Die Gefangenen wissen also nicht, ob sie gerade beobachtet werden, ja, nicht einmal, ob der Wachtum überhaupt besetzt ist. Welche Wirkung hat das auf die Gefangenen? Womit beschäftigen sie sich vorrangig? Wohin fließen ihre Energien? – Im besten Fall produziert man »Unternehmer«. Solche, die wirklich etwas unternehmen wollen: ausbrechen.

COACHING
oder wie man aus Unternehmen Kindertagesstätten macht

An sich selbst hat jeder das Maß.
Pindar

Ich weiß etwas, was du nicht weißt ...

Ungecoacht ist heute kein Manager, kein Freiberufler, kein Verkäufer mehr präsentabel. Die »ganzheitlichen« Erfolgsrezepte heißen »Erfolg durch erfolgreiches Wirken«, »Welche Kopfhaltung führt zum Vertragsabschluss?« oder »Multimillionär und trotzdem gesund«. Deshalb auch: »Eine Führungskraft ist vor allem Coach seiner Mitarbeiter!« Wer so etwas sagt, weiß sich heute auf der richtigen Seite. So lapidar sich dieser Standard gegenwärtiger Führungsliteratur liest, so schwierig ist er umzusetzen. Denn Coachen ist Hochseilartistik. Gleichzeitig Chef und Coach: Das ist eine prekäre Situation, voller Paradoxien, voller Wenn und Aber. Betrachten wir einige näher.

Coaching kommt aus dem Bewusstsein der Überlegenheit. Schaut man sich die betriebliche Praxis an, dann dominiert das »Ich weiß es besser«-Element. Man versucht, Persönlichkeitslücken und Leistungsdefizite auszugleichen. Auszu-»gleichen«! Den Mitarbeiter »entwickeln«, ihm etwas »beibringen«, was er noch nicht »so richtig« beherrscht, auf »Fehler« hinweisen, in kritischen Situationen Rat-»Schläge« anbieten, loben und tadeln – das alles in lockeren Socken als eher väterlicher/mütterliche Freund/in. Der Chef muss also beim Mitarbeiter die Überzeugung vermitteln, dass er Gutes tue und aus lauter Zuneigung zuschlage. Vorausgesetzt wird zudem: Was gut und richtig ist, weiß und entscheidet der Coach.

Auf der einen Seite ein potenter Spender, auf der anderen Seite ein Rat suchender Empfänger. Vorausgesetzt wird eine Form individueller Bedürftigkeit der Mitarbeiter, die durch fürsorgliche Belagerung gemildert werden soll. Das umgreifende Sanitätermodell der Führung bringt den Chef dabei automatisch in eine therapeutenähnliche Situation. Aus der Überlegenheit, aus dem Herrschaftswissen, aus der Analyse wählt er eine Einstellung der Lenkung, die sich bestenfalls als Fürsorglichkeit garniert. Der Mitarbeiter muss dann gleichsam auf das Kompetenzniveau des Chefs »hinauf«-entwickelt werden. Ich spreche 99 Prozent aller Führungskräfte, die ich bisher erlebt habe, die Befähigung zu solchermaßen quasi-therapeutischer Begleitung ihrer Mitarbeiter ab.

Erwachsenen-Erziehung

»Es ist mir noch nicht gelungen, meine Leute zur Kundenorientierung zu *erziehen*!« Da ist es heraus, das Tunwort, das, was gemieden, umschrieben, gescheut wird, schwer hängt es plötzlich im Raum, das große Ungesagte – was alle denken, meinen, sagen wollen. Aber noch bevor es das Gehege der Zähne verlässt, meist noch reflexhaft unterdrückt und ersetzt wird durch ... entwickeln? motivieren? führen? Auf Podiumsdiskussionen erlebe ich immer wieder Psychologie-Professoren, die den Managern erzählen, wie sie ihre Mitarbeiter (wortwörtlich:) »erziehen« könnten. Entsprechend häufig geistern Erziehungsmetaphern in den Köpfen der Chefs herum. »Management« und »Erziehung« versorgen sich dabei mit Argumenten wechselseitig. Unter dem Namen »Coaching« wird nichts anderes als das alte Erziehungs-Paradigma wiederbelebt.

> *Das gesamte Managementdenken lebt von der Übertragung der Denkfiguren der Kindererziehung auf die Mitarbeiterführung.*

Der andere, das ist aus der Coaching-Perspektive nicht derjenige, der unvergleichlich anders *ist*, es ist derjenige, der weniger *hat*: weniger Fähigkeit, Kompetenz, Know-how. Das Verhalten des Mitarbeiters – es ist das gleiche (wie das des Chefs), aber auf niedrigerem Niveau. Sein Anderssein ist rückständig. Aus diesem überlegenen Verstehen heraus geht der coachende Chef eindringend und eindringlich vor. Es geht ihm nicht darum, die Wahrheit des anderen zu ergründen, sondern seine eigene in ihn einzupflanzen: »Du sollst der werden, der ich dir zu sein

erlaube!« Coaching ist damit Ausdruck eines fundamentalen Desinteresses am Mitarbeiter. Dessen Art und Weise gilt nichts im kalten Licht hierarchisch definierter Einzig-Richtigkeit. Das ist keine Begegnung zweier Menschen, sondern instrumentelles Bearbeiten des anderen. Der ist Patient. Das Verhältnis ist asymmetrisch. Entmündigung deshalb, weil es die Zwecke des Chefs sind, die dort psychologisch geschickt durchgesetzt werden sollen. Es zeugt von eben dieser tiefen Respektlosigkeit gegenüber dem Mitarbeiter, wenn er etwa auf ein Seminar geschickt wird, das zuvor dem Vorgesetzten gut gefiel. Das Motto: »Was gut für mich ist, ist auch gut für dich!« Braucht er das, was der Chef braucht? Ist er so wie der Chef? Und glaubt dieser, dem Unternehmen dadurch einen Gefallen zu tun, dass er die Mitarbeiter gleichzuschalten versucht? Erschließt er dadurch neue, überraschende Kompetenzen, die die Komplexität und damit die Problemlösungsfähigkeit seiner Abteilung erhöhen? So wie bei denen, die Kinder nicht lieben, die Pädagogik wuchert, so wuchert bei vielen Managern der Anspruch »Sei nicht du!«. *Anspruch ist Ablehnung.* Wenn das doch je begriffen würde!

Der Unterschied zu alten Führungstechniken: Handeln muss der Mitarbeiter. Der Chef greift nicht selbst aktiv in das Geschehen ein. Er beurteilt aber das Handeln nach Maßstäben, die von ihm gesetzt werden, weil er ja – böse, böse! – privilegierten Zugang zur Wahrheit hat. Die fortschrittliche Version von Coaching ist noch listiger. Sie lautet etwa so: »Ich weiß, was gut und richtig ist, aber ich sage es dir nicht, sondern du musst es selber herausfinden!« Auch hier hält sich der Chef aus dem Geschehen heraus. Aber er sagt zunächst nicht, wie der Mitarbeiter es machen sollte, sondern gefällt sich in der Hebammenrolle und wartet so lange, bis der Mitarbeiter die »richtige« Entscheidung getroffen hat. Dann nickt er zufrieden und hat das Gefühl, den Mitarbeiter auf moderne Weise, wie man es halt heute macht, »gecoacht« zu haben. Ein Manager drückte es in einem Rollenspiel deutlich aus: »Machen Sie mal einen Vorschlag, und der sollte so aussehen ...«

Selbstdenken braucht Selbstvertrauen

Mit welchem Recht maßt sich da jemand an, einen anderen ändern zu wollen? Ein Arzt hat mit einem Patienten einen expliziten Heilungsvertrag. Der Chef mit dem Mitarbeiter auch? Was gibt ihm das Recht, jede Fuge oder Unebenheit mit der Silikonkartusche Coaching zu glätten?

Ein Weizenkeim wächst auch nicht schneller, wenn man daran zieht.

Das Ganze ist Spökenkieken, das wohl die Krise erst produziert, die es hinterher zu beheben sucht. Wir haben in den Unternehmen keinen *Erziehungs*-Auftrag. Wir haben auch keinen *Therapie*-Vertrag. Sondern einen Kooperations-Vertrag zwischen Erwachsenen. Und wenn Beratung, dann ist es ein *gemeinsames* Beraten, in dem der Berater als selbst Betroffener im Prozess der Selbstfindung steht. Dieses Selbst ist uns nicht einfach gegeben, sondern wird von uns geschaffen. Persönlichkeit und Individualität ist schöpferisches Handeln. Jeder will der sein, der er ist, und er will das tun können, was seiner eigenen Einsicht entspricht.

Wir müssen uns verbeugen vor der Individualität des anderen. Die Ich-Grenzen sind zu respektieren.

Das bedeutet auch, dass zur Lebensführung kein äußerer Maßstab, kein irgendwie geartetes Leitbild hinreicht. Wir sind uns selbst das Objekt einer komplexen und schwierigen Ausarbeitung. »Wir müssen uns selbst wie ein Kunstwerk begründen, herstellen« (M. Foucault). Schon Gott als der erste Biotechnologe, der den Menschen »nach seinem Bilde« schuf, programmierte seinen Geschöpfen eine unaufhebbare Differenz ein. Denn was ist für seine Wesen »das Beste«? Wesen, die anders fühlen, anders denken, anders empfinden, kurz: die nicht bloß anders, sondern andere sind – es sei denn, die Gentechnologie hat von vorneherein jeden Unterschied kassiert. Niemand kann mit seinem Leben oder Verhalten ein Modell abgeben für andere. Und niemand sollte sich fremdgesetzten Entwicklungsideen unterwerfen. Nicht ohne den Preis, auf die Ausarbeitung eines »Selbst« zu verzichten. »Vielen Dank, aber ich bin nicht sonderlich interessiert, wie Sie zu werden!« Man hat immer dann am meisten Grund, den anderen für unglaubwürdig zu halten, wenn er so ist, wie man ihn haben will.

Zwar ist nicht ausgeschlossen, dass sich jemand kein eigenes Urteil zutraut und vor einer selbstständigen Entscheidung zurückschreckt. Bei extremen Belastungen oder stark verminderten Kräften sollten Sie eine solche Schwäche verstehen und auf sie eingehen. Aber gerade in »helfenden« Gesprächen muss es darum gehen, dass der andere sein *Selbstvertrauen in die eigene Kraft* zurückgewinnt. Eigenständigkeit ist das Ziel und zugleich die Bedingung für das zurechenbar individuelle Handeln. Das heißt Mündigkeit: Ein erwachsener Mensch ist für sich selbst zuständig, fällt sein eigenes Urteil und trifft seine eigene Entscheidung. Daher der berühmte Satz Galileis: »Man kann einen Menschen nichts lehren; man kann ihm nur helfen, es in sich selbst zu entdecken.« Was ist dieses »es«? Die Wahrheit? Oder die *eigene* Wahrheit? Das gilt auch für die Führungskraft: Sie ist weniger Wegweiser, als Reisebegleiter. Sie kann niemanden »entwickeln« – außer sich selbst.

> *Alle wirklich großen Ratgeber dieser Welt halfen den anderen,*
> *ihre eigenen Antworten zu finden.*

LEISTUNGSBEURTEILUNGEN
oder warum wir uns nicht brauchen

*Ein Mensch entwickelt sich und entfaltet seine Kräfte erst,
wenn er seine Besonderheit verteidigen
und sie anderen aufnötigen muss.*
Paul Valéry

Vom Wahren und Meinen

Am Niederrhein ist eine Geschichte von drei Mönchen verbreitet, die abends zusammen ein kleines Fässchen Wein leeren. Nach einiger Zeit bemerkt einer der Mönche, der Wein habe einen leicht metallenen Beigeschmack. »Keineswegs«, entgegnet prompt der zweite Mönch, »aber einen Beigeschmack hat er – eher nach altem Leder.« »Finde ich überhaupt nicht«, mischt sich nun der dritte Mönch ein, »dieser Wein hat doch eine ausgeprägt hölzerne Kopfnote.« Man streitet sich ausdauernd. Als die Mönche das Fass geleert haben, finden sie an dessen Boden einen rostigen Schlüssel, der mit einem Lederband an einem Holzklötzchen befestigt ist.

Über Geschmack lässt sich bekanntlich (nicht) streiten. Und den Nachdenklichen unter uns war schon immer klar, dass die Menschen die Welt unterschiedlich wahrnehmen. Jeder erkennt einen anderen Teilaspekt der Wirklichkeit – klar. Vorausgesetzt wurde aber, dass das Eigenschaften *des Gegenstandes* waren – so wie in der Geschichte jeder einzelne Mönch nach seiner Empfindlichkeit den Beigeschmack des Weins ent-»deckt« hat. Hier möchte ich nun noch einen Schritt weitergehen. Ich möchte zeigen, dass wir etwas dem Beobachtungsgegenstand anfügen, das nichts mit dem Ding oder der Situation zu tun hat, sondern ausschließlich *mit uns selbst*. Ich möchte plausibel machen, dass wir die Dinge nicht nur unterschiedlich wahrnehmen, sondern tatsächlich *erschaffen*. Dass wir nicht nur ent-decken, sondern regelrecht *er-finden*. Ich tue das, weil ich aus meinem Interesse an den Bedingungen eines individualisierten Unternehmens, das mir allein zukunftsfähig zu sein scheint, einen kritischen Blick auf das Führungsinstrument der »Leistungsbeurteilung« werfen will. Dessen Hochkonjunktur unterliegt offenbar keinerlei Schwankungen. Es stammt noch aus einer Zeit, in der Objekte objektiv gegeben schienen und deren Ziel die sachlich-neutrale Erkenntnis war.

Unstrittig ist: Ge- und beurteilt wird im Unternehmen immer, und die Urteile haben nicht unerhebliche Konsequenzen für die Sozialchancen der Menschen. Was liegt da näher, als diese Beurteilung gleichsam auf »wissenschaftliche« Beine zu stellen. Ihre Instrumentierung war daher der Versuch, die Subjektivität des Beurteilers aus der Beurteilung zu eliminieren. Diese Tendenz ist vermindert aktuell: Im Zuge des ausfernden und alle Unternehmensbereiche umgreifenden Mess- und Controlling-Willens eskaliert auch der Wunsch nach immer ausgefeilteren, objektiven, zumindest aber gerechten und transparenten Beurteilungssystemen. Fragen wir uns also: Woraus setzt sich eine Leistungsbeurteilung zusammen? Wie bedingen sich die Einflussgrößen wechselseitig? Kurz: Wie kommen Urteile über Menschen überhaupt zustande?

Ich möchte Sie zu einem kleinen Experiment einladen. Entspannen Sie sich einen Augenblick; schließen Sie für kurze Zeit die Augen. Stellen Sie sich dann bitte in Gedanken einen Mitarbeiter vor, der Sie ziemlich nervt. Schreiben Sie nun fünf Eigenschaften dieses lästigen Zeitgenossen auf. Das wird Ihnen nicht schwer fallen. – Und jetzt bringen Sie bitte fünf positive Merkmale des Kollegen zu Papier. Ich vermute, dass Ihr Kugelschreiber stockt. Ein klassischer Missstand: Ärgert Sie ein Mitarbeiter, finden Sie nur schwer positive Seiten an ihm. Der Blick auf diesen Menschen wird vom »Vor-Urteil« getrübt. Haben Sie sich einmal ein Bild vom anderen gemacht, so bestätigt sich dieses Bild immer wieder. Die Psychologie hat uns gezeigt, dass Informationen vor allem dann angenommen werden, wenn sie individuell bekannte Muster bestätigen. Sie werden ausgesondert, wenn sie diesen Mustern widersprechen. Wir nehmen also überwiegend solche Verhaltensweisen wahr, die zu unserem Urteil passen. Wir »sehen« überall Belege für unsere Meinung. Was sich unserer Wahrnehmung über den anderen nicht fügt, wird einfach ausgeblendet. Oder es findet auf verdrehte Weise Eingang in unser Urteil: »Das macht er doch nur, weil ...« Kein Verstehen ohne ein Vorverständnis des Beurteilers!

Wir bilden uns unsere Meinung nicht aufgrund von Informationen, sondern die Meinung, die ein Mensch schon hat, entscheidet darüber, was eine Information ist. Simon und Garfunkel sangen in ihrem Lied *The Boxer*: »Still, a man hears what he wants to hear and disregards the rest ...«

> *Voraussetzungslose Erkenntnis gibt es nicht.*

Wahrnehmung: selektiv

Der Mensch hat im Verlauf seiner Evolution die Fähigkeit zur selektiven Wahrnehmung entwickelt: eine Fähigkeit, die unser Überleben sichert. Die Wahrnehmungspsychologie sagt uns, dass aus der Informationsmenge, die uns theoretisch pro Sekunde zur Verfügung steht, nur ein verschwindend kleiner Teil ausgewählt und zur Wahrnehmung »zugelassen« wird. Der Rest wird ignoriert. Wahrnehmung ist also das, was jeder Einzelne subjektiv auswählt, im Sinne des Wortes *für wahr nimmt*.

Nach welchen Kriterien aber wählen wir aus? Nicht unsere Sinnesorgane sind das Problem; diese funktionieren genügend präzise. Viel schwieriger ist der *Prozess* der Wahrnehmung: Wir nehmen nämlich die Wirklichkeit nicht wahr, wie sie ist, sondern wie *wir* sind. Wir nehmen sie wahr nach den Kriterien unseres Gehirns, des persönlichen Interesses, entsprechend unseren Erfahrungen, Erwartungen und Bedürfnissen. Wir hören nicht mit den Ohren; wir hören mit der Erinnerung. Wir sehen nicht mit den Augen; wir sehen mit dem Gehirn. Es gibt demnach ein kulturell vorgeprägtes, im Übrigen aber *individuelles Muster*, nach welchem jeder Einzelne gerade das auswählt, was er für wichtig, für sinnvoll und interessant hält.

Das gilt auch für die Wahrnehmung eines anderen Menschen: Wir lassen nur eine Auswahl der von ihm ausgesandten Signale (Verhalten) zu und verknüpfen diese – wiederum selektiv – mit unseren tief eingewurzelten Erfahrungen, Prägungen und Werthaltungen: Wir *erschaffen* den anderen. Und jeder lässt ein anderes Bild von diesem einen Menschen in sich entstehen; wenn wir auch auf der sprachlichen Ebene meinen (und oft auch tief davon überzeugt sind), wir müssten alle dasselbe wahrnehmen. Ja, unser gesamtes Leben ist um die Illusion herum gebaut: »Das muss der andere doch auch so sehen.« Das tut er aber nicht. Weil er gar nicht kann. Sonst wäre er Sie.

Die individuelle Wahrnehmung ist also niemals – wie man manchmal immer noch lesen kann – »verzerrt«. Sie ist auch nicht »richtig« oder »falsch«. Solche Aussagen unterstellen, dass es so etwas wie »objektiv« richtige Wahrnehmung eines Menschen gäbe, der man je nach Fähigkeit und Methode mehr oder weniger nahe kommen kann. Aber das ist unwahrscheinlich. Wahrnehmungen sind stattdessen extrem selektiv. Zwischen uns nisten die Vorstellungen, wuchern die Bilder, türmen sich die Erwartungen zu Bergen. So sehr, dass wir uns kaum mehr sehen, wenn wir beieinander stehen. So nah können wir uns gar nicht kommen, dass wir uns wirklich nahe kommen.

Für Beurteiler in Assessment-Centern werden gut gemeinte Trainings angeboten, in denen es um »Wissensvermittlung über Urteilsverzerrungen, Beseitigung individueller Urteilsschwäche, Vermeidung von Diagnosefehlern« geht. Vergebliche Liebesmüh. Beobachtung kann man nicht »verbessern«. Nach welchem Maßstab denn auch? Beobachtung kann man nur verändern: Man sieht anderes, aber nichts Besseres oder gar Objektiveres. Nur Intellektuelle glauben, dass Intellektuelle die Wirklichkeit besser sehen.

Es gibt also keinen Mitarbeiter »so, wie er ist«. Dennoch pflegen wir durchaus absolute Wahrheitsansprüche. Wir glauben meistens zu wissen, wie jemand »ist«. Insbesondere neigen viele Manager qua Positionsautorität dazu, jede *gerechtfertigte* Überzeugung zugleich als *wahr* zu deklarieren. Andererseits akzeptieren wir – die Sprache macht es deutlich – das Selektive und Persönliche an unserem Urteil, wenn wir sagen, dass wir uns von dem anderen »ein Bild machen«. Dass derselbe Mitarbeiter aber immer auch noch »ein ganz anderer« ist, spüren Sie vielleicht, wenn Sie eine Meinung über eine bestimmte Person äußern, und Ihr Gesprächspartner sagt: »Ich erlebe ihn aber völlig anders.« Oder aber *Sie* haben eine andere Meinung über jemanden, sagen dies aber vielleicht nicht, weil im Gespräch der Harmoniedruck zu groß ist. Was immer Sie über jemanden sagen, ist Ihre Wahrheit. Niemals *die* Wahrheit.

Bewertung: subjektiv

Der Verhaltensforscher Jerome S. Bruner legte Kindern aus unterschiedlichen sozialen Schichten jeweils die gleichen Münzen vor und ließ die Kinder den Durchmesser dieser Münzen schätzen. Ergebnis: Kinder aus der Unterschicht schätzten die Münzen jeweils deutlich größer ein als Kinder aus höheren sozialen Schichten – weil sie für die Kinder aus der Unterschicht einen höheren Wert darstellten.

In gleicher Weise wird unsere Wahrnehmung eines anderen Menschen auch davon gesteuert, wie wir einzelne Verhaltensweisen *bewerten*. Für all jene also, die gerne etwas »ganz wertfrei« sagen wollen: Es gibt keine Wahrnehmung ohne Bewertung. Schon allein die Unterscheidung »wichtig/unwichtig« oder »fällt mir auf/nicht auf« beinhaltet eine Bewertung.

Ohne Deutung kann man Daten nicht erheben.

Dazu noch ein kleines Experiment. Ergänzen Sie bitte spontan den Satz: »Mitarbeiter finde ich gut, wenn sie ...« Sie können sicher sein, dass jeder von Ihnen etwas anderes ergänzt hat. Jeder nach seinen persönlichen Prägungen, Vorlieben, Erfahrungen. Und unter den vielen Möglichkeiten, die Sie hätten ergänzen können, haben Sie nicht zufällig genau diese Aussage oder dieses Wort gewählt. Es zeigt Ihnen Ihren ganz persönlichen Bewertungsschwerpunkt – hier im Positiven. Das gilt natürlich auch für das aus Ihrer Sicht Negative. Entspricht beispielsweise Ihr Mitarbeiter diesem Schwerpunkt, dann ist das tendenziell ein »guter« Mitarbeiter, wenn nicht, wird Ihr Urteil über ihn deutlich schwächer ausfallen. Glück oder Pech gehabt? So beliebig ist es nicht: Wären nicht Sie der Vorgesetzte dieses Mitarbeiters, sondern Ihr Kollege aus der Nachbarabteilung, so würde unter Umständen aus dem »schlechten« Mitarbeiter ein »guter«, weil er dessen Wertmaßstäben zufällig gerade besonders entspricht. Oder andersherum: Was Sie vielleicht als »loyal« beim Mitarbeiter schätzen und mithin auf der Positivliste haben, das steht vielleicht als »überangepasst« auf der Negativliste Ihres Kollegen. Vielleicht bewerten Sie »risikobereit« positiv; derselbe

Mensch wird von Ihrem Kollegen als »leichtsinnig« deutlich abgewertet. Der Drang, alles zu bewerten, hängt dabei oft mit dem Wunsch zusammen, eine früher getroffene Entscheidung für oder gegen etwas zu rechtfertigen, und sie auch später noch mit guten Argumenten zu alimentieren.

Die Übereinstimmung von Wahrnehmung und Wertmaßstäben zwischen Chef und Mitarbeiter kann man als »soziale Ähnlichkeit« bezeichnen. Je ähnlicher diese Muster, desto positiver bewertet man sich gegenseitig. So ist auch eine Karriere-Weisheit zu erklären: *Befördert wird vor allem soziale Ähnlichkeit.* Umgangssprachlich heißt das: »Die Chemie muss stimmen.« Entweder haben Sie den richtigen Manager-cw-Wert, oder sie haben ihn nicht. Dieses Phänomen hat weitreichende Folgen: Das Management wird tendenziell immer uniformer, je höher es sich hierarchisch zuspitzt. Einer Journalistin, die mich vor einiger Zeit nach »Querdenkern« unter Vorständen deutscher Unternehmen befragte, konnte ich auch nach intensivem Nachdenken nur eine Handvoll Namen nennen. Sie hat die Recherche zu ihrem Artikel später »mangels Masse« eingestellt. Ohne Zweifel ist diese Tendenz zur Gleichförmigkeit im Management einer der gravierendsten Wettbewerbsnachteile in der Zukunft: Je unterschiedlicher und turbulenter die Märkte, desto bunter muss das Management sein.

Das sind die bisher zusammengetragenen Einflussgrößen für unser Urteil über andere:

$$\frac{\text{Verhalten von X} + \text{Wahrnehmung (Y)} + \text{Bewertung (Y)}}{\text{Urteil über X}}$$

Schon an dieser Übersicht wird klar, dass die »Beobachteranteile«, die in das Urteil über den Beobachteten einfließen, nicht unerheblich sind. »Alles Anschauen ist ein Tun, alles Erkennen ist ein Handeln.« So der Philosoph Georg Simmel im Anschluss an Kant. Das menschliche Gehirn besitzt mithin keine offenen Fenster und Türen zur Außenwelt. Hätten wir sie, wären wir durch Reizüberflutung nicht überlebensfähig. Unser Gehirn ist nach Auskunft der Neurobiologen – ich folge hier weitgehend Siegfried J. Schmidt – ein funktional geschlossenes, auf sich selbst bezogenes System. Es ist seiner Umwelt gegenüber autonom, selbstbestimmt. Es kann nur mit seinen eigenen inneren Zuständen umgehen, seine eigene »Sprache« verstehen. Es erklärt seine Reaktionsweisen »von innen« und weniger durch Umweltbeeinflussung (»von außen«). Wenn wir überhaupt von Kausalität sprechen wollen, dann ist also das Verhältnis umzukehren: nicht die äußere Ursache erzeugt die innere Wirkung, die innere Ursache erzeugt äußere Wirkung. Wahrheit wird auch hier nicht entdeckt, sondern gemacht. Beurteilung ist ein *schöpferischer* Akt.

Sie, Ihre Wahrnehmung und Ihre Wertmaßstäbe sind es also, die den guten Mitarbeiter zum guten Mitarbeiter machen. Und den schlechten zu einem schlechten. Es ist hilfreich, klar zu dieser Subjektivität zu stehen, sie nicht zu ummänteln ... was viele tun, jene Führungskräfte nämlich, die nach immer ausgefeilteren Beurteilungssystemen rufen. Sie wollen sich hinter der Aura quasimechanischer Präzision verstecken und aus der Verantwortung stehlen. Aber:

Nichts ist so unangreifbar wie radikale Subjektivität.

Das heißt umgekehrt: Instrumente, die Objektivität vorgaukeln, schwächen die Führung! Diejenigen, die meinen, hinter schein-objektiven Systemen verschwinden zu können, sitzen einem doppelten Irrtum auf. Weder immunisieren diese gegen Kritik noch spiegeln sie die Wahrheit. Wenn Sie die innere Einstellung streng subjektiver Perspektive einnehmen, die andere Meinungen, Beobachtungen und Maßstäbe nicht abwertet, sondern als ebenso »gültig« zulässt, dann hat das höchste Autorität. Halten Sie Ihre Wahrnehmung eines Mitarbeiters nicht für die Wahrheit. Die allermeisten Mitarbeiter haben keine Probleme, wenn der Chef ihre Leistung – wohlgemerkt: radikal subjektiv – so oder so einschätzt. Wenn Sie aber unter dem Druck von Objektivitäts- und Gerechtigkeitsabonnenten versuchen, diese Subjektivität zu verschleiern, wenn Sie versuchen, eine Beurteilung zu »objektivieren«, zu »versachlichen« oder »transparenter« zu machen, wenn Sie versuchen, den Leistungsbegriff mit 25 Kriterien zu zergliedern, zu digitalisieren, zu mathematisieren, wenn Sie also den ganzen Unsinn hoch instrumenteller Entantwortung mitmachen – dann kommen Sie in ein Analysedelirium, dem kein normaler Praktiker mehr gewachsen ist. Vor allem aber kommen Sie um entwürdigende Rechtfertigungsorgien nicht herum. Unter der Flagge der Nachvollziehbarkeit und Transparenz segelt hier eine Schein-Objektivität, die entehrende Schauspiele erzeugt. Sie verlieren Ihre Würde, wenn Sie versuchen, Ihr Urteil zu rechtfertigen. Aber manche kennen Würde nur als Konjunktiv.

Unbeirrbar

In sämtlichen Handbüchern zur Leistungsbeurteilung stehen Tipps wie diese: »Räumen Sie ein, dass Sie sich möglicherweise irren können.« Nein! In Ihrem Urteil können Sie sich nicht irren. (Außer Sie sind wissentlich unwahrhaftig oder haben eine Informationslücke.) Sie haben das Recht, Ihren Mitarbeiter so zu sehen, wie Sie ihn sehen. Da gibt es nichts zu beschönigen. Dass der Mitarbeiter sein Verhalten anders erlebt, als Sie es tun, liegt in der Natur der Sache. Dass er seine Leistung anders erlebt, ist doch klar. Sonst wäre er kein anderer. Wobei es ein Unterschied ist, ob Sie Ihr Urteil dem anderen erklären, erläutern wollen, oder aber ein System Sie nötigt, Ihr Urteil zu verteidigen. Wenn der Mitarbeiter auch noch auf drei Zeilen die Möglichkeit der »Gegendarstellung« hat und sich nicht selten entblödet, diese auch noch auszufüllen, dann ist das Tor zum Rechthaben sperrangelweit offen. Der Mitarbeiter *kann* seine Leistung und sein Verhalten gar nicht so wie Sie erleben. Es ist unmöglich. Selbst wenn Sie auf der sprachlichen Ebene Übereinkünfte erzielen können. Alle Leistungsbeurteilungssysteme scheitern mithin daran, dass im Kopf einer der Beteiligten die Idee von »Wahrheit« herumspukt. Und die Mechanik der Systeme gaukelt diese Wahrheit vor. Nicht *mehr* Transparenz der Leistungsbeurteilung – nein, *weniger* Transparenz ist zu fordern.

Sehr beliebt ist auch die Masche, Mitarbeiter sich zunächst selbst beurteilen zu lassen. Das kommt so partizipativ daher, erweckt den Anschein von Demokratie, Mitgestaltungsmöglichkeit, Objektivität. Aber was soll das bringen außer einer eitlen Selbstentlastung des Chefs? Ein solches Vorgehen treibt Mitarbeiter in obszöner Weise in die Selbstbeschuldigung. Was soll er denn sagen? Sich selber schlecht machen, weil, wer sich selbst erniedrigt, erhöht wird? Sich selber loben, um dann vom Chef heruntergepunktet zu werden? Das nennt man »satanische Verhandlung«. Ähnlich der sozialistischen Selbstkritik-Propaganda als schamlos-öffentliches Purgatorium. Und erkenntnistheoretisch, beurteilungspsychologisch ist das Unfug. So wie der Chef es sieht, so sieht er es. Sein Urteil ist weder richtig noch falsch. Es ist sein Urteil. Dass der Mitarbeiter es anders erlebt, ist unhintergehbar. Glaubt jemand, auf diese Weise der »Wahrheit« nahe zu kommen? Die *Differenz* ist fruchtbar, nicht die scheinbare Harmonie. Sagen Sie mit einfachen, klaren Worten, wie Sie die Leistung des Mitarbeiters beurteilen. Beschönigen Sie nichts, lassen Sie nichts weg, dramatisieren Sie nicht. Vor allem aber rechtfertigen Sie Ihr Urteil nie. Vermeiden Sie nur eines: dem Mitarbeiter zu sagen, wie er »ist«.

Niemand lässt sich sagen, wie er ist.

Wirklichkeit, Wahrheit und Wissen sind zutiefst ineinander verschränkte Begriffe, deren Gemeinsamkeit darin besteht, dass sie sich jeder endgültigen Feststellung bzw. jeder faktischen Erfüllung entziehen. Wir müssen die Bedingtheit ihrer *Geltung* vereinbaren. Wenn der Führungskraft das Interpretationsmonopol zugesprochen wurde, dann hat ihr Urteil Konsequenzen, dann hat sie ihr Urteil zu exekutieren. Das weiß auch der Mitarbeiter. Das hat er gewählt. Wer das als Auslieferung an die Willkür etikettiert, vermischt Erkenntnistheorie mit Moral, Pragmatik mit Erlösungssehnsucht. Daraus entsteht nur Konfusion.

Verhalten: systemisch vernetzt

Nicht einmal das Verhalten des Mitarbeiters ist eine unabhängige, zu isolierende Größe! Sicherlich spielt so etwas wie Persönlichkeit, Mentalität, Prägung, Herkunft, Erziehung, kurz (und missverständlich): *Charakter* eine wesentliche Rolle. Aber dieser Charakter übersetzt sich nicht 1:1 in Verhalten, sondern ist abhängig von einer Vielzahl von Umwelteinflüssen. Wir verhalten uns ja so, wie wir uns verhalten, nicht nur aufgrund unserer individuellen Psychodynamik, sondern weil wir in vielen unserer Handlungsweisen (ich gebe es nur ungern zu) auch

Reagierende sind. Stellen Sie sich vor, wie Sie Ihr Verhalten verändern, wenn plötzlich und unerwartet ein Mensch den Raum betritt, der aus irgendwelchen Gründen wichtig für sie ist (Ihr Vorstandsvorsitzender oder Ihre Schwiegermutter). Sie werden in Ihrem Verhalten darauf reagieren. Der Broker, der an der Börse brüllt, wird, wenn er eine Kirche betritt, automatisch seine Stimme senken. (Nur die lächerlichen Handy-Callboys in den Eisenbahnabteilen und Flughafen-Lounges treiben ihren obszönen Intimitätsterror über jede Erträglichkeitsschwelle.)

Menschliches Verhalten erklärt sich somit nicht nur über Ursache-Wirkungs-Ketten, sondern bedingt sich über Rückkopplungsschleifen: Jedes Verhalten eines Einzelnen ist gleichzeitig auch eine Reaktion auf ein Verhalten der anderen. Kausalitäten sind Wechselwirkungen – und damit kommt die Qualität der Beziehung zwischen zwei Menschen in den Blick. Diese vernetzten Interaktionsmuster erklären das Verhalten eines Menschen zu einem erheblichen Teil. Ein Marsmenschlein käme wahrscheinlich zu merkwürdigen Interpretationen, wenn ihm in einem Film über das Fußballspiel isoliert das Schiedsrichter-Verhalten gezeigt würde.

Wie sich also eine Charakterprägung im Verhalten »äußert«, ist auch von den Umweltbedingungen abhängig. In Unternehmen sind das viele Bedingungen: Art der Aufgabe, Werkzeuge, Richtlinien, Arbeitszeit, Lichtverhältnisse, Büroräume, Kooperationen, Kollegen, nicht zuletzt: *der Beurteiler selbst*. Insbesondere im Chef-Mitarbeiter-Verhältnis entstehen nicht selten wechselseitige Beeinflussungen von hoher psychologischer Dichte. Ein reduktionistischer Führungsbegriff ist blind für diese Analyseempfindlichkeit: Er geht von der Konstanz der Objekte aus. Dadurch aber, dass man einen Menschen beobachtet, verändert er sein Verhalten. Wir können einen Menschen gar nicht analysieren, wie er ist, weil jedesmal, wenn wir ihn beobachten, er sich durch die Beobachtung schon verändert hat. Es regiert jedoch die pädagogische Fiktion, alles, was gut für das Unternehmen sei, müsse irgendwie aus dem Mitarbeiter selbst hervorquellen. Darüber, wie etwas in den Mitarbeiter hineinkommt, wird hingegen wenig nachgedacht. Für Beurteiler – einerlei, ob Führungskräfte oder Mitarbeiter – resultiert daraus eine Frage, die ich für die wichtigste Frage halte, die sich ein verantwortungsbewusster Mensch im Unternehmen stellen kann:

> *Was tue ich dazu, dass der andere sich so verhält, wie er sich verhält?*

Sie tun etwas dazu. Wie groß der Anteil ist, darüber mag man im Einzelfall unterschiedlicher Meinung sein. Es ist schwer, wenn nicht gar unmöglich, zwischen Ursache und Wirkung zu unterscheiden. Aber ein Anteil ist unbestreitbar. Natürlich können Sie auch den anderen beschuldigen, das Problem nach außen wenden, externalisieren. Das ist bequem und verbreitet. Aber sozialpsychologisch unsinnig. Und es ändert nichts. Weil nicht das Handeln des anderen das Problem darstellt, sondern *Ihr Erleben* des Handelns. Wenn Sie zudem sagen, »der andere hat ein Problem«, dann erleben Sie sich nicht selbst als Teil des Prozesses. Dann grenzen Sie sich als Beobachter (und vor allem die Wirkung Ihrer Beobachtung) aus. Dann übernehmen Sie keine Verantwortung. Bevor Sie aber ein Problem lösen können, müssen Sie Ihren Beitrag zu dem Problem anerkennen. Wenn Sie nicht Teil der Lösung sind, dann sind Sie Teil des Problems. Menschen, die wie Ringkämpfer gegeneinander drücken. Der eine ruft dem anderen zu: »Wenn du nicht so drücken würdest, müsste ich nicht so drücken.«

Die Situation bringen Sie nur in Bewegung, wenn Sie Ihr eigenes Verhalten ändern. Zum Beispiel den Druck zurücknehmen, mit dem Druck des anderen arbeiten und ihn sanft führen können – in eine Richtung, in die die Energie des Mitarbeiters ohnehin schon drängt. Sie müssen *Ihr* Verhalten ändern, wenn Sie das System stören wollen. An dem anderen herumzuschrauben, funktioniert nicht. Praktischer ist es also zweifellos, dort anzusetzen, wo Sie wirklich etwas bewegen und die Wirkung überprüfen können: bei sich selbst. Nur wenige Menschen im Unternehmen aber haben meiner Erfahrung nach den Mut jenes Managers, der sehr nachdenklich erzählte: »Von den Mitarbeitern, von denen ich mich während der Jahre getrennt habe, haben nachher fast alle einen erfolgreichen Job in anderen Unternehmen gemacht. Die Frage nagt an mir schon lange: Warum haben die das nicht unter meiner Führung gemacht?«

Beobachter und Beobachtete

Noch herrscht oft die Ansicht vor, dass – wenn man sich nur intensiv bemüht und wirklich reinen Herzens ist – so etwas wie Objektivität wenigstens näherungsweise erreichbar sei. Aber auch hier schlagen die Gesetze der Quantenmechanik zu. So wie der Physiker keine Beobachtung vornehmen kann, ohne sein Beobachtungsobjekt zu beeinflussen, so kann keine Führungskraft einen Mitarbeiter beurteilen, ohne damit unvermeidbar in die laufende Mitarbeiterleistung einzugreifen. Das führt nicht nur zu einer gewissen »Unschärfe«, wie man gemeinhin bereit ist zu konzedieren, sondern zur Fälschung, auch wenn wir dies nur ungern eingestehen wollen. Finden wir uns damit ab: Es gibt keine Objektivität. Indem wir beobachten, beeinflussen wir das Phänomen, das sich beobachtet weiß. Wir beobachten also unerkanntermaßen die Wirkungen unserer Beobachtung bei anderen mit. Damit erzeugen wir einen Teil des Phänomens, das wir nur zu beobachten meinen. Wir müssen uns also konsequenterweise von der Kategorie des »Nur«-Beobachteten verabschieden – oder aber den Beobachter beim Beobachten beobachten. Vervollständigen wir also unser obiges Schaubild, so ergibt sich:

$$
\begin{array}{r}
\text{Charakter von X} \\
+\ \text{Umwelt (u. a. Y)} \\
\hline
\text{Verhalten von X} \\
+\ \text{Wahrnehmung (Y)} \\
+\ \text{Bewertung (Y)} \\
\hline
\text{Urteil über X}
\end{array}
$$

Fassen wir zusammen: Eine Beurteilung illustriert vorrangig die Einflussnahme und die Perspektiven *des Beurteilers*. Wenn wir die Wirklichkeit über den anderen suchen, finden wir immer nur uns selbst. Nicht die Welt erzeugt unsere Erfahrung, sondern unsere Erfahrung erzeugt die Welt. Deshalb sind auch alle Schwierigkeiten mit anderen Menschen Probleme mit unserem *Eigenwert*, mit unserer eigenen Weltsicht. Wir verteidigen unsere Vergangenheit, rechtfertigen unsere Wertentscheidungen, restaurieren unser inneres Museum – halten uns aber für gerecht, streng sachlich und vorurteilsfrei.

Und haben wir uns schließlich durch das hochkomplexe Beurteilungssystem gearbeitet, haben wir uns durch den Wortsalat abstrakter Termini, die kein normaler Praktiker je braucht, gewühlt, dann landen wir schließlich in einer Diskussion über »Entwicklungsmöglichkeiten« und »Potenzial«. Dann wird's sphärisch. Dann nämlich, wenn wir in der hellseherischen Attitüde aufgeblasener Trendforscher unsere Gegenwartsurteile in die Zukunft wenden. Denn der Gipfel der Selbstüberhebung wird erreicht, wenn Leute glauben, das »Potenzial« von Menschen beurteilen zu können. Da hat mich schon immer ehrfürchtiges Staunen ergriffen. Wie soll das gehen? Wie soll beurteilt werden können, was noch nicht einmal die Chance hatte, ins Leben zu treten? Reicht es denn aus, selektive Beobachtungen und subjektive Bewertungen, ja systemisch hochbeeinflusstes Verhalten einfach in die Zukunft zu extrapolieren? Ich schlage mich doch schon in der Gegenwart mit der Selbstbezüglichkeit meines Urteils herum – soll ich das auch noch auf das Nichtgelebte projizieren? Völlig überfordert ist ein Betrachtungssystem, das sich zum Schicksal macht.

Auf Dauerbewährung

Und was ist eigentlich so toll an der Beurteilerei? Ich kenne die Argumente: Beurteilt würde sowieso, dann solle man auch die Urteile offen legen, außerdem wollten die Mitarbeiter wissen, wo sie stehen. Das alles ist mir bekannt. Und zumindest teilweise gelogen: Die Manager füllen die Formulare in aller Eile aus. Die Feedback-Runden werden oft verschoben, weil »wichtigere« Dinge dazwischenkommen. Es ist nicht ungewöhnlich, die Beurteilungen Monate verspätet zu erhalten. Oft werden gar die Formulierungen des Vorjahres schlichtweg übernommen.

Und wie hoch ist der Preis, der dafür fällig ist? Im Laufe der Jahre sind mir zunehmend Zweifel gekommen, ob wir durch die jährliche Unterwerfung aller Mitarbeiter unter ein Beurteilungsritual wirklich das erreichen, was alle fordern und wovon alle sprechen: selbstbewusste, selbstverantwortlich handelnde, erwachsene Mitarbeiter. Wenn ich mir die Anpassungsbereitschaft, ja Unterwerfungsbereitschaft ehemals hoch motivierter und eigensinniger Menschen anschaue, wenn ich das graue, mutlose Ja-Sagertum auf allen Managementebenen betrachte, dann ist das nicht zuletzt eine Wirkung dieses pausenlos funktionierenden Überprüfungsapparats. Es kann doch nicht im Interesse des Unternehmens sein, erwachsene Menschen in entwürdigender Weise und in Permanenz auf die Schulbank zu drücken. Oder doch? Soll da vielleicht gar nicht beurteilt, sondern ein Sekundärnutzen des Beurteiltwerdens – Kontrolle! – ausgebeutet werden?

Beurteilt, löst man nicht mehr die Probleme, die anstehen, sondern kümmert sich darum, welche Leute die Lösung welcher Probleme mit einem guten Urteil honorieren könnten. Wenn es also vorrangig nicht um Ergebnisse geht, sondern um Beurteilungen, dann zählt nicht das, was die Menschen tun, sondern *wie andere beobachten*, was sie tun. Dann darf man sich über Schaulaufen und Inszenierung für die Tribüne nicht wundern. Denn die Grundbotschaft des Systems lautet: »Du bist nur dann in Ordnung, wenn *andere* sagen, dass du in Ordnung bist. Deine eigenen Kriterien spielen keine Rolle. Deine eigenen Bedürfnisse, Werte und Interessen gelten nichts in der kalten Sonne allumfänglicher Beobachtung. Du bist auf Dauerbewährung gesetzt. Sei immer darauf bedacht, anderen zu gefallen, Good Guy und Sweetheart zu sein.« Was wir so erzeugen, ist Duckmäusertum und vorauseilender Gehorsam: Wenn der Chef zuckt, kann ich ja schon mal prophylaktisch vorzucken. Was wir erzeugen, ist Opferhaltung: die Orientierung am Urteil anderer. Wehe, die Daumen zeigen nach unten. Was wir erzeugen, ist Gefallsucht. Sind das die selbstbestimmten, eigeninitiativen und innovativen Menschen, die wir brauchen, um unsere Unternehmen in Bewegung zu bringen? Und ist dieser Preis heute – unter veränderten Bedingungen – nicht neu zu tarieren? Ich teile die Ansicht von Aubrey C. Daniels, der in *Bringing out the Best in People* die jährliche Leistungsbeurteilung als »ein masochistisches und sadistisches Ritual« und »völlige Zeitverschwendung« bezeichnet.

Wenn ich, indem ich handle, auf das Urteil anderer schiele, dann *will* ich nicht, dann *soll* ich. Persönlich werde ich durch den Druck des Beurteiltwerdens den Eindruck haben, dass ich *muss*. Ich werde mich als fremdgesteuert erleben. In jedem Sollen und Müssen liegt ein Widerstand, gegen den ich anzugehen habe. Will ich Verantwortung leben, dann kommt es aber darauf an, dass ich *mich selbst* entscheide. Kraft, Entschiedenheit und Leidenschaft ist dort, wo ein Individuum wirklich als es selber handelt. Individuelle Verpflichtung erwächst nur aus dem »Ich will!«, aus dem eigenen Entschluss, der das Punktgericht nicht achtet.

Aufschub und Inkonsequenz

»Aber die Beurteilung zwingt uns, jährlich mindestens einmal miteinander zu reden!« Man wäge das Argument. *Miteinander* reden? Ist das wirklich ein Miteinander? Und *einmal* jährlich? Ist es da nicht besser, zu schweigen? Kann das genug sein? Müssen wir auf hektischen Märkten nicht sofort und unmittelbar reagieren? Alle reden davon, dass Geschwindigkeit alles sei, Time to Market, die Schnellen fressen die Langsamen. Die Leistungsbeurteilung lädt aber auf unübersehbare Weise zum Aufschub ein, nicht zeitnah zu konfrontieren, Klarheit aufzuschieben. Die versteckte Botschaft lautet: »Du hast Zeit, ich habe Zeit, es hat Zeit, wir müssen nicht schnell sein.« Führungskräfte führen während des Jahres eine »Stasi«-Akte, um beim Mitarbeitergespräch etwas vorweisen zu können. Denn bei den zu erwartenden Auseinandersetzungen um Wahrheit helfen Beispiele und Belege. Der klarsichtige Johannes Gross schrieb einst: »Wer sich sorgsam auf ein Gespräch vorbereitet, verhindert es.«

Ähnlich die Seminar-Beurteilungen: Man lädt die Teilnehmer ein, nach Ende des Seminars abzurechnen, nachzutreten, ihre Kreuzchen zu machen, anstatt sie aufzufordern, *in* der Situation ihre Interessen selbstverantwortlich zu artikulieren. Dann, wenn noch etwas geändert werden kann.

Und was ist gut an »zwingen«? Zwang erzeugt mit mechanischer Sicherheit Widerstand. Wenn das Beurteilungsgespräch ohne Zwang nicht stattfindet, ist es auch nicht wichtig. Nicht wirklich wichtig im Sinne von »überlebenswichtig«. Das heißt: Vom Markt sind keine negativen Konsequenzen zu fürchten. Vielleicht wäre es wünschenswert, ja, aber nicht unabdingbar – warum soll ich es dann tun? Weil mich die Personalabteilung dazu zwingt? Weil die wissen, was gut für mich ist? Weil die mich kujonieren wollen? Von der Qualität, die Zwang hervorbringt, ganz zu schweigen! Ich weiß, es ist eine gewagte These, aber prüfen Sie den Gedanken:

Leistungsbeurteilung heißt: Wir brauchen uns nicht.

Wenn wir aufeinander angewiesen wären, würden wir uns wählen oder abwählen. Weil wir uns nicht mehr wählen und abwählen, beurteilen wir uns. Nur weil wir in der Organisation nicht aufeinander angewiesen sind, oder nicht mehr spüren, dass wir aufeinander angewiesen sind, weil wir uns nicht (oder nur zu hohen Kosten) abwählen können, nur deshalb greifen wir ersatzweise zum Beurteilungssystem. Sonst wäre die Rückmeldung klar und unmittelbar. Sich wählen und abwählen: Das wäre die Leistungsbeurteilung. Wenn das nicht geht oder nicht gewollt ist, greifen wir ins bürokratische Zeughaus. Wo nicht gehandelt wird, wird beurteilt.

Ähnlich dem Liebhaber, der »danach« fragt: »War ich gut?« Hatte er keine Augen, keine Ohren, war er nicht dabei? Wenn der Kontakt fehlt, führen wir Beurteilungsgespräche. Wenn wir nicht *in* der Situation sind, wenn wir nicht mehr spüren, fragen wir nach Feedback. Wenn wir von den Konsequenzen abgekoppelt sind. Wenn wir aber wollen, dass der andere bei uns ist und bleibt, mit uns zusammenarbeitet, wenn wir sein Weggehen fürchten, wenn wir um ihn kämpfen – dann behandeln wir ihn respektvoll. Dann bemühen wir uns um ihn. Dann werben wir um ihn. Dann machen wir keine Leistungsbeurteilung. Die findet gleichsam täglich statt: sichtbar durch unser Bemühen um seine Mitarbeit. Durch wertschätzenden Umgang unter Partnern.

Begegnen statt Beurteilen

Das Führungsinstrument der Leistungsbeurteilung ist ohne Zweifel ein Relikt aus der Zeit langfristiger Chef-Mitarbeiter-Beziehungen, steifer Organisationen und langsamer Märkte. Ein diversifizierter Arbeitsmarkt hebt zudem die strikte Trennung zwischen Insidern und Outsidern weitgehend auf. Unter diesen veränderten wirtschaftlichen Rahmenbedingungen scheint mir der Preis, den wir für das Festhalten an einem anachronistischen System zahlen, zu hoch. In der Arbeitswelt der Zukunft werden formale Leistungsbewertungen nicht notwendig sein, da jedermann laufend unmittelbares Feedback über seine Leistung erhält. Und jedermann weiß, dass es ratsam ist, gute Leistung zu erbringen. Weil er sonst das nächste Projekt an einen anderen verliert. Weil er sonst nicht wiedergewählt wird. Das ist Zusammenkommen und Trennen. Das nennt man Leben.

Beurteilungsinstrumente also kippen? Viele institutionalisierte Gutmenschen werden das zu verhindern wissen – bis zu einem Zeitpunkt, wo sich das Unzeitgemäße öffentlich Bahn bricht. Sie sollten also diesem Andachtsmonster der Organisation keine übertriebene Ehrfurcht entgegenbringen. Das heißt nicht, dass Sie nicht situativ Feedback anbieten können. Sie müssen zudem als Führungskraft Schieflagen und schwache Leistungen klar konfrontieren, dies aber in einer konkreten Situation, situativ und zeitnah (dazu später mehr), nicht mit großen zeitlichen Abständen und summarisch als Vollzug eines Rituals. Und wenn Sie an dem Instrument festhalten wollen: Müssen Sie wirklich *alle* beurteilen lassen? Stellen Sie das Instrument zur Wahl! Dann ist auch ein verantwortlicher Umgang wahrscheinlich. Und machen Sie die Beurteilung so einfach und informell wie möglich. Vermeiden sie komplexe Formulare und komplizierte Einstufungsskalen. Diese vermitteln zwar Scheinobjektivität, aber sie verhindern das, worauf es zwischen zwei Individuen letztlich ankommt: die Begegnung.

MITARBEITERBEFRAGUNGEN
oder wer nichts zu sagen hat, wird befragt

Der Wille zum System ist ein Mangel an Rechtschaffenheit.
Nietzsche

Kind der Krise

Ich habe mein Handwerk bei der 3M gelernt, ohne Zweifel ein Weltunternehmen mit einer langen Tradition in der Befragung seiner Mitarbeiter. Es fragte schon, als in Deutschland noch kaum jemand sich dafür interessierte, »was das Volk denkt«. Zur Lösung des Problems, das schon den orientalischen Märchenprinzen Harun-al-Rashid nachts unter die Leute trieb, gilt dort seit jeher die Legitimität der Mitarbeiterbefragung als gesichertes Wissen, ihre Methodik als bewährtes Vorgehen. Heute ist das Messen des Stimmungsbildes zum Boulevard geworden. Allseits sorgt man sich um das werte Befinden, um die mentale Wellness. Standardfragebögen kauft man an jeder Ecke. Und ich erkenne an, dass viele Gutmeinende (gerade auch im oben genannten Unternehmen) glauben, man könne Mitarbeiter auf diese Weise ernst nehmen. Ich erkenne an, dass der gute Wille dominiert. Aber das Gegenteil von gut ist bekanntlich gut gemeint. Die Befürworter übersehen in ihrem instrumentellen Aktionismus wie so oft die versteckten Botschaften sowie die Spät- und Nebenwirkungen ihres Edelmenschtums. Sie sind umstellt von Handlungsfolgen, die die angestrebten Zwecke konterkarieren. Bringen wir etwas Licht in die dunkle Seite dieses angestrengten Moralismus.

Die Mitarbeiterbefragung ist ein frühindustrielles Signum tiefgestaffelter Hierarchien. Bei flachen Organisationen müsste sich doch – dachte ich – das Thema und mithin das System erledigt haben. Keineswegs, wir erleben gerade wieder eine neue Konjunktur. Und die Personalzeitschriften sind voller Anzeigen von Unternehmen, die entsprechende Systeme verkaufen. Offensichtlich ist es mit »offener Kommunikation«, »Vertrauenskultur«, und »hierarchiefreiem Dialog« noch nicht so weit her, um die atavistischen Spielzeuge der Personaler endgültig obsolet werden zu lassen. Der Blick in die Kugel der Wahrsagerin reizt offenbar nach wie vor. Warum? »Da ist doch was im Busch!« Man spürt, jemand ist unzufrieden. Ein oberflächliches Gefühl des Unwohlseins hat sich eingestellt. Man hat das Gefühl, dass der Haussegen irgendwie schief hängt ... und schwärmt nun aus, um Genaueres zu erfahren, die Quellen des Unmuts dingfest zu machen.

Ist der blinde Fleck der Selbstwahrnehmung so groß, dass da etwas aufzuhellen ist? Um es ganz deutlich zu machen: Abgesehen von rituellen Wiederholungszwängen oder Berater-Moden erlebe ich die Mitarbeiterbefragung nahezu ausschließlich als Kind der Krise. Das Kind liegt im Brunnen, und jetzt soll Rettendes wachsen. Die Mitarbeiterbefragung artikuliert also vor allem eine spezifische Reparaturintelligenz – was per se noch nichts Schlechtes ist. Aber es verweist doch auf Versäumnisse, auf kommunikative Mängel. Selbst wenn man sie als »Frühwarnsystem« präventiv beschönigt: Wer eine Mitarbeiterbefragung braucht, hat den Kontakt verloren. Es offenbart sich eine defizitäre Führungskultur, die mit solchen Vorstößen schonungsvoll umwölkt werden soll.

Im Spiel des Sokrates

Wer fragt, glaubt scheinbar Informationen erhalten zu können, die er nicht kennt. Aber die kann er nicht bekommen, weil man, um Fragen überhaupt kreieren zu können, über gewisse Informationen schon verfügen muss. Man kann nicht fragen, ohne zu wissen. Wonach man fragt, muss man mithin schon kennen. Deshalb *erhebt* sich die Frage. Sie drängt sich auf. Was man *nicht* kennt, wird auch nicht befragt. Meiner Erfahrung nach fragen Unternehmensleitungen, weil man *ahnt* – aber nicht zahlenmäßig belegen kann. Normalerweise will man etwas beweisen. Zahlen, Kurven, Diagramme haben dabei in ihrer scheinobjektiven Wirkung für Manager eher Beweiskraft als Intuition.

Was man vorher weiß, wird nachher erfragt.

Deshalb ist auch kein »überraschendes« Ergebnis möglich. Bei der Ergebnisbesprechung in der Vorstandssitzung werden positive, im Vergleich zur vorhergehenden Befragung verbesserte Ergebnisse wohlgefällig abgenickt. Negative Entwicklungen werden wegrelativiert und auf alle möglichen Einflüsse zurückgeführt, nur nicht auf die selbstverantworteten. Die Suche nach den Ursachen wird hier fast zwangsläufig zur Suche nach Entschuldigung. Wenn aber einmal etwas wirklich Unvorhergesehenes zutage tritt, wird es uminterpretiert und in das Erwartete eingebaut. Und wenn bei offenen Fragestellungen tatsächlich entschieden vom Hauptmeinungsstrom abgewichen wird, dann werden die Stellungnahmen dem Großkonsens der Nörgler zugeordnet: »Should we care?«

Es ist also umgekehrt: Die Antwort kommt *vor* der Frage. Denn die Befragung erfolgt vor dem Hintergrund eines ganz bestimmten Entwurfes vom Unternehmen, hat ein bestimmtes Bild von richtig und falsch zur Basis, – und ist insofern realitäts*erzeugend*, wo sie nur zu beobachten meint. Was wichtig ist, entscheiden die gewählten Kriterien. Schon die Formulierung der Fragen und die Themen, die abgefragt werden, signalisieren den Mitarbeitern, welches Verhalten positiv oder negativ bewertet wird. Ähnlich wie Wissenschaftler, die nicht ihre Instrumente und Theorien, sondern die Kriterien für die Vergabe von Nobelpreisen betrachten, berichtet der Mitarbeiter nicht das, was geschieht, sondern das, was andere für wichtig halten. Er konstruiert Wirklichkeit entlang der Kriterien, die andere für ihn ausgewählt haben. Entsprechend erwartet man anschließend nicht, was möglich ist, sondern man orientiert seine Erwartungen daran, was andere erwarten könnten ... und ist in der Regel enttäuscht. Es sei denn, man erwartet mit fortgeschrittener Befragungsroutine, dass nichts zu erwarten ist.

Wenn Fragen die Wirklichkeit von den vorweggenommenen Antworten her konstruieren, dann kann man das vom psychologischen Gefechtsstand aus auch steuern: Denn Fragen, vor allem die wegen der computergestützten Auswertbarkeit bevorzugten »geschlossenen« Fragen, können gewisse Bereiche auch ausblenden. Jede Frage engt ein, verengt den Blickwinkel auf das Befragte. Lenkt ab von Delikatessen und Tabus. Wenn beispielsweise der schlichtweg ungeeignete Sohn des Unternehmensgründers als Kapitaleigner und jetziger Vorstandsvorsitzender das eigentliche Führungsproblem darstellt, können Sie fragen, bis sie schwarz werden.

Wer fragt, der führt ... den anderen dann an der Nase herum. Das Manipulative des Fragens ist von Sokrates perfekt vorgeführt worden. Nie hat er etwas wissen wollen, immer hat er schon gewusst. Und den Befragten zum Stichwortgeber degradiert. Die Fragen sind so aus- und eingerichtet, dass sich die vorausberechneten Antworten von selber einstellen. Dann hatte er sein Ziel erreicht. Was heißt das für den Einzelnen?

> *Antworte niemandem, der lauert!*

Aufschlussarme Blicke

Erreicht nun, wer tiefer gräbt, in jeder Wüste die brunnenführende Schicht? Die Mitarbeiterbefragung ist eben keine Wahl, sondern eine Frage-»Stellung«. Kein Wahlzettel, sondern ein Fragebogen. Will die Wahl reine Zahlenverhältnisse feststellen und ist sie vom Gefühl der Sicherheit begleitet, die im Rechtsraum den Wahlakt schützt, so ist der Mitarbeiter, der den Fragebogen abgibt, weit entfernt von solcher Sicherheit. Fällt die Antwort auf ihn zurück? Ist er identifizierbar? Wo der Fingerabdruck, gar der genetische Code oder aber durchtriebene statistische Verfahren drohen, wird die Anonymität öffentlich zu Markte getragen – und damit zu Grabe. Auch die Antwort könnte folgenschwer sein – für den Antwortenden. Und in Zeiten, in denen ganze Unternehmensteile ausgegliedert, verkauft oder dichtgemacht werden, könnte er in die Lage kommen, die Urkunde seines Untergangs zu unterzeichnen.

Zu schwarz gemalt? Die Befragung findet unter Machtbedingungen statt. Der Befragte steckt mindestens in der Klemme, dass er vom Frager eingeladen ist, sich frei zu entscheiden, bei einem Spiel mitzuspielen, das für ihn gravierende Folgen haben kann. Darf ihm jemand ernstlich den Vorwurf machen, dass er sein Nein verschweigt und sich in die Phalanx der müden Claqueure einreiht? Sogar Schweigen wird als Antwort gedeutet. Von der Beteiligung wird die Moral der Mitarbeiter abgelesen.

Wenn sie schweigen, wird man sie zu ihrem Schweigen kritisch befragen – und Ihnen möglichlicherweise die Quittung dafür geben. So würde sicher mancher der Befragung gerne fernbleiben, wenn er nicht *gerade dadurch* unmissverständlich antwortete. Ein Saboteur der Firmenkultur – was liegt da näher als der Gedanke, er könnte auch noch zu anderen Formen der Sabotage greifen. Dem Befragten wird also Gelegenheit geboten, sich am Beifall zu beteiligen – ja, seine Antwort *ist* Beifall. Die Verführungskunst der Führung besteht darin, die richtigen Fragen und die Fragen richtig zu stellen.

Die Antworten sind – weil anonym und hoch aggregiert – in der Regel von höchster Allgemeinheit. Dahinter kann man sich wunderschön verstecken: Auf der Mitarbeiterseite (falls die Anonymität gesichert scheint): »Ich werde nicht weiter auffallen.« Auf der Führungsseite: »Mich können die gar nicht meinen.« Und wählt man, um ein scharfes bereichsspezifisches Röntgenbild zu erhalten, eine kleinere Gruppe oder Abteilung, so ist das prekäre Gut der Anonymität noch massiver bedroht. Also doch eher aufschlussarme Blicke auf Termitenhügel.

Scheininszenierungen

Bei jeder Mitarbeiterbefragung schießen die Erwartungen durch die Decke. Anfangs sind sie getragen vom Enthusiasmus des Geschätztwerdens. Der Begeisterung folgt jedoch regelmäßig die Enttäuschung auf dem Fuß: Enttäuschung darüber, dass die Befragung eben »nur« eine Befragung ist, und keine Wahl, kein caesarischer Akt der Allmacht, der ad hoc die gewünschten Verhältnisse herstellen könnte. Bald wird das Besondere zur Selbstverständlichkeit. Der Überdruss an einem Gut, das nicht mehr knapp ist, stellt sich ein. Und nach einigen Befragungsgewittern versickern dann auch die letzten Vorfreuden: »Schon wieder eine Befragung ...« Im Erleben der Mitarbeiter sind diese Befragungen Berge papierener Vergeblichkeit: eben konsequenzlos.

Eine Befragung ohne Konsequenzen ist die Inszenierung des Scheins.

Zynismus ist das Resultat von Konsequenzlosigkeit. Und die ist im System angelegt. Von Anfängerfehlern wie dem Nicht-Kommunizieren der Ergebnisse will ich hier nicht reden. Aber es ist zynisch, Mitarbeiter stark hierarchisch organisierter Unternehmen zu fragen, ob sie sich an Entscheidungsprozessen ausreichend beteiligt fühlen. Und selten wird vorher erörtert: Was, wenn es nachher Geld kostet? Da zudem Konsequenzen, wenn überhaupt, mit zum Teil erheblicher Zeitverzögerung gezogen werden, werden sie kaum mehr der Befragung zugerechnet. Dem könnte man abhelfen, indem man den Zusammenhang der Aktion mit der Befragung deutlich macht. Aber auch das hilft selten aus der Klemme. Die Krux ist die Differenz zwischen *mikro*kosmotischem Erleben und *makro*kosmotischer Reaktion! Jeder Mitarbeiter erwartet von seinem Chef etwas anderes. Das kann man nicht kollektiv erfassen. Denn die Erwartungen des Mitarbeiters sind im Regelfall punktuell problembezogen und richten sich auf einen spezifischen Missstand. Die Reaktionsweise des Unternehmens ist jedoch meistens flächig-allgemein. Bei derart hoch aggregierten Ergebnissen kann man ja auch kaum anders, als die Schrotflinte herauszuholen und auf *alle* zu schießen: Alle Führungskräfte geschlossen ins Führungsseminar! Dort sitzt man dann schuldbewusst, mit Leichenbittermiene oder Trotzhaltung seine Strafzeit ab und macht anschließend weiter wie bisher. Der Mitarbeiter konstatiert, dass sich mal wieder nichts geändert hat.

Entlastungsarrangements

Und auch das ist im System angelegt. Denn: Wer hat etwas von der Befragung? Die Frager. Sonst würden sie nicht fragen. Das ist scheinbar banal, wenn nicht immer wieder behauptet würde, die Befragung läge vor allem im Interesse der Befragten. Aber was haben die Frager davon? Das Fragen verbirgt die eigene Verantwortung. Alle kennen das Überspielen durch Fragen als einen alten Gaunertrick. Damit kann man den anderen beschäftigen, irritieren, lenken. Mangel an Interesse kann man uns ja nicht vorwerfen – uns, die wir durch Mitarbeiterbefragungen fortwährend belegen, wie wichtig uns die Meinung der Mitarbeiter ist. Oder belegen wir vielmehr, wie wichtig uns das *Eindringen* in die Mitarbeitermeinung ist? Um sie besser unter Kontrolle zu haben? Nichts anbrennen zu lassen? Das Fragen beschützt nur den Frager! Das Antworten gibt den Antwortenden frei – und lässt ihn fallen.

»Aber es interessiert mich doch, was die Leute sagen!« Ja, es interessiert Sie deshalb, weil alles so bleiben soll, wie es ist. Das Management ist – gegen alle Behauptung – am *Gleichbleiben* interessiert. Deshalb fragt es. Durch Fragen bewahrt es sich vor Veränderung. Es fragt nach, um den Veränderungswillen zu kanalisieren. Ich pointiere das, weil es immer wieder übersehen wird: In Zeiten des Change-Management ist die Mitarbeiterbefragung eines der veränderungsfeindlichsten Instrumente überhaupt! Ein Ritual zur Aufrechterhaltung des Status quo. Auswurf der Alles-im-Griff-Mentalität. Ein partizipatorischer Appetitzügler: »Seht her, wir wollen wissen, wie ihr uns seht.« Damit alles so bleiben kann, wie es ist. Wie das Prinzipat des Augustus, der den Senat als römisch-republikanische Zentralgewalt ausschaltete, symbolisch aber weiter unterhielt, indem er ihm Ersatzhandlungen anbot: Bei den circensischen Spielen, die zum Teil wochenlang dauerten, waren die Senatoren gleichsam Dauerschiedsrichter, waren auf öffentlich wirksame Weise Herrscher über Leben und Tod. Immerhin hat Augustus auf diese Weise dem Römischen Reich die längste Friedenszeit des Imperiums geschenkt.

Wie die römischen Sentoren, die, entmachtet, vor lauter Daumenheben und -senken ins Schwitzen kamen, mit banalen, aber symbolisch hochaufgeladenen Entscheidungen »beschäftigt« wurden, so wie man Kinder beschäftigt, – so beschäftigt man Mitarbeiter. Die Entfernung von der Macht wird mit einem Kompensationsritual optisch verkürzt. Hinter auftrumpfender Belanglosigkeit verbirgt sich die Ohnmacht.

Wer nichts zu sagen hat, wird befragt.

Abermals: Der Fragebogen ist kein Wahlzettel. Eine Abwahl ist nicht möglich. Das erzeugt die Illusion der Freiheit; des demokratischen Scheins. Hier werden die Überdruckventile der Hierarchie als Meinungsfreiheit verkauft. Demokratie wird symbolisch ersetzt durch Demoskopie: »Das Volk soll den Mund nur aufmachen, wenn es gefragt wird.« Horribile dictu: Wir lernen Rechnen, Schreiben und Lesen, indem wir rechnen, schreiben und lesen. Wir lernen Demokratie, indem wir Vorträge darüber hören.

Haben aber ausschließlich die Frager etwas davon? Der Mitarbeiter öffnet seinen Denk-Zettel-Kasten: »Worüber könnte man sich denn mal beschweren? Über die anderen! Über den Chef! Da kann man auch ruhig mal ein bisschen überzeichnen! Sonst versteht er es nicht.« In den Rückmeldungen ist deshalb immer ein pädagogisches Element enthalten. Weil man für die Konsequenzen der Rückmeldung nicht verantwortlich sein muss! Das ist billig. Das muss man nicht erklären, nicht rechtfertigen. Nein, die Mitarbeiterbefragung fungiert auch als Entlastungsritual für die Mitarbeiter. »Du da oben sollst dich ändern, damit es mir besser geht!« Eine Einladung zur Selbstverkindlichung. Sie können im Schutz der Anonymität ihr Mütchen kühlen, ansonsten aber im Sessel bleiben. Sie müssen nicht Flagge zeigen. Datenberge bergen. »Denen da oben« hat man mal so richtig die Meinung gesagt.

Fragesteller, Fallensteller

Wir leben in Zeiten, in denen ununterbrochen Fragesteller an uns herantreten. Diese sind jedoch nicht nur von Neugier erfüllt. Indem sie sich uns mit ihren Fragen nähern, erwarten sie von uns nicht notwendig, dass wir zur Lösung von Problemen beitragen. Sie legen nicht auf unsere Lösungsvorschläge, sie legen auf unsere Antwort Wert. Ein wichtiger Unterschied. Er nähert die Fragen den Verhören an. Ich habe es schon immer auf meinen Konsum an Historienfilmen zurückgeführt, dass mir bei dem Wort »Befragung« das Attribut »hochnotpeinlich« einfällt. Das hochnotpeinliche Verhör der heiligen Inquisition. Gestehe! Der eine oder andere mag sich noch an die 1983 in Deutschland heftig geführte Diskussion über die geplante Volkszählung erinnern. Der hartnäckige Widerstand war für viele überraschend. Aber die Bevölkerung wehrte sich gegen die Methode der Selbstentblößung: Wie geht es dir? – Und warum? Was denkst du? Wie denkst du? – Und warum? – Warum tust du dies und unterlässt du das?

Die Mitarbeiterbefragung teilt das Unternehmen in Frager und Befragte. Die Frage wird oben gestellt und unten beantwortet. »Noblesse oblige« – der freie Herr befragt den Knecht, damit dieser danach wisse.

Die Frage wird niemals unten gestellt und oben beantwortet. Dass nämlich der Knecht seinen Herrn befragt, gar noch *aus*fragt – Undenkbar!

> *Der Frager macht sich durch die Frage zum Herrn.*
> *Das Befragtwerden macht aus dem anderen einen Knecht.*

In der *Einseitigkeit* liegt die Obszönität des Vorgangs. Das Asymmetrische macht aus der Mitarbeiterbefragung eine Besichtigung. So wie man Tiere im Zoo, die schöne Aussicht und das Betriebsklima besichtigt. Das Recht, zu fragen, hat der Besichtigende. Im englischen opinion-»survey« ist es erhalten geblieben: betrachten, vermessen, begutachten. Man stelle sich das vor: »Und wie hoch würden *Sie* denn Ihre Arbeitsmoral einschätzen, Herr Vorstandsvorsitzender?« Unmöglich, Protokollfehler schlimmster Sorte!

Die verdeckte Wirkung der Mitarbeiterbefragung ist also letztlich die Stabilisierung des egalisierenden und überwachenden Denkrahmens. Der stechende Blick des Fragers zielt nicht auf zu Veränderndes, sondern auf Bleibendes: »Wir müssen viel ändern, damit alles beim Alten bleibt.« Schlimmer noch: Die Wirkung des kollektiven Ausgefragtwerdens ist das Belächeltwerden.

»Ja, darf man denn keine Mitarbeiterbefragungen mehr durchführen?« Da ist sie wieder, die nötigende Umformung einer Aussage in eine Frage. Und die wirksamste Frage ist diejenige (jeder Verkäufer weiß das), auf die man nicht mit Nein antworten kann. »Aber ich *frage* doch nur.« Genau das ist der Punkt! Sie sagen nicht, was zu sagen ist, fordern nicht, was zu fordern ist, verhandeln nicht, was zu verhandeln ist. Wenn Sie etwas verändern wollen, ist *Sagen* angesagt. Ein unbefragtes Sagen, das sich nicht unter der Frage antwortend duckt. Nur das Sagen hat die Kraft des Ändernwollens. Nur dem Sagen geht selbst gewählte Entschiedenheit voraus. Nur das Sagen ist Resultat explosiven Veränderungswillens jenseits alltäglicher Fundamentalverdrossenheit.

> *Interessant ist nur das, was der Mitarbeiter unbefragt sagt.*

Blinde und Lahme

»Wie geht's« – das ist das Kernparadigma der Mitarbeiterbefragung. Wie im wirklichen Leben gibt die Frage nur vor, in Erfahrung bringen zu wollen, wie sich das Befinden befindet. Die Antwort – meist vielsagend, daher nichtssagend – interessiert nicht. Und wiederum wie im wirklichen Leben fragen auch bei der Mitarbeiterbefragung die am penetrantesten nach dem Ergehen, die am meisten dazu beigetragen haben, dass es schlecht geht. So spielen denn beide, Befrager und Befragter, im Spiel der Desinteressierten mit Formeln des Interesses. Georg Christoph Lichtenberg brachte das schon vor 200 Jahren auf den Punkt: »Wie geht's, sagte ein Blinder zu einem Lahmen. Wie Sie sehen, antwortete der Lahme.«

PERSONALENTWICKLUNG
oder wie man mit guten Absichten den Weg zur Hölle pflastert

*Das Vollkommene ist unmenschlich,
denn das Menschliche ist unvollkommen.*
Fernando Pessoa

Rundgelutscht

Die Task-Force »Personalentwicklung« sitzt schon einige Stunden zusammen. Man diskutiert auf der Basis des neuen Unternehmensleitbildes inhaltliche Konsequenzen für die Führungstrainings. Die erkenntnisleitende Frage prangt in großen bunten Lettern auf dem Flip-Chart: »Welche Persönlichkeiten sollen aus unseren Trainings hervorgehen?« Man redet engagiert, fast leidenschaftlich. Aber niemandem im Raum scheint das Widersinnige der Frage aufzufallen. Denn die Antwort kann nur lauten: »Keine!« Persönlichkeit ist kein Resultat von Trainings. Persönlichkeit als Intimität und Verbindung zu sich selbst, als die Bereitschaft, aus seinen Talenten und Nicht-Talenten das Beste entstehen zu lassen, als die Fähigkeit, sich selbst zuzulächeln, all das kann nicht auf Schnellbleicheseminaren erworben werden.

Aber es geht ja auch nicht um Persönlichkeit, es geht um »Personal« und dessen »Entwicklung«. Eine eigenartige, eine verräterische Wortkombination. Es lohnt sich, dem Klang der Wortteile zu lauschen. »Personal« atmet den Geist der Masse, des Gesichtslosen, das sich elastisch an die Bedürfnisse der Organisation anschmiegt. Der Personaleingang ist bekanntlich hinten, da, wo die Mülltonnen stehen. »Entwicklung« verweist auf etwas Ver-wickeltes, das da ent-wickelt werden soll. Man weiß nicht genau, was – wobei der Unterton des Wortes nahelegt, dass dies nicht nur wünschbar ist, sondern auch möglich. In der Kombination ergibt sich daraus etwas zweifelsfrei Zukunftweisendes und Optimistisches.

Viele Unternehmen sind daher auf ihre Personalentwicklung stolz. In Teilen auch sicherlich zu Recht. »Wenn Sie denken, Kompetenzentwicklung sei zu teuer, versuchen Sie es mal mit Inkompetenz.« Wer würde zu widersprechen wagen? Eigenartigerweise findet sich jedoch oberhalb einer gewissen Hierarchieebene nur noch selten ein Mensch, der sich als Persönlichkeit geistsprühenden Witzes in die Erinnerung gräbt. Individualität ist offenbar ein Karrierehandicap. Unterschieden wird zwischen steingrau, schlammgrau und mausgrau. Zu einer kritischen Auseinandersetzung mit der Organisation sind viele dieser »entwickelten« Führungskräfte weder bereit noch in der Lage. Sie sind Geschöpfe des Systems, Exponate des Systems und werden vom System geschützt. Wer nach langjährigen Förderprogrammen noch im Unternehmen verbleibt, ist offenbar ein »organization man« und als Persönlichkeit auffällig unauffällig.

Systemkonformität pflastert den Weg vom Aktenträger zum Entscheidungsträger.

Personalentwicklungs-»Maßnahme« – da ist das »maßregeln« ja nicht weit, faktisch aber wird »Maß genommen«, an einem Ideal orientiert, eine Latte angelegt, ge- und vermessen. Nur Semantik? Schauen Sie sich in Ihrem eigenen Unternehmen um! An der Unternehmensspitze: mehrheitlich Männer ohne Eigenschaften. Konturlos, konform und austauschbar, und gerade deshalb nicht selten mit kaum gezügelter Profilierungssucht und eloquenter Selbstdarstellung ausgestattet. Klar, es gibt Ausnahmen. Aber ebenso klar ist, dass es Ausnahmen sind. Wer Augen hat, zu sehen, der sehe: Anpassung, Kritiklosigkeit und Risikoarmut sind in den oberen Führungsetagen zweifellos mehr verbreitet als Eigenständigkeit, Mut und Ideenreichtum. »Wir wollen Querdenker. Wir wollen keine Abziehbilder«, sagt der Vorstand eines der größten deutschen Energieversorger. Wer das Unternehmen kennt, kann nicht einmal mehr lachen.

Warum ist das so? Meine These: Personalentwicklung ist Teil des Problems, als dessen Lösung sie sich ausgibt. Ihre bare Existenz definiert Individualität als Krankheit, die durch sie zu heilen wäre. Ihre Lektionen richten den Menschen ab – bis aufs Zwergenformat. Verkindli-

chung des Menschen ist das große Ungesagte, von dem man die Augen abwendet. Die unternehmenskulturelle Bodenhaltung der institutionalisierten Personalentwicklung zeugt harmlose Menschen, applausgeil und angepasst. Ein Zurichtungssystem, um den »organization man« zu »erziehen«.

Eine ziemlich überspannte Behauptung, das sei zugegeben. Wohlgemerkt: Ich spreche von der *institutionalisierten* Personalentwicklung, die weiß, was für Sie gut ist. Sie steht beharrlich an der Klagemauer und vergießt Krokodilstränen darüber, was die Führungskräfte alles falsch machen – nicht zuletzt, um den eigenen Arbeitsplatz zu sichern. Die blinden Flecken der eigenen Zunft werden nicht gesehen oder billigend in Kauf genommen. Diese will ich bewusst machen. Wenn es dazu führt, schärfer zu konturieren, was Personalentwicklung leisten kann und was nicht, kann es mir nur recht sein.

Eigensinnig und unerträglich

Personalentwicklung zielt auf Änderung. Der Menschen. Nicht der Organisation. Einstellungen und Verhaltensweisen sollen den gegenwärtigen und zukünftigen Bedürfnissen des Unternehmens angepasst werden. Die Versuchung lautet: »perfekte Menschen«. Hinter dem Veränderungswillen steckt psychologisch eine Zumutung, ein offenbar unerträglicher Skandal: das *Anderssein des anderen*. Der andere ist so anders, gar nicht so wie ich, so unerträglich anders. Sein Eigensinn, seine Beharrungsenergie, die Unverfügbarkeit seines Innenlebens, seine individuellen Motivationen, soviel Ich! Nicht hinnehmbar der Unterschied, das Besondere, das Individuelle. Sein Anderssein ist ein Affront, eine nicht wiedergutzumachende Beleidigung, etwas, was nicht sein darf. Seines Andersseins beschuldigt, entnervt, klagte schon Rousseau: »Geboren sein heißt: vor Gericht stehen.« Denn die anderen sind es, die mich zur Verantwortung ziehen. Endlich werden so wie »wir«! Bloß keine Unterschiede, bloß keine Widersprüche!

So ist es offenbar für viele Führungskräfte unerträglich, wenn ihre Mitarbeiter die Dinge nicht so tun, wie sie sie selbst tun würden. Dass Menschen eigenwillig sind, einen *selbstdefinierten* Anspruch an ihre Arbeitsqualität haben. Viele Manager – nicht nur die Personaler – haben deshalb einen heimlichen Hang zum Menschenmachen. So lehren sie die »Zehn Geheimnisse der perfekten Verhandlung«, oder die »Sieben Verhaltensweisen hocheffektiver Leute« und üben mit ihren Mitarbeitern die »Fünfte Disziplin«, ein wirres Sammelsurium organisationspsychologischer Ladenhüter. Orientiert an idealistischen Gestaltungsideen verstehen sie die Veränderung von Menschen als ihren zentralen unternehmerischen Auftrag. Viele der einschlägigen Konzepte könnte man ohne inhaltliche Korrekturen in den Justizvollzug und die Resozialisierungsdebatte übertragen. Die Sprache des unternehmensinternen Behandlungsvollzuges ist mit therapeutischen Metaphern geradezu durchtränkt und atmet durchgängig die Überzeugung, den anderen verändern und »bessern« zu können. Therapie ist der Königsweg der Rückfallvermeidung: »Die Verkäufer sind dazu zu bringen, ...« »Die Mitarbeiter müssen lernen, ...« Sie können für »Mitarbeiter« auch »Gefangene« setzen.

Personalentwicklung bedeutet: Das Persönliche ist das Defizitäre.

Alles übertrieben? Personalentwicklung zielt im Kern des Begriffs, wie auch immer Sie ihn in Ihrem Unternehmen umdeuten mögen, auf Abwertung des Alten und Nivellierung des Besonderen. Ja, es gibt ihn, diesen geheimen Allmachtswunsch – so geheim, dass seine Protagonisten oft nichts davon wissen. Oder wissen wollen. Das werden die vielen Gentechnologen in den Personalabteilungen empört von sich weisen, wie ohnehin viele ihrer Vertreter eigentlich nur an schwerer Inbrunst sterben können. Wir sind hier bei einer Fragestellung, die die Political Correctness berührt und die ohne Blessuren nur mit Ausflüchten zu beantworten ist. Hier mischen sich Gleichheitsideologie, pädagogischer Optimismus und berufsständische Interessen zu einem gärenden Gebräu, das man besser meidet, will man nicht von allen Seiten verdroschen werden. Das Treibmittel dieses Gebräus heißt »Potenzial«.

Jeder wird zum »Supermann«

Das traditionelle Management basiert auf der Vorstellung von menschlichen Defiziten einerseits und Potenzialen andererseits. »Potenzial« verdichtet dabei die alte Beschwörungsformel »Was nicht ist, kann ja noch werden« zu einem zeitgerechten Blähwort. Mit den besten Absichten erzählen daher viele Unternehmen ihren Mitarbeitern, sie könnten die Grenzen durchbrechen, wenn sie nur wollten, jeder habe ein unendliches Potenzial, man könne das Tonnengewicht vermeintlich natürlicher Bestimmung abschütteln, das Gehirn sei nur zu einem Bruchteil (ein? fünf? 15 Prozent?) genutzt, man könne also ... großer Gott, welche Möglichkeiten! Alles ist erreichbar, wenn Sie nur richtig wollen! Halten Sie an Ihren Träumen fest und arbeiten Sie hart! Der Mensch, der Sie täglich glauben zu sein, sind Sie gar nicht wirklich. Nein, Ihr wahres Ich liegt tief in Ihnen verborgen und wird von Angst und Minderwertigkeitsgefühlen verschüttet. Sie können sein, was Sie wollen. *Alle* können sein, was sie wollen. Wir sollten doch gefälligst vom Gehirnbesitzer zum Gehirnbenutzer avancieren. Wäre doch gelacht! Jeder spürt sofort den Supermann in sich wachsen. Wir sollten nur offen sein und bereit, neue Wege zu beschreiten. Jeder sei kreativ, in jedem stecke ein kleiner Daniel Düsentrieb. Alles, was wir tun müssen, um dieses Ziel zu erreichen, so versprechen die Programme, ist, ... (hier können Sie Ihre Wunscheigenschaft einsetzen) zu werden – wie gesagt, wenn man nur richtig wolle.

Sie »schöpfen aus Ihren verborgenen Möglichkeiten«, »entdecken den Giganten in sich«, wenn Sie Dinge tun, die Sie niemals zuvor getan haben. Kaufen Sie ein Persönlichkeitstransplantat, und alles wird gut! Entsprechende Erwartungen werden auch von den Mitarbeitern an Führungskräfte herangetragen. Hieß es früher »Nun motiviere mich mal!«, so heißt es heute »Nun entwickle mich mal!«. Potenziale kann man ja bekanntlich »entfesseln«. Dafür sind Manager zuständig. Sie werden dann auf Führungskongressen zu Entfesselungskünstlern entfesselt. Anschließend entfesseln sie die Potenziale ihrer Mitarbeiter, und die starten dann geschlossen durch, fangen an zu grinsen oder zu zappeln, oder machen – befreit – überhaupt die unglaublichsten Dinge, »entfesselt« eben. Sollte man uns von den Befreiern befreien?

Das alles ist Psychosozialismus durch die Hintertür. Er appelliert an die Angst und den Selbstzweifel der Menschen. Er nutzt die Sehnsucht vieler Menschen, sich selbst und ihr Leben zu »verbessern«. Jemand hat uns gesagt, dass wir defizitär seien, und wir haben es geglaubt. Und die als Aufstiegsversprechen von der Hierarchie geradezu versinnbildlichte Entwicklungsperspektive ruft uns täglich zu: »Noch bist du nicht so weit!« Seitdem versuchen wir, uns zu ändern, besser zu werden oder zumindest besser auszusehen. Die Entwicklungsmythologie träumt seit Jahrzehnten davon, dass wir alle bessere Menschen werden. Ihre Grundbotschaft ist sehr einfach: »Sie wären ein sehr viel besserer Mensch, wenn Sie ein anderer wären.« Klasse. Der ganze riesige Personalentwicklungszirkus geht von ein und derselben Voraussetzung aus: Wenn man Menschen zur Leistung führen will, dann muss man sie die »richtige« Methode lehren, ihre Eigenarten ausbügeln und so den Menschen perfektionieren. Kurz: *Die Einzigartigkeit der Person stört.*

Irritationsfest und therapieresistent

Gewohnheiten ändern, die erst Spinnweben, dann Drahtseile wurden? Einstellungen ändern, die uns Jahrzehnte geleitet haben? Bleiben Sie bei sich selbst und fragen Sie sich: Wann haben Sie sich das letzte Mal geändert? Ich meine nicht, das neueste Computerprogramm gelernt, sondern so richtig in Ihren Einstellungen und Verhaltensweisen geändert? Kaum noch erinnerbar? Auch wenn Sie das noch wissen: Haben

Sie sich geändert, weil andere das wollten? Fragen Sie sich weiter: Wenn Sie ein wettbewerbsorientierter Mensch sind, glauben Sie ernstlich, Sie würden gerne im Team arbeiten? Kann Sie das »mit vereinten Kräften« wirklich überzeugen? Und wenn Sie ein Mensch sind, der Konfrontation nicht mag, glauben Sie, Sie könnten eine auf Konflikt und Auseinandersetzung angelegte Aufgabe wirklich lieben? Könnten Sie sich wirklich wohlfühlen in einem Klima des Taktierens und wechselseitigen Überbietens? Und wenn Sie kontaktscheu sind, die Nähe fremder Menschen eher meiden, werden Sie wohl mit einer Akquisitionsaufgabe glücklich? Könnten Sie den permanenten Kaltstart genießen? Und wenn Sie Routine hassen, werden Sie in ruhigen Abschöpfungsmärkten wohl mit ganzem Herzen dabei sein? Werden Sie die notwendige »Nach-innen«-Orientierung und entsprechendes Kostenbewusstsein entwickeln?

Ich weiß, die Fragen sind suggestiv gestellt. Aber mit dem nüchternen Blick der Selbstehrlichkeit werden Sie wohl an sich selbst erkennen:

> *Menschen ändern sich, wenn überhaupt,*
> *nur sehr langsam und wenig.*

Die Natur hat unserem Veränderungswillen Grenzen gesetzt. »Wachstum braucht Zeit«, schrieb schon Fritz Perls an die Adresse der Veränderungstechnologen, die unter Wachstum nur Anpassung und den Austausch von Konzepten verstanden: »Mindfucker«, wie Perls sie nannte. Ich habe schon mit zahlreichen Leuten gearbeitet, die zuvor in den Mikrowellen-Workshops solcher Besonderheitsabwürger gebrutzelt haben: Nach fünf tiefen Atemzügen fällt das oft teuer erworbene neue Selbstkonzept (»Sei Unternehmer!«) mal lautlos, mal ächzend in sich zusammen, und die alte zeitgehärtete Prägung bricht hervor wie aufgestautes Quellwasser.

Auch wenn alle Personalentwicklungsenergie sich darauf konzentriert, das zu korrigieren, was ein Mensch über Jahre und Jahrzehnte aufgebaut hat: Das Potenzial Ihres Potenzials *kann* gar nicht ausreichen, um Ihr Ich zum Einsturz zu bringen. Wir sind alle Produkte unserer Geschichte. Wir haben alle Dutzende miteinander verwobener Gewohnheiten, die unseren Stil, unsere Individualität, unser So-Sein ausmachen. Auch mit anderen sind wir auf vielfach eingeübte Weise miteinander verwoben. Bekanntlich ritualisieren sich Beziehungen innerhalb weniger Tage zu einem kaum noch auflösbaren Verhaltenspaket. Ein Räderwerk. Würden wir einen Teil unseres Verhaltens – ein Rädchen – ändern, übten die anderen Räder schlagartig immensen Anpassungsdruck aus.

Wir müssen uns hier nicht in die Abgründe der Neurobiologie und Lernphysiologie verirren. Wichtig ist, dass der Fortschritt dieser Wissenschaften derart schnell ist, dass das meiste dessen, was wir über Entwicklung und unser lernendes Gehirn wissen, in den letzten zehn Jahren erforscht wurde. Und viele dieser Ergebnisse sind für die Freunde der Fundamentalmobilisierung, freundlich formuliert, ernüchternd. Die wesentlichen Teile unseres Menschenbildes, die sogenannten anthropologischen Grundannahmen, sind etwa mit dem zwanzigsten Lebensjahr festgezurrt. Unsere mentalen Filter wie Sensibilitäten, traditionsgebundene Prägungen, Wahrnehmungsmuster, Wertorientierungen sind ausgesprochen irritationsfest. Die Beharrungsenergien unserer frühen Erfolgsgeschichten sind sogar weitgehend therapieresistent. Wenn Sie also hören, jemand solle »eine andere Einstellung entwickeln«, dann können Sie ziemlich sicher sein, dass derjenige, der dies fordert, Unmögliches verlangt. In einem Satz: Personalentwicklung geht von überzogen optimistischen Erwartungen aus.

Ein Beispiel: Im Februar 2000 veröffentlichte die Boston Consulting Group die Untersuchung eines Chemieunternehmens, das sich seit vier Jahren zur »Lernenden Organisation« erklärt und viel Zeit und Geld in dieses Thema investiert hatte. Bei einer Befragung der Manager landete der Führungsgrundsatz »Vorbild sein« auf dem ersten Rangplatz, der Grundsatz »Freiräume für Lernen und Veränderung schaffen« jedoch weit abgeschlagen auf dem allerletzten Rangplatz. Wohlgemerkt: nach vier Jahren Änderungsdruck!

Personalentwicklung ist ein Berg aus Manifesten ohne Beweis.
Individualität ist ein Berg aus Beweisen ohne Manifest.

Was also ist das Ergebnis von 30 Jahren Personalentwicklung? Für mich ist das gesamte Projekt der Personalentwicklung mit seinen Milliardeninvestitionen nahezu vollständig gescheitert. Vor die Wahl gestellt, ein Mitarbeitergespräch zu führen oder ein Sachproblem zu lösen, wählen drei von vier Führungskräften das Sachproblem. Und vier von fünf Führungskräften sind meiner Erfahrung nach nicht in der Lage, den Job zu machen, für den sie bezahlt werden: Rahmenbedingungen für hohe Mitarbeiterleistung zu schaffen. Stattdessen überwiegen die macht- und karriereorientierten Selbstoptimierer. Sie verwalten Millionenbudgets, steuern die kompliziertesten Betriebssysteme, sind aber unfähig, ein Mitarbeitergespräch auch nur einigermaßen dialogisch und adressatenbezogen zu führen. Die Führungstrainings sind – da oft »hit'n run« und ohne Transferverknüpfung mit dem Führungsalltag – weitgehend wirkungslos. Was sie erzeugen, ist vorrangig Konformität. Und befördert werden nach wie vor die Macht- oder Fachmenschen. Befördert wird soziale Ähnlichkeit. Das erzeugt hochinzestuöse Meeting-Kulturen, in denen sich der Standard feiert.

Verschwendete Energien

Wie die englische Küche oder die Marktwirtschaft gehört also auch die Personalentwicklung zu jener Sorte von Erscheinungen, die in der Form eines Geheimnisses auftreten: Sie müssen geheim halten, dass sie gar nicht existieren. Wir sollten uns daher von Machbarkeitsfantasien und Omnipotenzexzessen der Personalentwicklung verabschieden. Es ist unsinnig, die Schwächen von Menschen »ausbügeln« zu wollen. Entsprechende Maßnahmen sind schlicht Zeitverschwendung – auch wenn man sie unter »Stärken stärken« verkauft. Die eingesetzte Energie steht in keinem vernünftigen Verhältnis zum erzeugten Ergebnis. All dieser Es-muss-in-dir-brennen-was-du-in-anderen-entzünden-willst-Unfug: Jeder Mitarbeiter eine Glühbirne! Gar nichts wird da leuchten, wenn er nicht schon selber erleuchtet ist. Wenn eine Gehirnstraße, die so genannten Synapsen, in der Kindheit nicht oft genug befahren wurde, dann ist und bleibt sie einspurig. Gab es dort viel Verkehr, hat sie sich zur mehrspurigen Autobahn geweitet. Wenn beispielsweise ein Mensch in jungen Jahren gelernt hat, auf die Gefühle anderer zu reagieren, dann wird »Empathie« in seinem Berufsleben derart ausgeprägt sein, dass er die Gefühle anderer fast als seine eigenen erlebt. Das ist seine mehrspurige Autobahn. Hat er das nicht gelernt, wird er kaum adressatenspezifisch mit den Gefühlen anderer angemessen umgehen können. Nicht weil er böswillig ist. Nicht weil er missgünstig ist. Es ist lediglich bei ihm ein kaum befahrener Waldweg. Ist das nun schlecht? Ist das eine Schwäche? Keineswegs. Es kann in gewissen Situationen sogar ausgesprochen nützlich sein. Es ist schlicht seine Individualität. Es ist seine Persönlichkeit. Es ist das, was ihn einzigartig macht. Menschen haben kein unbegrenztes Potenzial, nicht jeder kann alles und ist für alles geeignet. Es gibt Unterschiede. Und im empirischen Sinne gibt es keine Gleichheit! Der Unterschied ist doch das Wertvolle, nicht das Austauschbare. Es ist daher gar nicht wünschenswert, das zu ändern. Denn Individualität ist eben gerade nicht grenzenlose Formbarkeit. Persönlichkeit hechelt eben nicht hinter Veränderungsidealen her – schon gar nicht, wenn sie fremdgesetzt sind.

> *Es gilt, Frieden mit sich zu machen. Sich selbst anzuerkennen.*

Das Lieblingsspiel vieler Manager und Personaler ist damit zugleich das aussichtsloseste: Menschen ändern zu wollen. Es läuft nach dem absurden Motto: »Sei du so, wie ich dich gerne hätte.« Das tut der andere aber nicht. Menschen sind keine trivialen Maschinen, die sich auf Knopfdruck bewegen. Das System »Mensch« ist zwar durch externe Einflüsse beeinflussbar, aber nicht steuerbar. Der Mensch verändert sich nur, *wenn er selbst es will*. Entwicklung ist nicht ausgeschlossen. Aber es muss ein eigener Weg sein, nicht ein fremdbestimmter, der sich vornehmlich an den Interessen anderer orientiert. Der »one best way« ist immer ineffizient: Er ist – erstens – gegen den Widerstand der individuellen Prägung durchzusetzen. Zweitens schwächt er: Wenn Sie alle Antworten geben, bevor überhaupt gefragt wurde, aktiviert der Mitarbeiter niemals seine eigenen Ressourcen. Drittens: Er tötet die Selbstverantwortung, weil er die Wahlmöglichkeiten verstopft und damit auch keine Verantwortung für das Ergebnis zuweist.

Also sorgen Sie dafür, dass Ihre Personalentwicklung nur mäßig erfolgreich bleibt. Wäre sie erfolgreicher, jagte sie ohnehin unterwerfungsbereite Menschen noch tiefer in die Anpassung. Ließe sich ihr Erfolg nicht mehr dämmen, die Widerständigkeit des Individuums würde aufgelöst und seine Eigenart bliebe als Verbrennungsrückstand übrig. Oder wollen Sie genau das?

Besserungsanstalten

»Die vielen Angebote der Erwachsenenbildung, die ich ewig in meinem Briefkasten finde, beweisen mir, dass ich in einer Spezialadressenkartei für Schulversager stehen muss.« Allen hat das gesagt. Woody, nicht Paul. Dass auf dem Weg in die Wissensgesellschaft die »Ressource Geist« als der wichtigste Rohstoff gilt, ist lange bekannt. Lernen, lebenslang und lebenslänglich, dynamisiert den Einzelnen auf dem Qualification-Highway. So bekämpfen wir das Gespenst einer beschleunigten Verfallszeit des Wissens, die Angst, morgen schon von gestern zu sein. Soweit einverstanden.

Das Konzept des lebenslangen Lernens, so notwendig es auch sein mag, hat aber auch die Möglichkeit der Reife und der Vollständigkeit aufgegeben. Man ist nie »aus«-gebildet, muss sich ständig bemühen, und jede neue Bildungsmaßnahme dementiert, dass man es bereits sei. Mir geht es hier nicht um die Diskussion der Notwendigkeit lebenslangen Lebens. Mir geht es um die Effekte in den Unternehmen. Lernsituationen haben nämlich ein strukturelles Herrschaftsgefälle: zwischen dem Lehrer und dem Schüler, zwischen dem Gelernthaben und Noch-nicht-ausgelernt-Haben. »Unwissende«, hat Reiner Kunze den Opfern der sozialistischen Dauerschulung einst zugerufen, »Unwissende, damit ihr unwissend bleibt, werden wir euch schulen.« Das sah im Osten natürlich anders aus als im Westen. Im Ziel, Menschen auf der Schulbank festzuhalten, sie ewig nachzurüsten und niemals freizusprechen, stehen sie sich jedoch gleich. Und entsprechend kann man beobachten, dass die Topetagen auch hier wieder die Dusche anmachen und die anderen darunter stellen. Hierarchie scheint von Weiterbildung zu entbinden. In den seltensten Fällen lassen Topmanager die Maxime vom lebenslangen Lernen für sich selber gelten und setzen sich neben ihre Mitarbeiter auf den Seminarstuhl. Was sie nicht hindert, lautstark die Vorbildfunktion der Führung einzuklagen.

Hierarchie heißt: »Ich muss nicht lernen.« Durch meine Nicht-Teilnahme demonstriere ich meine exklusive Stellung des »Aus-Gebildet-Seins«. (»Sonst wäre ich ja auch nicht Vorstand geworden, oder?«) Nicht-Teilnahme wird zum Zertifikat des Angekommenseins. Das Personal, das sich da entwickeln soll, ist aus der Sicht der Hierarchie folgerichtig »die anderen«, die noch Unvollständigen. Sie sind »noch nicht«. Sie können *unausgesprochen* als minderfähig definiert werden. Eine feine Sache. Das kann man nur kaschieren, indem man das Thema »dreht«: die Teilnahme an Entwicklungsmaßnahmen als Ehre und/oder Belohnung umdeutet.

Personalentwicklung ist unter hierarchischen Bedingungen illegitim.

Der Auserwählte, der »High Potential«, der für das neue Förderprogramm vorgesehen ist, sieht sich mithin in einer bizarren Lage. Er muss, um künftig für »höhere Aufgaben« in Frage zu kommen, sein aktuelles Ungeeignetsein öffentlich anerkennen, sich als defizitär akzeptieren. Seine Teilnahme ist das selbstsignierte Testat seiner Rückständigkeit. Was immer er tatsächlich leistet: Um aufsteigen zu können, muss er sich zunächst selbst erniedrigen. Denn die Ordination erzwingt das Fegefeuer zur Beknirschung vor dem Urteilsspruch – alles hat seinen Platz im Heilsplan der Personalentwickler. Genau das aber ist die Schraubzwinge, die Charakter bricht und Individualität verbiegt. Ab geht's in die ausgegrenzte Sondersituation des Trainings-»Lagers«, wo es dann den letzten »Feinschliff« gibt. Das Lernen »der anderen« wird zur Herrschaftssicherung. Damit dementiert sich Personalentwicklung selbst. Die Beurteilungssysteme, die häufig »Entwicklungsmaßnahmen« als Reaktion auf vorjährig festgestellte Defizite fixieren, zwingen den Einzelnen in eine Infantilität, in der er sich niemals als souverän erleben kann. Das Unternehmen wird zum Umerziehungsheim, Entwicklung zum Stigma. Ich nehme das schöne Wort von Karlheinz Geissler und vergleiche Personalentwicklung mit »einem Käfig, der sich auf die Suche nach einem Vogel macht«.

Bestraft durch Erfolg

Das Legitimitätsdefizit von Personalentwicklung unter hierarchischen Bedingungen ergibt sich jedoch noch aus einem zweiten Grund. Man weiß seit vielen Jahren, dass die wichtigste Transfervariable für Personalentwicklungsmaßnahmen der unmittelbare Vorgesetzte ist. Der kümmert sich aber in der Regel wenig um den Transfer. Im Gegenteil, er betrachtet entsprechende Aktivitäten nicht selten argwöhnisch oder mit kaum verhohlener Zurückhaltung. Das kann man daran sehen, was er tut. Oder eben nicht tut. Nur wenige Führungskräfte unterstützen Personalentwicklung tatkräftig, kümmern sich um den Transfer des im Seminar Gelernten. Kaum eine Führungskraft fragt: Was haben Sie dort gemacht, und was kann es uns nützen? Wie können wir es in unserer Abteilung zur Geltung bringen? Wie kann ich Sie unterstützen? Daher lauten die entsprechenden Aufrufe: »Die Führungskraft ist der erste Personalentwickler seiner Mitarbeiter!« Man wünscht sich Führungskräfte, die es als ihre Hauptaufgabe sehen, dem Unternehmen »gute Leute« zur Verfügung zu stellen. Man appelliert an ihre Verantwortung für die Zukunft des Unternehmens.

Das ist ehrenhaft, aber naiv. Führungskräften kann nicht wirklich an der Entwicklung ihrer Mitarbeiter gelegen sein. Entwicklung ihrer Mitarbeiter bedroht immer auch ihre Positionsautorität. Zudem erhöht unter hierarchischen Bedingungen der »erstarkte« Mitarbeiter die Konkurrenz um die begehrten oberen Plätze. Und was wäre denn bei gelungener Entwicklung? Der Mitarbeiter hat sich dann für »höhere Aufgaben« empfohlen. Gelungene Personalentwicklung heißt früher oder später: Ich verliere einen guten Mitarbeiter. Führungskräfte sehen sich in einem virulenten Dilemma: Sie sollen Personalentwicklung unterstützen, aber belohnt werden sie für etwas anderes. Die Beurteilungssysteme sprechen einfach eine andere Sprache. Und Führungskräfte werden selten bis nie für die Förderung ihrer Mitarbeiter beurteilt. Sondern für Zahlen. Darf man sich wundern, dass die Führungskräfte sich bei der Personalentwicklung ihrer Mitarbeiter sehr verhalten verhalten? Darf man sich wundern, dass sie sie sogar eher stürzen als stützen? Die Forderung nach der »Führungskraft als Personalentwickler« ist zynisch, mindestens illegitim. Man kann niemanden auffordern, langfristig gegen seine Interessen zu handeln. Es sei denn, man will Führungskräfte mit paradoxen Botschaften unter Druck setzen, um je nach Gelegenheit die eine oder andere Forderung geltend machen zu können – und damit Macht zu sichern. Nur Bösartige sehen das so.

Eine weitere versteckte Wirkung der Personalentwicklung wird deutlich: Personalentwicklung macht aus dem Unternehmen einen Transitraum. Das Jetzt ist das Defizitäre. Erst das Morgen zählt. Personalentwicklung ist die strukturelle Nötigung zur Dauerbeweglichkeit. Schon beim Bewerbungsgespräch werden Karriereerwartungen angesprochen: »Wo wollen Sie denn mal in fünf Jahren sein?« »Auf Ihrem Stuhl, ist doch klar!« Man glaubt, aus den entsprechenden Antworten Erfolgsstreben ableiten zu können. Man könnte daraus – umgekehrt – aber auch fehlendes Commitment oder den Kotau vor dem Beweglichkeitsdiktat ableiten. Unabhängig davon, dass Karriereplanung heute ohnehin Illusion geworden ist, erzeugt eine solche Frage die Tendenz, mit dem, was ist, unzufrieden zu sein, es als transitorischen Zustand des »noch nicht« abzuwerten. Die Gegenwart gilt nichts, man wirft sich unablässig in die Zukunft.

> *Personalentwicklung ist die institutionalisierte Aufforderung zur Dauerunzufriedenheit.*

Ist das nur eine völlig missverstandene Personalentwicklung, die beim Mitarbeiter ein schlechtes Gewissen erzeugt, den Status quo als Rückschritt erlebt? Nein, diese permanente Dynamisierung führt geradezu quasiautomatisch zu Fehlbesetzungen nach einem horizontal gekippten Peter-Prinzip. Es gibt immer noch Leute, die tun wollen, was sie tun. Und das mit ganzem Herzen. Und gar nichts anderes. Mehr noch: Ich rate, niemanden einzustellen, der eigentlich etwas anderes will, als die Aufgabe, auf die er sich beworben hat. Er sieht sie als Strafe.

Strukturelle Schieflagen

Nach einem Vortrag kam der Vorstandsvorsitzende zu mir, schüttelte mir aufrichtig erfreut die Hand, beglückwünschte mich, bedankte sich und fragte nach dem Titel meines Buches, das die wichtigsten der vorgetragenen Gedanken beinhalte. »*Das Prinzip Selbstverantwortung*«, antwortete ich. Er winkte seinen etwas abseits stehenden Vorstandssekretär herbei und bat ihn, ein Exemplar für ihn zu bestellen. »Aber Herr Müller«, antwortete der Sekretär irritiert, »Sie haben doch im letzten Jahr allen Ihren Führungskräften das Buch zuschicken lassen.«

Das vereinbarte Schweigen: Man drischt Phrasen über Selbstverantwortung, Eigeninitiative und Unternehmertum, interessiert sich aber nicht die Bohne für die Bedingungen ihrer Möglichkeit, wirft keinen Blick auf die Strukturen im Unternehmen, die das Geforderte betonhart widerlegen. Es ist wahr: Wir brauchen mehr Selbstverantwortung in den Unternehmen. Diese Aufgabe aber komplett zu individualisieren, sich selbst in die Beobachterecke zurückzuziehen und auf das Ergebnis des Experiments zu warten, ist, wenn nicht lächerlich, dann zynisch.

Ich habe kein Problem, den Einzelnen in die Verantwortung für seine persönliche Entwicklung und Weiterbildung zu setzen. Es ist auch eine Investition in seinen Wert auf dem Arbeitsmarkt und macht zudem das Leben bunt und facettenreich. Eine wohlbegründete Personalentwicklung wird daher vor allem *selbstgewähltes Lernen* ermöglichen müssen. In Zeiten der Ich-Aktie erscheint es zudem mehr als früher zumutbar, Zeit- und Mitteleinsatz des Mitarbeiters für Personalentwicklungsaktivitäten einzufordern. Sogar Sozialgesetzbuch III § 2 macht in erster Linie den Arbeitnehmer selbst verantwortlich für seine Weiterbildung und Arbeitsmarktfähigkeit. Zynisch wird es dann, wenn demotivierende Arbeitsumstände zu Lerndefiziten umgedeutet und dem Einzelnen angelastet werden. Die Verlagerung struktureller Probleme ins Persönliche und ihre Delegation an die individuelle Problembewältigungskompetenz führt nicht selten dazu, dass das - oft wohlgemeinte - Angebot, lernen zu können, organisatorische Schieflagen verdeckt und kommunikative Verlogenheit verschleiert. Wie oben gezeigt, soll sich ja das Personal entwickeln, nicht die Organisation. Die wichtigen Dinge spielen sich aber an den Rändern von Systemen ab, dort, wo die verschiedenen Materialien aufeinandertreffen. Die Personalentwicklung verlagert diese Schnittstelle nach innen, in das Individuum. Vergeblich:

> *Intelligente Menschen haben
> in dummen Organisationen keine Chance.*

Oft wird vom Einzelnen ein Verhalten gefordert, das strukturell gar nicht möglich ist. Beispiel Profitcenter: Der Vorstandsvorsitzende stellt sich vor die Leitenden Angestellten seines Unternehmens, das er zuvor in Profitcenter zerschlagen hat: »Meine Damen und Herren, ich bitte Sie inständig, wie *ein* Unternehmen zusammenzuarbeiten!« Beispiel Motivation: Der gesamte Diskurs über Motivation ist ein Ablenkungsdiskurs. Um die demotivierenden Konsequenzen der Organisation, insbesondere des konformitätserzeugenden Führungssystems ausblenden zu können, diskutiert man ersatzweise individuelle Motivationshaushalte. Beispiel Kundenorientierung: Eine Disziplinierungsleistung wird nach außen verlagert, die sich die Unternehmen aufgrund innerer Schwäche, Mutlosigkeit und Inkonsequenz von innen heraus nicht mehr zutrauen. Beispiel Intrapreneurship: Die strukturelle Unmöglichkeit unternehmerischen Handelns wird in geradezu obszöner Weise dem Einzelnen aufgehalst, und zwar in genau dem Maße, in dem das Unternehmen verregelt wird. Wer hier klar und konsequent denkt und handelt, aktiviert das Immunsystem des Unternehmens, wird in einen Kokon eingesponnen und langsam abgestoßen. Um einen Satz Adornos zu modifizieren: Es gibt kein kluges Leben im dummen. Und es ist wenig gewonnen, wenn ich Fähigkeiten trainiere, deren Einsatz im Arbeitsumfeld niemand will. Wenn die Bedingungen, unter denen die Leistung erbracht werden soll, unverändert sind. Falls Sie wirklich revolutionären Wandel wollen, wirklich etwas bewegen wollen, dann lassen sich diese Veränderungen nur an der Schnittstelle Organisation/Individuum erzielen.

Das im Kontext dieser Schnittstellenproblematik bis zum Überdruss gebrauchte Tätigkeitswort heißt »umsetzen«. Nichts wird mehr »verwirklicht« oder wenigstens »in die Tat umgesetzt«, wie es ursprünglich hieß, sondern es wird nur noch alles Mögliche *umgesetzt*, pausenlos. Das verweist darauf, dass etwas zuerst gleichsam im Labor ausgedacht und dann in das wirkliche Leben überführt wird. Wenn aber etwas klar ist, der Notwendigkeit entspringt, dann brauchen Sie es sich nicht mehr vorzunehmen, dann ist es klar, und Sie tun es *jetzt*. Wenn etwas umgesetzt werden soll, wird es ins Zukünftige und Wirkungslose verschoben. Der Konzepteuphorie folgt daher regelmäßig die Umsetzungsdepression. Umsetzen heißt Beisetzen. Ähnlich der Situation, wenn etwas »verabschiedet« wird. Nüchtern betrachtet, hat man dann davon Abschied genommen, es in doppeltem Wortsinne »erledigt«. Ein institutionalisiertes Schulterzucken, für das anschließend niemand in die Verantwortung geht. Und tschüss! Die Verabschiedungsinflation verweist mithin auf einen hochsymbolischen Erledigungsaktionismus, der alles so lassen will, wie es ist: Das Individuum soll sich den Bedürfnissen der Organisation anpassen.

Völlig absurd wird es, wenn sich ein Unternehmen, geprägt von der berechtigten Furcht, durch die Lernerfolge anderer zum Verlierer zu werden, hochoffiziell zur »Lernenden Organisation« erklärt und entsprechende Seminarprogramme, Heftchen und Leitsätze »verabschiedet«. Nun ist Lernen das, was ein Unternehmen, so es überlebte, immer schon tat. Wenn man das jetzt betonen will, hat das Konsequenzen. Sind Sie bereit dazu? Meist lassen sich konkrete organisatorische Konsequenzen nicht erkennen: Weder wird der Binnenwettbewerb zurückgefahren noch bei der Personalauswahl das Kriterium »Lernfähigkeit« abgetestet, noch beim Einkommen die persönliche Leistungssteigerung berücksichtigt, die sich an den individuellen Möglichkeiten orientiert. Und wie reagieren Führungskräfte auf wichtige, emotionell fordernde Ereignisse und Krisen der Organisation, etwa bei Fehlern? Welche Verhaltensweisen werden im Unternehmen berücksichtigt, gemessen, kontrolliert? Was hat Konsequenzen? Dass jemand gelernt hat? Oder gute Zahlen gebracht hat? Wer aus einem Unternehmen eine Lernende Organisation machen will, muss das Gehaltssystem neu gestalten. Er muss das Gehalt nicht mehr an die Position binden, sondern an die Kenntnisse des Mitarbeiters. Gehaltserhöhungen werden dann an die nachhaltige Aneignung von Fähigkeiten gebunden, die für den Erfolg der Organisation unverzichtbar sind. Ach, das alles wollen Sie nicht? Dann ist das mit der Lernenden Organisation auch nicht so wichtig.

Den Gesinnungsethikern in der Personalentwicklung mangelt es an denkerischer Konsequenz. Sie verlassen nicht wirklich den Zauberkreis der Organisation. Sie arbeiten *im* System. Nicht *am* System. Wenn Ihnen aber die Lernende Organisation wichtig ist, dann ist ein Preis fällig. Dann müssen Sie die Organisation ändern. Und das kann nur heißen:

> *Keine Personalentwicklung ohne Organisationsentwicklung!*

Personalentwicklung als Entlastungsventil

Ich wende mich gegen die Trennung eines »Begriffs« vom Menschen von seiner wirklichen Existenz. Die Wirklichkeit des einzelnen Menschen wird erst dadurch defizitär, dass ihr die Personalentwicklung ein Ideal gegenüberstellt. Das Defizit wird aus der Differenz zu einem organisatorischen Anspruch erst beschreibbar. Aber die Menschen sind, wie sie sind. Wir können nur das einsetzen, was Menschen in die Unternehmen mitbringen. Jean Baudrillards Beschwörung des anderen als Schicksal, statt des gefällig-willfährigen Gestaltungsobjekts. Der in sich ruhende Mensch, der sich seiner selbst bewusst ist und erlebbar zu sich selbst steht, so wie er ist. Nur der ist glaubwürdig. Versuchen wir nicht, abzutragen, wozu die Natur Jahrzehnte gebraucht hat, es aufzubauen. Bauen wir auf das, was der Mensch ist; versuchen wir nicht, zu verbessern, was er nicht ist.

> *Beziehungen funktionieren zwischen Menschen, so wie sie sind, nicht wie sie sein sollen.*

Wenn Sie sich diesem Gedanken anschließen können, dann wird Ihnen auch eine weitere gedankliche Konsequenz nicht fernliegen. Der entwürdigende Zurichtigungsaktionismus resultiert nämlich letztlich aus dem Tabu der Trennung: uns wählen und auch abwählen zu können; aus den Hürden, die Ihnen die organisierte Moral in den Weg stellt, wenn Sie den eigenen Weg auch *ohne* den anderen gehen wollen. Weil man sich nicht trennt oder trennen kann, müssen Menschen neu geprägt werden. Das ist es, zur Kenntlichkeit entstellt: Personalentwicklung als Entlastungsventil für strukturelle Unfreiheit.

Ignatz Bubis erzählte gerne folgende Geschichte: Ein junger Jude will Synagogendiener werden, wird aber abgelehnt, weil er Analphabet ist. Man macht ihm Lernangebote, aber er verweigert sich. Er wandert aus und wird in Amerika Millionär. Später wurde er einmal gefragt, was aus ihm geworden wäre, wenn er auch lesen und schreiben gelernt hätte. Er antwortete: »Synagogendiener!«

TEAM-DREAMS, DREAM-TEAMS
oder wie man Kreativität verhindert

*Die Unterschiede bei Übereinstimmungen zu sehen
ist intelligenter als die Gleichheit unter Verschiedenheiten.*
Jean Guitton

Team-Inflation

Betrachten wir ein typisches Team-Meeting, egal, ob Brainstorming, Projektsitzung oder Planungssession. Etwa zwölf Menschen sitzen in einem hellen, kalt blaustichig erleuchteten Raum um einen Tisch – rechteckig meistens. Der Leiter sitzt am Kopfende oder ist spürbar das verörtlichte Aufmerksamkeitszentrum. Ein Flip-Chart steht in der Ecke, die Agenda ist darauf geschrieben, Statistiken hängen an den Wänden, vielleicht ein Overhead-Projektor mit Transparentfolien und Stiften, zwei, drei Pinnwände und ein Moderationskoffer stehen bereit. Die Menschen reden. Reden wechselweise. Die Augen der Anwesenden richten sich auf jeden neuen Sprecher, tasten ihn ab, beschäftigen sich mit seiner Rhetorik, seiner Körpersprache. Gibt es da versteckte Botschaften? Was meint er wirklich? Was sind seine wahren Interessen? Jemand fragt nach. Der Sprecher antwortet ihm direkt. Vielleicht mischt eine dritte Person sich ein mit einem Kommentar, gar einer Kritik. Alle Gesprächsformen kommen zur Geltung: Dialog, Diskussion, Debatte. Auch kleine, nicht ganz ernst gemeinte Spiele verbalen Hin und Hers. Manchmal bezieht man sich aufeinander, manchmal nicht. Zwei aus der Gruppe führen – mehr oder weniger beharrlich – Seitengespräche. Einige sitzen zurückgelehnt, eher gelangweilt, andere vorgebeugt, suchen Aufmerksamkeit auf sich zu lenken. Gelegentlich tritt jemand ans Flip-Chart oder schreibt etwas auf eine Folie. Der intellektuellen Primadonna geht das alles erkennbar viel zu langsam. Ein großes Ego versucht das Meeting zu dominieren. Zwei Leute sagen überhaupt nichts oder beschränken ihren Beitrag auf Fragen oder Klagen. Platitüden, Klischees oder Management-Buzzwords beherrschen das

Gespräch. Es ist zwar schon alles gesagt, aber noch nicht von allen. Manchmal schauen Leute auf den Teamleiter: Wie reagiert er? Wohin wird er tendieren? Meistens aber schauen die Leute auf den wichtigsten Meeting-Teilnehmer: die Uhr. Meetings sind immer Meetings gegen die Zeit. Einige müssen zur nächsten Teamsitzung, einige zurück »zu ihrer Arbeit«, einige erfinden Ausreden, um endlich gehen zu können. Das ist die Sozialform, in der die meisten Manager mindestens die Hälfe ihrer Arbeitszeit verbringen.

»Team« ist in der Welt des Management ein nahezu sakrosankter Begriff mit immunisierender Aura: positiv, populär, produktiv. Er trägt eine Vorentscheidung für etwas Angenehmes und moralisch Hochstehendes in sich. Als solcher ist er umweht vom antielitären Gemeinschaftsdenken der Spät-68er und liegt sensibel im Minenfeld der Political Correctness. Mich erinnert er immer an einen Propaganda-Film aus der DDR der frühen fünfziger Jahre, in dem ein Denkstein enthüllt wurde. Auf dem stand, wahrlich in Erz gemeißelt: »Vom Ich zum Wir.« Dazu erklang nach der Melodie von »Es klappert die Mühle am rauschenden Bach ...« der Text: »So bürgert bei uns die Erkenntnis sich ein: Zusammen erreicht man viel mehr als allein!«

Times gone by? Mitnichten. Ein Gespenst geht um in der Managementwelt, ein Geist, der viele Unternehmen in Atem hält: der »Teamgeist«. Wir erleben geradezu eine Team-Inflation: Chefs nennen ihre Mitarbeiter »mein Team« (heißt etwa: »Seid fleißig und zankt euch nicht!«), ohne sich natürlich selbst als Teammitglieder gleichzuordnen. Viele kleine und mittelständische Unternehmen haben dem Firmennamen das »-Team« angehängt, um das Zeitgemäße zu betonen. Keine Stellenanzeige, in der nicht »Teamfähigkeit« als unabdingbare Einstellungsvoraussetzung ausgelobt wird: »... suchen wir für unser junges Team ...« Bewerberhandbücher empfehlen, im Vorstellungsgespräch unbedingt den Mannschaftssportler herauszukehren. Die Staufenbiel-Studie 1999, in der 177 Unternehmen befragt wurden, welche Eigenschaften die Einstellungschancen junger Hochschulabgänger verbesserten, nennt »Teamfähigkeit« als unangefochtenen Spitzenreiter; weit vor »Mobilität«, »Einsatzbereitschaft« und – hört! hört! – »unternehmerischem Denken«. Heerscharen von Führungskräften, die Jahrzehnte auf der Basis ihrer Fachkompetenz einen guten Job gemacht haben, tragen nun im Zeichen der Teamarbeit ein Minus vor der Klammer. Sind sie plötzlich schlechter geworden? Bringen Sie keine Ergebnisse mehr? Keineswegs. Aber es fehle ihnen an Teamgeist.

Das hat natürlich zeitgemäße Gründe. Alles, so wird gesagt, ist komplexer geworden. Kaum ist das Wort gefallen, erfolgt eine instinktive Reaktion: Die Komplexität wird in Teile aufgebrochen, an Teams delegiert und die Ergebnisse dann wieder vom Manager zusammengefügt. Von den Business-School-Programmen wird das etwa so begründet (bringen wir den schwierigen Satz hinter uns!): Die Komplexität des problembewältigenden Systems muss größer sein als die Komplexität des zu bewältigenden Problems. Übersetzt etwa: Die Problemlösungskompetenz eines Unternehmens muss größer sein als die Fragestellung am Markt, damit diese als Chance überhaupt wahrgenommen wird und sich nutzen lässt. Negativ gewendet: Wenn im Unternehmen nur einer denkt und alle anderen handeln, ist das Unternehmen unterkomplex und »übersieht« gleichsam die sich ergebenden Marktmöglichkeiten. Die Lösung: Wir müssen auch im Unternehmen komplexer werden. Wir müssen das ganze Potenzial unserer Mitarbeiter nutzen. *Alle* müssen denken. Und sie müssen *gemeinsam* denken. Deshalb ist das *Meeting* das bevorzugte Organisationsritual.

Kaum ein Managementkonzept ist daher hoffnungsschimmernder als die Teamidee. Team? Toll! Entsprechend wird die Einführung von fach-, funktions- und abteilungsübergreifenden Arbeitsgruppen (darauf will ich den Team-Begriff im Folgenden eingrenzen) mit hohen Erwartungen befrachtet: Kreativität, Motivationsgewinne und in der Folge Produktivitätsgewinne erhofft man sich. Und ist vielfach enttäuscht, wenn das versprochene Allheilmittel allerlei Risiken und Nebenwirkungen aufweist, bei denen der Arzt oder Apotheker (sprich: Berater) auch nur mit der Schulter zuckt und auf die Unreife der Menschen verweist. Wie wär's vorher mit einem obligaten unternehmensübergreifenden »Teamrollenpräferenztest«?

Unklar, unlogisch, unmöglich

In einem Bewerbungsinterview wird der aussichtsreiche Kandidat für die Position eines Projektmanagers gefragt, ob er ein »Teamplayer« sei. »Ja«, antwortet er, »Team-Chef.« Lachen im Raum. Aber es ist ein ironisches, ein wissendes Lachen, ein Lachen, das das offiziell Ausgeschlossene wieder hereinholt, dem Tabu zu seinem Recht verhilft. Denn jeder der Anwesenden weiß, was sich unter dem Etikett »Teamplayer« in den meisten Unternehmen abspielt. Die Teamidee ist gespickt mit Paradoxien und Schieflagen, die, wenn man sie ignoriert, letztlich dazu führen, dass die für gewisse Aufgaben zweifellos nützliche Organisationsform gänzlich in Misskredit gerät. Spreche ich es aus:

> *Die Teamform ist schlicht unlogisch.*

Die Entscheidungsordnung der meisten Unternehmen ist hierarchisch ausgerichtet. Das Team liegt damit quer zur Hierarchie, da die hierarchischen Funktionssilos im Regelfall ja erhalten bleiben. Das führt quasiautomatisch zu Schieflagen. Wie eingangs dieses Buches gesagt – die Menschen sind immer die richtigen; die Organisationen sind die falschen. Schauen wir einigen dieser Paradoxien offen ins Gesicht.

Wir verlassen hier die unternehmenskulturelle Wohlanständigkeit und betreten die Tabuzone der Denkverbote, was von den institutionalisierten Gemeinschaftsmenschen mit Schreibverboten nicht unter fünf Jahren geahndet wird.

Unklare Gruppengrenzen: Systeme definieren sich über Grenzen, die sie mit der Restorganisation zugleich trennen wie verbinden. Diese Grenzen sind bei Teams selten klar definiert. Denn Teamarbeit – wirklich ernst genommen – ist immer auch destruktiv: Sie zielt auf eine neue Struktur. So haben Teams alle zum Gegner, die aus der alten Struktur ihre Vorteile zogen. Vor allem in alt-hierarchischen Strukturen mit traditionell autoritären Managementprinzipien wird reflexhaft das Immunsystem aktiviert. Nicht selten reden die betroffenen Linienvorgesetzten nach Belieben rein oder lassen hierarchische Interessen über Stellvertreter in die Gruppenprozesse hineintragen. Massive Loyalitätskonflikte sind die Folge. Stundenlang wird über der Frage gebrütet: »Trägt dieser oder jener Hierarch die Teamentscheidung auch mit?« Das Ergebnis: »Team without Steam.« Auch die Gruppengröße wird durch politische Rücksichtnahmen oft weit über das sachlich Zuträgliche hinaus aufgebläht. Hat man vergessen, dass viele Köche den Brei verderben? Ein Team mit mehr als fünf Mitgliedern kann unmöglich effizient arbeiten.

Unklare Zuständigkeiten: Soll das Team lediglich Material sammeln, hat es ein Vorschlagsrecht, eine »Entscheidungs«-Aufgabe? Nicht einmal Ressourcen sind immer klar abgegrenzt und die zur Verfügung stehende Zeit befristet. Nicht selten ist die Gruppe mit der Definition ihrer Aufgabe so beschäftigt, dass ihr für die Aufgabe selbst kaum mehr Zeit bleibt. Manchmal kann ich mich des Eindrucks nicht erwehren, dass man Gruppen das Gefühl weitreichender Entscheidungskompetenz vermittelt, es dann aber doch nicht so gemeint hat, wenn das Arbeitsergebnis den Erwartungen der Top Shots nicht entspricht. Um den Mythos der Teamidee aufrechtzuerhalten und die Ergebnisse des Projektteams nicht abzuwerten, wird die Situation abgewertet: Dann muss der falsche Zeitpunkt die Rolle des bösen Buben spielen.

Teammitglieder sind Konkurrenten: Vertrauen ist die entscheidende Ressource, sich auf Kooperation überhaupt einzulassen. Dieses Vertrauen wird bei Teamarbeit stillschweigend unterstellt. Die Knappheit der Güter und die Überschüssigkeit der Bedürfnisse machen aber die Individuen, selbst bei besten Absichten, wechselseitig zu Konkurrenten. Und je höher angesiedelt, um so mehr konkurrieren die Teammitglieder. Sie alle befinden sich im Wettbewerb um ein knappes Gut: Positionen, die der hierarchische Flaschenhals für die Sieger bereithält. Das Teammitglied ist da Mittel zum Zweck, notwendiges Übel. Es wird nur gebraucht, wenn es dem persönlichen Vorteil nutzt. Um es zu pointieren:

> *Unter kompetitiven Bedingungen ist das einzige, was mich an meinem Teampartner wirklich interessiert, sein Versagen.*

Das muss ich nicht böswillig beabsichtigen, der andere kann mir persönlich höchst sympathisch sein. Aber die Hierarchiepyramide nötigt mich geradezu, den Unterscheidungswettkampf zu gewinnen und mindestens besser auszusehen als mein Teampartner. Die Doppelbotschaft lautet: »Sei kooperativ! – Aber optimiere deine Selbstdarstellung, schließlich muss man dich ja auch beurteilen!« Innerhalb hochkompetitiver Funktionssilos in den Unternehmen ist deshalb die Aufforderung, Vertrauen in Teams zu entwickeln, obszön. Unter Stress – Beurteilung ist Stress, Dauerbeurteilung ist Dauerstress – kommt es in manchen Gruppen zu regelrechten Sprüngen: Sie springen vom horizontalen Beziehungsmuster in ein vertikales zurück.

Teamwork ist deshalb unter Wettbewerbsbedingungen schwierig, und wirklich erfolgreiche Teams sind äußerst selten. Am seltensten an der Unternehmensspitze. Da heißen sie bloß so. Da sitzen im Regelfall Menschen, die ihre Karriere ihrer Teamfähigkeit gerade *nicht* verdanken – aber andere zur Teamarbeit auffordern. Und nur zu häufig ist ein massiver Loyalitätsbruch mit den Überlebensinteressen des Unternehmens zu beobachten, dann nämlich, wenn im Kopf eines der Beteiligten der Gedanke nistet: »Es wäre besser, du wärst gar nicht da.«

Teamarbeit ist kommunikativ hochanspruchsvoll: Autorität besteht zu wesentlichen Teilen in der Möglichkeit, eine Entscheidung nicht rechtfertigen zu müssen. Das leistet normalerweise die Hierarchie. Im Team ist aber keine hierarchische Position gefragt, sondern eine inhaltliche. Die Produktivität eines Teams resultiert deshalb aus der Kontroverse. Unterschiedliche Erfahrungen, Perspektiven und Interessen stoßen dabei aufeinander und schließen sich zum Teil wechselseitig aus. Zudem sollten die Teammitglieder vor der gemeinsamen Arbeit keine festen Vorstellungen vom Ergebnis der Teamarbeit haben.

Teammitglieder müssen deshalb »passen«. Sie müssen kommunikativ kopplungsfähig sein, andererseits so »anders«, dass sie einen Unterschied machen, also den Gruppenprozess vorantreiben, verändern, ins Driften bringen. Ein Balanceproblem. Teams erzielen dabei selten sofort hohe Leistungen. Sie brauchen Zeit, bis sie produktiv werden. Ein Team besteht aus Einzelnen, und die arbeiten und denken nun einmal unterschiedlich. Erst muss ein Team die daraus entstehenden Konflikte bewältigen. Das beinhaltet ein aufrichtiges Interesse, sich eine adäquate Vorstellung von der Perspektive des anderen zu bilden, sich davon auch berühren zu lassen, also zuzulassen, dass die Sicht des anderen auch eine Wirkung in einem selbst hat, statt das Gesagte nur rein kognitiv zur Kenntnis zu nehmen. Die wenigsten aber haben gelernt, die Perspektive des anderen als Bereicherung wertzuschätzen. Das Resultat sind häufig Rechthaberorgien, die auf das Überbieten des anderen hinauslaufen und Gewinner-Verlierer-Situationen schaffen. Der Teampartner wird dabei als Gegner erlebt. Es findet kein Dialog statt, sondern Debatte und Diskussion. Und das heißt: sich durchsetzen und Verlierer produzieren. Wenn dann noch jedes Mitglied ein Vetorecht hat, dann ist die Paralyse vorprogrammiert, dann ist ein weiteres Kapitel in der »Entdeckung der Langsamkeit« geschrieben.

> *Teamarbeit ist immer Identitätsverlust des Einzelnen.*

Eine Gruppe gewinnt in dem Maße an Autorität, wie der Einzelne an Autorität verliert. Teamarbeit hat also immer auch etwas individuell Zerstörerisches. Jedes Teammitglied muss bereit sein, seine Ideen im Gruppenprozess beizusteuern, eine gemeinsame Lösung zu finden, sich im Gespräch auf einen Erkenntnisprozess einzulassen. Der Sinn dieses Prozesses besteht also darin, diese Ideen zu überwinden, bis zur Unkenntlichkeit zu entstellen, aber sie dadurch auf eine höhere Stufe zu heben. Eben jene Dialektik, die im Hegelschen Sinne die Ideen dreifach »auf-hebt«: einbezieht und damit bewahrt; aufsaugt und damit zerstört; auf eine höhere qualitative Stufe stellt und damit veredelt. Können wir damit umgehen? Was ich erlebe: Selbst-Kastration, um teamfähig zu sein. Oder Durchsetzungsakrobatik, die der ursprünglichen Teamidee hohnlacht. Und nicht jeder eignet sich zum Teamplayer. Deshalb sollte Teamarbeit auch nicht unternehmenskulturell »verordnet« werden. Sie bietet sich für ganz bestimmte Aufgaben in ganz bestimmten Situationen an, und nur jene sollten teilnehmen, die im Team arbeiten können und wollen.

Überdisziplinierung: Jeder kennt das: Es ist spät geworden, der Tag war anstrengend, die Teamsitzung geht in die x-te Stunde, alle wollen nur noch eines: nach Hause. Der Entscheidungsdruck wächst. Nicht nur in solch zugespitzten Situationen wird oft der erstbeste Gleichgewichtszustand, dem alle zustimmen, angenommen. Endlich! Geschafft!

Am nächsten Morgen erlaubt man sich als Einzelner leichter, das Ergebnis noch einmal in Frage zu stellen, vielleicht sogar mit methodischem Selbstzweifel das Ergebnis aus frischer Perspektive zu betrachten. Aber die Disziplinierungskräfte der Gruppe sind enorm; sie werden verinnerlicht und wirken als Selbstzügelung wie eine interne Zensur: »Bloß nicht mehr dran rühren!« Eine solche Überdisziplinierung kann wichtige Weiterentwicklungen oder sogar Fehlervermeidung verhindern. Robert Musil schrieb einst: »Mittelmäßigkeit ist das, worauf ein Kongress von Genies sich einigen kann.«

Entantwortung: Einer der ärgsten Feinde der Menschen ist der auf Denkfaulheit und Ruhebedürfnis beruhende Drang zum Kollektiv. Im Witz und in der ironischen Drehung bricht sich das konkrete Erleben Bahn, das, was die offzielle Deutungshoheit ausblenden will: TEAM wird übersetzt als »Täglich Einen Anderen Mobben« oder »Toll Ein Anderer Macht's«. Die letzte Wendung verweist darauf, dass Teams oft Aufgaben-Verteilungs-Karussels sind. Dabei besteht die Gefahr struktureller Verantwortungsdiffusion, in der echte Urheberschaft in einer Magellanschen Wolke breiter Zuständigkeitsstreuung verschwindet. Schon im Schulchor konnten wir ja jahrelang mitsingen, ohne je einen einzigen Ton herausgebracht zu haben; es reichte, die Lippen zu bewegen. Mitunter haben diese Dream-Teams kafkaeske Züge: Trittbrettfahrer, die keine einzige Idee beisteuern; Protokollführer, die wenigstens nicht stören; Miesmacher, die in jeder Suppe ein Haar finden (und wenn es ihr eigenes ist); Besserwisser, die es eigentlich unter ihrer Würde finden, sich mit soviel Mittelstrukturierten herumschlagen zu müssen; Moderatoren, die immer nur nach dem kleinsten gemeinsamen Nenner schielen. Oft gibt es nicht einmal einen Gesamtverantwortlichen, der die Gruppe nach außen vertritt und abschirmt.

Doppelzüngigkeit: Oft werden in Unternehmen mit allen möglichen Parolen bestimmte Verhaltensweisen (Kundenorientierung, internes Unternehmertum etc.) oberflächlich gefördert, aber die strukturgebenden Hard Facts sprechen eine völlig andere Sprache. So auch bei der Teamarbeit. »Sei teamfähig!«, heißt es auf der einen Seite – aber »Belohnt wird nur deine individuelle Leistung!« Die Entgeltsysteme sind nach wie vor streng an der Einzelleistung ausgerichtet. Oder haben

Sie schon mal gehört, dass ein Team befördert worden wäre? Ein verwirrendes, ein destruktives Muster. Da Menschen sich tendenziell an dem orientieren, was sich auf ihre Brieftasche auswirkt, kann man sich ausrechnen, wohin diese Doppelzüngigkeit führt: Man muss konkurrieren, ohne konkurrent zu *scheinen*. Ähnlich dem Vorstand, der zur Eröffnung einer Führungskräftetagung vom Team redet, und nach seinem Vortrag zu »wichtigeren« Dingen verschwindet. Routinierte Als-ob-Politik: Mit seinem Handeln entleert er das Ideal, das er im Munde führt.

Teamfähig oder denkfähig?

Hierarchie ist hochleistungsfähig, wenn eine Aufgabe gleichsam »blind« und routiniert erledigt werden soll. Aber sie versagt, wenn es darum geht, die Augen aufzumachen. Sie liefert zu viele Gründe, nicht hinzusehen. Insofern stellt sich nachdrücklich die Frage nach der Leistungsfähigkeit der Hierarchie für die Gegenwartsprobleme. Aber ist das Team eine Idee, um die herum wir unsere Organisationen bauen sollten? Ist Team die richtige Metapher? Leistet sie wenigstens der Theorie nach Verständigung über das, was ansteht? Je einfacher die Aufgabe, desto erfolgswahrscheinlicher ist das Team im Vergleich mit dem Einzelnen. Liegen aber da unsere Probleme? Sind das die Herausforderungen, die wir lösen müssen? Doch wohl kaum. Und wenn Sie Teamarbeit wollen, müssen Sie Ihr Bezahlungssystem radikal umbauen: von der individuellen zur gemeinschaftlichen Leistung. Warum zögern die Unternehmen, das zu tun? Weil sie es insgeheim besser wissen? Weil sie dem ganzen Teamgerede letztlich doch nicht trauen? Und darf man diese Fragen uneingeschränkt und repressionsfrei stellen, ohne dass der psychiatrische Bereitschaftsdienst vorfährt?

In dem Film *Die Unbestechlichen* hält Al Capone seinen um einen runden Tisch versammelten Gangsterkollegen einen Vortrag über Teamgeist, ohne den weder der Einzelne noch das Ganze gedeihen könne. Jedesmal, wenn das Wort »Team« fällt, murmelt die Runde, jawohl, das Team, das Team ist alles, jawohl. Dann erklärt Capone, was jenem blühe, der sich dem Teamgeist versage, nimmt plötzlich einen Baseballschläger hervor und erschlägt den Gangster, der vor ihm sitzt. Und willst du nicht mein Bruder sein, dann ... In den Unternehmen werden

Wahrheiten nur so lange ausgesprochen, wie sie niemandem wehtun. Wehe, einer spuckt den Kalk aus, den er jahrelang gefressen hat. Dann beschwören alle den »Teamgeist«. Unter dessen Harmoniediktat läuft eine Konfliktvermeidung, die Klarheit tabuisiert, unendliche Energien bindet und Chancen für Neuanpassungen verhindert.

> *Nicht die Leichen im Keller sind das Problem.*
> *Sondern dass alle so tun, als gäbe es keine.*

»Sind Sie teamfähig?« Das ist daher keine Frage, die um Wertsteigerung für Kunden herum gebaut ist. Sie soll die Unsicherheit von Managern verbergen, die sich der Loyalität ihrer Mitarbeiter unsicher sind. Appelle sind darin verborgen: Füge dich ein! Keine Starallüren! Keine Mucken! Keine Bedrohung der Positionsautorität des Chefs! – eben »teamfähig«. Was ist das Gegenteil von »teamfähig«? – Autistisch? Streitsüchtig? Durchsetzungsfähig? Eine Worthülse, die nivellieren soll. Nicht selten ist Team schlicht eine *sedierende Beschwichtigungsformel* für fehlende Aufstiegsmöglichkeiten in Zeiten flacher Hierachien. Erwartungsbremsen für Ehrgeizlinge. Wir wissen aus dem Headhuntinggeschäft, dass gute Leute mit ausgeprägtem Unternehmerprofil für zusammengewürfelte internationale Teams nicht zu haben sind.

Teams sind – unter hierarchischen Bedingungen! – Fiktionen, verbale Übereinkünfte, Synonym für nette Arbeitsatmosphäre, Integrationsfähigkeit, moderne Unternehmenskultur, Kameradschaft, Harmonie, Konfliktfreiheit. Team ist damit mehr eine *politische Vokabel* als eine wertschaffende Organisationsform. Oft entspringt der Teamgedanke nicht sachlicher Notwendigkeit, sondern machtpolitischem Kalkül. Oder es ist reine Mechanik, weil »wir machen jetzt auf Team«. Aber keine sinnvolle Idee, wie Menschen in den Unternehmen zusammenarbeiten sollten. Schlimmer noch: das Teamgeraune ermöglicht es den Unternehmen, sich über die Art ihrer Kooperation selbst zu belügen. Es vernebelt die Herausforderungen, der sich die Unternehmen stellen müssen. Eine Alibiveranstaltung, die der hierarchischen Maske modernistisches Rouge auflegt.

Kreative Individualität

Nehmen wir als Beispiel für eine solche Herausforderung das Thema »Kreativität«: Gibt es sie plötzlich nur noch im Plural? Müssen wir uns verabschieden vom mythisch überfrachteten Schöpfergenie? Zyniker definieren ein Kamel als ein Pferd, das von einem Team entworfen wurde. Natürlich, es gab und gibt diese genialen Teams, oft Duos: John Lennon mit Paul McCartney, Mick Jagger mit Keith Richards, Jean-Paul Sartre mit Simone de Beauvoir, Ezra Pound mit T. S. Eliot, Van Gogh mit Paul Gauguin, Georges Braque mit Pablo Picasso, Steve Jobs mit Steve Wozniak, Bill Gates mit Paul Allen. Aber waren das Teams in dem Sinne, wie wir sie in den Unternehmen finden? Nein, das waren hochindividualisierte Einzelne, die ihre ganz unterschiedlichen Talente für ganz bestimmte Fragestellungen situativ zusammenlegten, aber doch die wesentlichen kreativen Prozesse allein vorantrieben. Nach der Brainstorming-These kommen Individuen dann auf bessere Ideen, wenn sie im Team zusammen und nicht alleine denken. Aber die Fülle des psychologischen und soziologischen Forschungsmaterials legt eher die Tendenz zur wechselseitigen Bestätigung des Weltbildes nahe. Mehr noch: Schon aus Gründen der Selbsterhaltung sorgt das Team für Konformität. Abweichler werden abgestraft. Dadurch tendiert alles zur Mitte.

Die Gruppe kollektiviert immer Schwäche, niemals Stärke.

Die Begeisterung des Einzelnen, die Geistesblitze der Spitzenleister, das radikale Denken, reizvolle Extrempositionen, im Wortsinne »anstößige« Vorschläge landen domestiziert im lauwarmen Einerseits-Andererseits. Hier spitzt sich nichts zu, nichts gewinnt an Schärfe, alles schwächt sich ab zur Konsensfähigkeit. Keine Spur mehr von der »Zusammenrottung subversiver Elemente« früherer Zeiten. Und je größer die Gruppe, desto höher der Prozessverlust. Keine Frage, manches Verwickelte wird klarer, manches Potenzielle wird aktuell, manche Idee wird losgetreten, wenn man anderen bei der Entwicklung ihrer Ideen lauscht. Aber es ist in der Regel doch eher der Abstand zum Kollektiv, die Abwesenheit der Tribüne und die Entlastung vom Gruppendruck, die dazu ermutigt, dasselbe zu sehen wie alle anderen, aber etwas anderes dabei zu denken, sprich: kreativ zu sein. Große Leistungen – auch unternehmerische Spitzenleistungen – verdanken wir im Regelfall kreativen Einzelnen.

Das, was wir Team nennen, das ist der Kriegsruf der alten Masse, die Unterwerfung der Begabten unter die Mittelmäßigen. Alles vermischt sich, verliert seine Kontur. Genies mühen sich mit Leistungsschwachen ab, Alte mit Jungen, Familienväter, die keine Nachtschichten machen wollen, mit Singles, die kein Zuhause haben, hasenfüßige Chefs schlüpfen hinter das Schutzschild »Teamarbeit« und stehlen sich aus der Verantwortung. Die Folge: endlose Konsensdiskussionen, Leistungseinbrüche, Paralyse. Nichts geht mehr voran. Unter dem Deckmantel des Teams erkämpfen die Minderbegabten ihre Gleichheit mit den Hochbegabten. Jemand, der nicht den Konsens um jeden Preis will, der Impulse geben, Initiative ergreifen, ungeduldig verändern will, stört die pseudoharmonische Kuschelecke. Der macht, wie man so sagt, den Akkord kaputt. Noch niemals ist ein großartiges Gemälde von einem Komitee gemalt worden. Auch die so beliebten Visionen sind – wenn sie auch nur annähernd kraftvoll sein sollen – niemals das Ergebnis eines Teamprozesses. Ein Komponistenteam erschafft vielleicht neun Symphonien, niemals eine »Neunte Symphonie«. Und haben Sie schon mal etwas von »Alexander dem Teamorientierten« gehört?

Große Taten im kleinsten gemeinsamen Nenner?

Mein Hauptargument richtet sich also gegen die Behauptung, Teams seien kreativer als Einzelne, eine Behauptung, die auch nicht dadurch beweiskräftiger wird, dass sie fortwährend wiederholt wird. Nach einer Kienbaum-Studie steckt in über 90 Prozent erfolgreicher Entwicklungsprozesse ein »Champion«, ein Mitarbeiter, der mit enormer Leidenschaft »seine« Innovation vorantreibt. Immer wieder sucht er sich Gesprächspartner, mit denen er seine Ideen diskutiert, immer wieder sucht er den anderen, um ihn als Spiegel zu benutzen. Der andere – das ist das Gegenstück zum kreativen Alleingang des Einzelnen – ohne ihn ersetzen zu können. Aber der schöpferische Impuls kommt vom Individuum, weil seine kombinatorische Energie nicht durch die sozialen Irritationen des gruppendynamischen Prozesses abgelenkt und gebunden wird. Nein, der kleinste gemeinsame Nenner kann nicht der kreativen Weisheit letzter Schluss sein. Das wäre eine zu dürftige Arithmetik.

> *Wenn Sie Kreativität im Unternehmen wollen, dann müssen Sie den Rechtfertigungsdruck reduzieren – und nicht Teams installieren.*

Es gibt nur wenige Situationen, in denen ein Team die geeignete Organisationslösung ist. Die Überlebensfähigkeit des Unternehmens hängt davon ab, wie externe Informationen wahrgenommen und analysiert werden. Diese sensiblen Sensoren sind immer Einzelne, niemals Teams. Zunächst sollten wir daher die hohen Erwartungen an einen schwachen Begriff mildern. Denn die vielfach spürbaren Enttäuschungen erklären sich vor dem Hintergrund völlig überzogener Erwartungen. Man kann zudem eine Menge Reparaturintelligenz investieren, also: Teams möglichst vollständige Prozesse zuweisen, die Gruppengrenzen eindeutig definieren, die Autorität über das Team klären, Aufgabe, Ressourcen und Zeit eindeutig abgrenzen. Nur wenn dies alles klar ist, kann Gelingen oder Scheitern unterschieden werden. Wollen wir, dass sich Teamidentität und -verantwortung entwickeln, dann dürfen wir eine Gruppe nicht nur Team nennen, sondern müssen sie auch so behandeln. Nicht politisches Kalkül, sondern fachliche Expertise muss dann die Mitgliedschaft leiten. Eine Investition in die Dialogfähigkeit der Teammitglieder ist außerordentlich hilfreich. Will man Schauspielerei und Doppelzüngigkeit verhindern, müssen auch die Bezahlungssysteme konsequent umgebaut werden.

Viele Unternehmen haben Teamarbeit so verstanden, dass möglichst jedes Teammitglied die Rolle des jeweils anderen übernehmen könnte. Sogar die Bezahlung wurde nicht selten daran geknüpft, dass jemand die Fähigkeiten des anderen lernen sollte. Das war eine nette Idee, aber sie funktioniert nicht. Das Team wurde konturlos, die Struktur kam in Unordnung. Nicht jeder Verkäufer möchte auch im technischen Kundendienst tätig werden. Nicht jeder Anästhesist will auch Chirurg sein. In einer guten Zusammenarbeit muss nicht jeder alles können. Wenn Mitarbeiter nicht entsprechend ihren Neigungen und Stärken eingesetzt werden, werden sie unproduktiv. Vielmehr sollte jeder Mitarbeiter herausfinden, welche Rolle ihm am besten liegt. Individuelle Spezialisierung ist nicht der Gegensatz von Teamarbeit, vielmehr ihre Voraussetzung. Denn alle hervorragenden Arbeitsgruppen sind um hervorragende Einzelne herum gebaut. Die ragen im Wortsinne hervor.

Zusammenarbeit und Dialog

Nun laufen wahrscheinlich in Ihrem Unternehmen nicht lauter Renoirs, Beethovens und Dschinghis Khans herum. Das wirft uns auf die Frage zurück: Warum gibt es überhaupt Unternehmen? Weil man *zusammen* Aufgaben bewältigen kann, die den Einzelnen überfordern. Kein Zweifel: Unternehmen sind um die Idee der Zusammenarbeit herum gebaut, auf Zusammenarbeit angelegt. Aber nicht auf Teams! Das ist keine sprachliche Haarspalterei, sondern ein fundamentaler Unterschied. Versuchen wir diesen näher zu entfalten, wobei ich den Leser einlade, gleichsam »weich« mitzugehen, die Schnittstelle ist nicht immer trennscharf zu fixieren: Zusammenarbeit ist nicht notwendig Teamarbeit; und Teams arbeiten oftmals nicht zusammen. Teams sind relativ stabile, verpflichtende Organisationsformen; Zusammenarbeit ist vergleichsweise fluider, spontaner, wenn man so will: freiwilliger. In Teams ist man aufeinander angewiesen, um weiterzukommen; die Zusammenarbeit eröffnet permanent die Wahl und Abwahl der Partner. Teamarbeit steht immer unter Zeitdruck; die Zusammenarbeit tendenziell nicht. Teams sitzen in Meetings; Zusammenarbeit bevorzugt den Face-to-Face-Dialog zwischen Partnern. Teams haben eine Tendenz zum Gleichmachen, zum Kompromiss, zum kleinsten gemeinsamen Nenner; Zusammenarbeit will gerade die Unterschiedlichkeit erhalten und sie nutzen, die Stärken des Individuums nicht nivellieren, sondern zur Geltung kommen lassen. Teams passen sich der Geschwindigkeit des Langsamsten an; Zusammenarbeit orientiert sich, nein, nicht am Schnellsten, sie ermöglicht die *eigene* Geschwindigkeit. Im Team fühlt man sich immer vom Langsamen behindert, gar ausgebremst. Fragen Sie sich selbst: Warum verliert man im Team den Willen zum schnellen Fortkommen? Weil man teamfähig erscheinen will!

Francis Crick, der 1962 mit Wilkins und Watson den Nobelpreis für Medizin erhielt, sagte einmal: »Höflichkeit ist Gift für jede gute Zusammenarbeit.«

> *Meetings sind das Herzstück des Teams,*
> *aber der Tod der Zusammenarbeit.*

Den Unterschied hat vielleicht am besten Robert Oppenheimer, der Leiter des Manhatten Projects, auf den Punkt gebracht: »Wir haben zusammengearbeitet, aber wir hätten uns niemals als Team bezeichnet. Für Teamsitzungen hatten wir einfach keine Zeit, dafür drängte unser Auftrag viel zu sehr. Jeder hat mit jedem gesprochen, und jeder konnte zu jedem gehen, wann immer ihm danach war und wann immer er einen Gesprächspartner brauchte.«

Die wichtigste Frage für eine Führung, die Zusammenarbeit ermöglichen will: Wie präsentiere ich eine Aufgabe so, dass sie zur Zusammenarbeit einlädt? Welche Formen von Beziehungen und Interaktionen können wir um das Problem herum aufbauen, um es zu lösen? Ein Team kommt dem nur mäßig nahe. Zusammenarbeit ermöglichen, das stellt Fragen nach den Menschen, die zu echter und vertrauensvoller Zusammenarbeit – unter schwierigen Bedingungen! – bereit und in der Lage sind; das stellt Fragen auch nach einem Computersystem, das als instrumentelle Plattform zum Dialog einlädt und Dialog ermöglicht; es stellt Fragen nach einer Architektur, die auf Zugangserlaubnisse, Barrieren, Würdefelder verzichtet und direkt-spontanen Kontakt ermöglicht.

Beispiele sind oft missverständlich, weil sie zum »Ja, aber ...« einladen und zum »Bei uns ist alles anders!«. Dennoch seien zwei hier gewagt. Niels Bohr, der Vater der Quantenphysik, hatte einen Arbeitsstil, der dem hier vorgeschlagenen nahe kam: Er redete. Er entwickelte seine Ideen, indem er sprach und beim Sprechen sie fortwährend umbaute und präzisierte. Freunde, Kollegen, Studenten, alle lud Bohr zu langen Spaziergängen in die Landschaft um Kopenhagen ein. In Restaurants malte er Papierservietten voll, ließ sich vom Kellner Quittungsblöcke und Bleistift geben, um seine Gedanken zu zeichnen. Während er sprach, beobachtete er die Reaktion seiner Gesprächspartner, immer bereit, Fortschritte in der gemeinsamen Verständigung festzustellen. Geflüsterte Sätze wurden solange wiederholt und lauter ausgesprochen, bis Bohr sicher sein konnte, dass er genau gesagt hatte, was er meinte. Worte, Formulierungen, Kausalitäten wurde geprüft, verworfen, wiederholt, und er war immer bereit, eine Bemerkung des anderen aufzugreifen, einzufügen, dann von neuem zu beginnen. Auch seine Artikel gab er Freunden und Kollegen zum Lesen und prüfte ihre Kommentare so sorgfältig, dass er oft von vorne begann.

Maxwell Perkins hat die amerikanische Literatur verändert mit seinem Talent, junge Talente zu finden. Perkins entdeckte F. Scott Fitzgerald und Thomas Wolfe – zwei wichtige Stimmen der neuen amerikanischen Literatur. Seiner Fähigkeit, Autoren zu inspirieren und das Beste in ihnen zum Vorschein zu bringen, kann man in *Der große Gatsby* und *Fegefeuer der Eitelkeiten* sowie *Ein ganzer Kerl* nachspüren. Mehr ein Freund als ein Lektor unterstützte er sie in jeder Weise. Er half ihnen, ihre Bücher zu strukturieren, wenn Hilfe nötig schien, schlug Titel vor, machte Vorschläge für überraschende Wendungen. Er war Psychologe, Ratgeber, Karrieremanager, Geldgeber gleichzeitig. Wenige Verleger vor ihm haben so viel Zeit und Liebe in Manuskripte investiert. Aber er hielt immer an seinem Credo fest: »Das Buch gehört dem Autor.« Er war kein Koautor, aber er war auch nicht nur Verleger. Er war mehr ein Zusammenarbeiter, ein Partner.

Alles Wichtige gibt es nur in der Einzahl.

Was immer an Großem zustande kommt: Es beruht auf der Initiative und dem Beitrag der einzelnen Menschen. Die einzelnen Menschen sind die zurechenbaren Träger der Handlung. Ohne sie geschieht nichts. Wenn nicht wenigstens einer da ist, der handelt, kommen auch die unendlich vielen Leistungen nicht zustande, denen wir das Gros unserer gesellschaftlichen Errungenschaften verdanken. Wie Platons Sokrates sagte: »Und in der Stunde der größten Gefahr wird es letztlich so sein, dass der einsichtige Einzelne die Gemeinschaft rettet – und nicht umgekehrt.« Es ist wichtig, dass wir auch unsere Sozialformen danach einrichten, dass sie den Einzelnen zur Geltung bringen. Es ist auch in einem auf Zusammenarbeit angelegten Unternehmen wichtig, zu wissen, dass es auf *mich* ankommt und dass sowohl mein Nachdenken und Entscheiden wie auch mein Tun etwas bewirken. Nur dann nehme ich mich *ernst*, wenn ich Ergebnis, Fähigkeit, Absicht, Wille, Entscheidung und auch Schuld auf mich beziehe. Und nicht auf eine amorphe Masse. Manch einer mag sich verstecken wollen, manch einer mag den Schutz der Masse vorziehen. Aber: In seinem Herzen ist niemand Teamplayer.

ZIELVEREINBARUNGEN
oder warum man sich Sisyphos als glücklichen Menschen vorstellen muss

> Wir sind immer kurz davor, zu leben.
> *Ralph Waldo Emerson*

Zielverhinderungsziele

Seit meinem zwölften Lebensjahr etwa jogge ich. Manchmal täglich, im Schnitt aber fünfmal in der Woche etwa eine Stunde. Ich tue es, weil es mir Spaß macht, weil es mich freut, meinen Körper arbeiten und schwitzen zu spüren – nicht um gesund oder fit zu bleiben. Diese Motive mögen versteckt auch eine Rolle spielen, und ich mag sie mir vielleicht nicht eingestehen, aber sie stehen sicher nicht im Vordergrund. Mein Laufen ist dabei habitualisiert; es ist wie Zähneputzen, ich entscheide mich nicht mehr bewusst dafür. Das entlastet. In meinem 44. Lebensjahr ließ ich mich von dem Marathon-Fieber anstecken, ein Altersphänomen, ich weiß. Ich begann auf ein Ziel hin zu laufen. Das Ziel hieß »Durchkommen«, möglichst unter dreieinhalb Stunden. Ich lief nun nicht mehr, ich begann zu trainieren, ich hatte ja ein Ziel, und ich trainierte gut, mein früheres Sportstudium half mir, ich lief den Marathon, und schaffte, was ich mir vorgenommen hatte. Anschließend fiel ich in ein tiefes Loch. Ich hatte einfach keine Lust mehr zu laufen. Es schien mir so sinnlos. Das Ziel hatte meine Motivation zerstört. Ich brauchte drei Monate, bis ich langsam wieder mit dem Laufen begann.

Die Zielvereinbarung zwischen Führungskräften und Mitarbeitern gilt als zeitgemäßes, legitimes und lang erprobtes Managementinstrument. Im Wortsinne »ziel-führend«. Wenn man Kritik daran äußert, wird man schnell zum Ketzer gestempelt, mindestens aber mit Defaitismusverdacht belegt. Mit betonartiger Rigidität verschließt man sich jeder gedanklichen Alternative. Zwar darf man leise zweifeln – aber bitte keine grundsätzlichen Vorbehalte!

Ich beeile mich zu versichern, dass unternehmerisches Handeln zielorientiertes Handeln ist. Wir sollten darüber reden, wohin wir laufen, wenn wir laufen. Wie dieses Ziel heißt, darüber wird in der Globalisierungsdebatte heftig gestritten, doch will ich hier weder den Untergang des Abendlandes noch den Untergang am Abendland beklagen.

Ich beteuere auch, dass ich keineswegs die Wege gegen die Ziele auszuspielen gedenke. Zwar sind Wege ohne Ziele möglich, nicht aber Ziele ohne Wege (das begründet die Herrschaft der Wege über die Ziele). Es führt also zu nichts, wenn man Henne-Ei-Diskussionen pflegt oder das Kind gleich mit dem Bade ausschüttet. Die Philosophie hat sich um die Ziel-Weg-Paradoxie bzw. das Bewegungsproblem hinreichend intensiv gekümmert. Uns bleiben Überlegungen zum Fließgleichgewicht, die sich zwischen zwei »pathologischen« Polen werden hindurchschlängeln müssen. Es gibt hier keine leichten Antworten.

Solche Bemerkungen, die ich aus Furcht vor dem hyperpragmatischen Zeitgeist vorangestellt habe, sollen nicht vernebeln, dass ich im Folgenden vorrangig Kritisches zum Thema in den Ring werfe. Ich tue das vor dem Hintergrund meiner Praxiserfahrung als Manager – insbesondere *gegen* den naiven Applaus, aber im Wissen um die relative Nützlichkeit dieses Instruments.

Versuchen wir zunächst, das Problem zu benennen, auf das die Zielvereinbarung die Antwort sein soll. Also: *Was soll die Zielvereinbarung?* Auch nach einigem Nachdenken und historischen Recherchen habe ich Mühe, klar und knapp zu antworten. Soll sie Handlungsrichtungen bündeln? Energien fokussieren? Soll sie antreiben? Soll sie Erwartungen klären? Soll sie für Belohnen/Bestrafen eine Bemessungsgrenze einführen? Gerechtigkeit ermöglichen? Objektivität? Transparenz? Wahrscheinlich alles gleichzeitig. Deshalb sind Zielvereinbarungen auch nicht solitär zu denken, sondern im Konzert mit Beurteilungs- und Gehaltssystemen. Die folgenden Thesen umgreifen also immer auch die Verzahnung dieser Instrumente.

Von Zielen und Wegen

Die Frage, ob ein *zielbezogenes* Leben auch ein *gelungenes* Leben sei, hat die Denker über die Jahrhunderte immer wieder beschäftigt. Ziele wachsen aus dem Gefühl des Mangels. Etwas ist »noch nicht« oder nicht so, wie es sein »sollte«. Und das sich über jedes erreichte Ziel hinaus zum nächsten Ziel forttreibende Optimieren führt energetisch zur Abwertung der Gegenwart. Man ist nie da, wo man ist. So, wie viele Menschen auf ein besseres Morgen warten, so sind auch die meisten Unternehmenskulturen solche des Vorbereitens. Kaum ist man gelandet, startet man wieder durch. Der Flug gilt nichts. Wir deplatzieren uns, hat Paul Virilio gesagt. Arbeit als Countdown. Eine atemlos hechelnde Mobilmachung schaut ständig in die Zukunft. Und in dieser Mittelbarkeit des »um zu« verschwindet die Freude am Da-Sein und der Wert des Jetzt.

Wir wissen aus der Sportmedizin, dass jemand, der joggt, weil er am Joggen Spass hat, signifikant gesünder ist als ein Mensch, der das nicht tut. Wir wissen aber ebenso, dass jemand, der freudlos joggt, es aber dennoch tut, weil er gesund bleiben will, genau dieses Ziel verfehlt. Es geht ihm dann nicht um das Tun, sondern um das »danach«. Das eigentliche Tun ist eher zu vernachlässigen, fast zu überspringen, Mittel zum Zweck, ohne Selbstwert. Das gilt für viele Lebensbereiche: Zielerreichung um jeden Preis ist die Voraussetzung für Zielverfehlung. Wer nur die Zielerreichung im Kopf hat, verkrampft sich. Er ist nicht mit aller Energie hier und jetzt bei der Sache, sondern immer mit einem Teil seiner Energie woanders, im »morgen«. Er wird das Opfer sich nach vorne werfender, aktionistischer Selbstdynamisierung. Viktor Frankl sagte dazu: »Peile keinen Erfolg an – je mehr du es darauf anlegst und zum Ziel erklärst, um so mehr wirst du ihn verfehlen.« So streben wir oft nach Gütern, von denen wir etwas erhoffen, was gar nicht von der Art dieser Güter ist. Wir hoffen, in dem lange gesuchten Haus unseres Geschmacks »glücklich« und »mit Zufriedenheit« leben zu können. Dabei sind wir uns im Grunde bewusst, dass wir weder jenes »glückliche Leben« noch »Zufriedenheit« absichtlich herbeiführen können. Wer nicht in dem alten Haus glücklich sein konnte, wird es auch in einem neuen nicht sein.

Nun geht es ja im Unternehmen bekanntlich nicht ums Glücklichsein, sondern um, tja, da stockt der Schreibfluss: Umsatz? Profit? Überleben? Gemeinwohl? Shareholder-Value?

Wie immer dieser Zweck auch definiert ist, er kann wie Glück nicht ver-folgt werden; er muss er-folgen als unbeabsichtigte Nebenwirkung, wenn sich der Mensch einer Sache widmet. Der Weg zum Ziel wird daher in den meisten Unternehmen gering geschätzt, die zieltragenden Prozesse im Unternehmen, das Wie der Zielerreichung bleiben oft Stiefkinder. Ziele lenken uns auf faszinierende Weise ab. Angestrengt schauen wir auf die Spitze des Eisberges – und vergessen, dass ihn unendlich viele Energien tragen. Insbesondere erzeugen die durch gute Ergebnisse des Vorjahres hochgeschraubten Erwartungen bei Nicht-Erfüllung jene selbstproduzierten Dramen, die sich aus überhöhten Zielen ergeben (»Was lachen Sie denn noch so, Sie haben wohl den Ernst der Lage nicht erkannt?«). Leben im Konsens des mittleren Unglücks. Dabei geht es in den meisten Fällen keineswegs um die wirtschaftliche Existenzsicherung, sondern um Selbstzweckrituale. Verbreitet ist der Glaube, dass verbissenes Anstrengen und eine Atmosphäre der langen Gesichter so etwas wie »zusätzliche« Motivation entfesseln. Genau auf diese Weise wird das Ziel verfehlt. Wer also Ziele erreichen will, möge eine ausnahmslose Erfahrung bedenken: Das *Ziel* allen Lebens ist der Tod.

*Zielvereinbarungen führen dazu,
dass Ziele nicht oder nur unteroptimal erreicht werden.*

Gemeinsamkeit

Für die Unternehmen ist immer wieder zu betonen, dass nicht das Ziel den Weg rechtfertigt; es ist genau umgekehrt: Der Weg rechtfertigt das Ziel. Die Freude am Mitmachen, Motivation und Leistungsbereitschaft entwickeln sich nicht durch Ziele oder das umgreifende Visionsgeraune, sondern in der personalen Erfahrung des gemeinsamen Weges. Denn Menschen arbeiten nicht in Unternehmen; Menschen arbeiten in Nachbarschaften. Diese Nachbarschaften sind symbolisch repräsentiert: durch ein paar Kollegen, Büros, Flure, Kaffeeecke, gemeinsame Rituale. Hier konkretisiert sich »wir«, Gemeinsamkeit, Nähe, Solidarität. Hier entwickeln sich die Gefühle, die der Mitarbeiter am Wochenende hat, wenn er an Montagmorgen denkt. Mag sein, dass sich die Unternehmensspitze permanent mit Zielen beschäftigt. In der Fläche und Breite des Unternehmens interessiert sich niemand für die Ziele. Insbesondere werden Ziele, die den Fortbestand des gemeinsamen Weges und damit die Legitimitätsgrenze überschreiten, nahezu vollständig ignoriert. K. Weick hat – im vollständigen Gegensatz zu den gängigen Unternehmenskonzepten – aufzeigen können, dass daher keineswegs eine gemeinsame Zieldefinition Menschen zusammenarbeiten lässt, sondern der gemeinsame Weg. Die Zielidee aber geht davon aus, dass man Menschen gewissermaßen »von außen« ein Vorwärts! implementieren könne, und dann rennen alle gemeinsam los.

Jeder Mitarbeiter eines Unternehmens
verfolgt seine eigenen Werte, Normen, Ziele.

Was alle Mitarbeiter im Unternehmen verbindet, ist der *Weg*. Dieser gemeinsame Weg ist das Unternehmen: das Spielfeld, diese Werte umzusetzen. Und es ist die Qualität der Zusammenarbeit, die von den Menschen tagtäglich erlebt wird. Das Engagement, die Einsatzfreude – sie bedingen die Motivation. Götz W. Werner, Inhaber und Geschäftsführer der dm-Drogeriemärkte: »Wenn die Arbeitsbedingungen gut sind und das Klima stimmt, brauche ich mir über die Zahlen keine Sorgen zu machen. Sie kommen ganz von allein.«

Motivierung durch Ziele? Erlebt wird von den Menschen das »Wie«, die Stimmung, die Atmosphäre, alles das, was zum Weg gehört. Wenn ich mir anschaue, wieviel Energie von den Leitungsebenen in das Finden und »Implementieren« von Zielen investiert und wie wenig Aufmerksamkeit dem erlebnispraktischen »Wie« gewidmet wird, dann ist an der Weisheit des Vorgehens zu zweifeln. Wie in meinem Lauferlebnis angedeutet: Erfolg macht traurig. Denn das Scheitern des Sysiphos war nicht die Hoffnungslosigkeit seines Bemühens. Es bestand lediglich in der Illusion, er wäre glücklich, wenn er sein Ziel erreichte: wenn der Stein oben bliebe.

Nicht Ziele halten Menschen zusammen, sondern Wege.

Immer unter Verdacht

Zielvereinbarungen sind – soweit ich sehe – den Schatten des Misstrauens nie vollständig losgeworden. Das ist immer dann zu erleben, wenn in Traditions- und erfolgreichen Unternehmen dieses Instrument eingeführt werden soll: Die meisten Mitarbeiter gehen reflexhaft in den Widerstand. Warum denn Zielvereinbarungen? Traut man mir nicht, dass ich mich voll einsetze? Will man mich »festnageln«? Braucht man vielleicht etwas Schriftliches, um mich besser kritisieren zu können?

Rainer Waldmann, Manager bei BTI Euro Lloyd: »Mit guten Mitarbeitern Ziele zu vereinbaren fällt mir eher schwer. Keine Mühe habe ich bei den schwachen.« Fragen Sie sich selbst, wenn Sie Chef sind: Wann führen Sie Zielvereinbarungen ein? Wenn Sie mit der Leistung eines Mitarbeiters unzufrieden sind. Wenn Ihre Erwartungen nicht erfüllt werden. Wenn Sie misstrauisch sind, antreiben wollen. Und wann wollen Mitarbeiter Zielvereinbarungen? Ebenfalls: Wenn sie misstrauisch sind. Wenn sie sich ungerecht behandelt fühlen. Wenn sie sich gegen die Willkür ihrer Vorgesetzten meinen schützen zu müssen.

Deutlich wird die Misstrauensgeburt insbesondere dann, wenn Sie einen variablen Einkommensanteil vom Zielgehalt abspalten. Nehmen wir an, ein Mitarbeiter bindet sein variables Einkommen an die Realisierung irgendwelcher Projekte. Seine Führungskraft sagt implizit: »Wenn Sie diese Ziele realisieren (was ich Ihnen zunächst einmal nicht glaube), dann bekommen Sie jenen Anteil.« Die eigentliche Ungeheuerlichkeit liegt nun gerade darin, dass die Führungskraft überhaupt dieses »wenn-dann« einräumt. Der Zweifel ist eingebaut. *Sollte* es dem Mitarbeiter gelingen, das zu erreichen, was Gegenstand der Vereinbarung war, bekommt er eine Belohnung. Das setzt voraus, dass ich nicht wirklich glaube, dass es dem Mitarbeiter um das Ziel selbst geht. Wenn ich aber den Mitarbeiter nicht ernst nehme, dann brauche ich keine Vereinbarungen treffen und kann mir den Abstimmungsaufwand sparen.

Der leistungswidrige Kern liegt offen zutage: Es geht dieser Mechanik ganz offenbar nicht um zielorientierte Unternehmensführung, sondern zuallererst um schlichte Strafandrohung, Kompensation von Führungsschwäche und Befriedigung eines amorphen Gerechtigkeitsgefühls. Die Führungskraft begnügt sich mit Straf- und Rachegefühlen, akzeptiert aber im Übrigen die Zielverfehlung des Mitarbeiters. Die

Zielerreichung tritt hinter die Strafandrohung ins zweite Glied. Das *ist* Misstrauen. Und die Abdankung der Führung als Führung. Es kann nicht wundernehmen, dass Mittelmanager als Betriebsstatisten der Motivierung nach und nach entsorgt werden.

> *Zielvereinbarungen sind aus Misstrauen geboren.*

Wessen Ziele?

Für das Thema Individualität von kaum zu überschätzender Bedeutung ist die Frage: Wie kommen die Ziele zustande? »Führen durch Zielvereinbarung« heißt es. »Führen durch Zielvorgabe« ist es zumeist. Im Regelfall werden an der Unternehmensspitze irgendwelche Zahlen als Erwartungen zusammengetragen, mit einem »motivierenden« Aufschlag versehen und auf die einzelnen Gliederungen »herunter«-kaskadiert. Auf diese Weise verlagert die Unternehmensspitze einfach ihre kurzfristigen Erfolgsansprüche auf ihre Mittelmanager, diese wiederum auf ihre Mitarbeiter. Was übrig bleibt, sind häufig nur semantisch weichgespülte Zahlendiktate.

Welche Wirkung aber geht von lediglich »vorgesetzten« Zielen aus, an deren Zustandekommen der Mitarbeiter keinen Anteil hatte? Wir wissen aus der Forschung, dass Menschen, die sich ihre *eigenen* Standards setzen, dazu neigen, sich steigern zu wollen. Wenn Sie dem nicht trauen, wenn Sie also die Standards vorgeben, fällt dieser Antrieb weg. Man wartet schlicht auf das neue Ziel. Zudem kommt bei Zielvorgaben auf der psychologischen Ebene eine Geringschätzung, ein Nicht-Ernstnehmen zum Ausdruck, das den Mitarbeiter zum Ausführungslakaien abwertet. Bekannt ist seit langem eine wichtige wirkungspsychologische Verschiebung: Bei Top-down-Entscheidungen schauen die Mitarbeiter immer zuerst, warum etwas *nicht* funktionieren kann. Sie schauen reflexhaft auf das, was fehlt. Was das Unternehmen auf diese Weise bekommt, ist allenfalls eine Anpassungsleistung. Niemals ein ganzes, von Herzen kommendes »Ja!«. Auch gutwillige Menschen begehren mehr und mehr auf gegen den unternehmensmoralischen Imperativ mentaler Vereinigung mit Zielen, die nicht ihre eigenen sind.

Hingegen: Eine Vereinbarung ist eine Ver-ein-barung. Sie ist kein Diktat. Keine Ziel-Vorgabe. Keine Top-down-Entscheidung. Sie ist weder autoritär vorgegeben noch demokratisch abgestimmt, sondern das Ergebnis gemeinsam erarbeiteter Ein-Sicht. Sie kommt zustande durch ein Gegenstromverfahren. Dieses Verfahren hat mit kooperativem Führungsstil nur wenig zu tun. Eine Vereinbarungskultur hat schlicht etwas mit vorausschauendem Klugheitskalkül zu tun. Denn was für das Völkerrecht gilt, das gilt auch für das Unternehmen: Verträge sind nur so lange etwas wert, wie sie allen Beteiligten nützlich erscheinen. Wenn Sie die Legitimität von Zielen sichern wollen, dann müssen Sie die Frage beantworten: *Wessen Ziele sind das?* Vereinbarungen entfalten dementsprechend nur dann ihre bindende Kraft, wenn sie niemanden zum Verlierer machen. Zudem sind nur solche Vereinbarungen zu verantworten und entsprechend einklagbar, die wirklich dialogisch zusammengetragen wurden. Lauschen wir unserer Sprache: In der »Verantwortung« steckt das Wort »antworten« – wie soll ich etwas ver-antworten, wenn ich gar nicht gefragt wurde?

> *Mit Zielvereinbarungen werden Ziele nicht vereinbart –*
> *sondern diktiert.*

Zurück nach vorne?

Zielvereinbarungen sind sinnvollerweise ein zeitlich *nach vorne* gerichtetes Steuerungsinstrument. Sie sollen dafür sorgen, dass das ganze Unternehmen in eine Richtung arbeitet. Sie dienen der *Bündelung der Energien*, dienen der gerichteten Leistungsentstehung. So sind sie jedenfalls wohl mal gedacht worden. Abweichungen vom Ziel sind dann keine »Fehler« im negativen Sinne, sondern wichtige Informationen für das weitere Vorgehen, für die Kooperation.

Schaut man sich die Praxis der Zielvereinbarung in den Unternehmen an, so stehen die Verhältnisse auf dem Kopf. In Wahrheit soll die Zielvereinbarung Zurechenbarkeit sichern im Sinne von Rechenschaftsverantwortung. Die Leistungsentstehung wird ganz eindeutig von der Leistungs*bewertung* dominiert. Indem Ziele das Verhalten auf einen Endzustand ausrichten, ermöglichen sie eine ständige Charakterisierung des Individuums; entweder in Bezug auf diese Ziele oder in Bezug auf andere Individuen. Wie weit man im Plan ist, wie weit die anderen sind. Die Individuen werden untereinander und im Hinblick auf das Ziel differenziert, wobei sie sich als Mindestmaß, als Durchschnitt oder als Outperformer darstellen können. Auf diese Weise gewährleistet die Zielvereinbarung sowohl Beobachtung wie Qualifizierung. Hand in Hand mit dieser Messung wird Konformität eingefordert.

Zielvereinbarungen sind beurteilungsorientiert und rückwärtsgewandt.

Ist die individuelle Zurechenbarkeit von Leistung, die ja im Unternehmen als »Zusammenarbeit« definiert ist, überhaupt wünschenswert? Mitnichten: Ziel- und Bewertungssysteme zerstören das kluge Verschleiern der Bewertungsunterschiede. High noon: »Jetzt wird abgerechnet!« Der bei den Gesprächen zu beobachtende zeitanteilige Schwerpunkt liegt in der Vergangenheit. Bei Rechtfertigungen, Kausalitätsspekulationen, Opfergeschichten. Mit angekoppeltem Gehaltssystem geht es dann nur noch ums Geld, nicht mehr um Leistung. Es kommt zu einer konditionierenden Priorisierung, die das Gespräch nicht mehr um den Prozess der Leistungsentstehung, der Kooperation, um das weitere Vorgehen zentriert, sondern zum Verteilungskampf entarten lässt.

Hauptsache messbar

»Wir müssen nach Leistung bezahlen!« Wer so redet, glaubt zu wissen, wovon. Und er kann sich des allseitigen Applauses sicher sein. Fragt man die Leistung-muss-sich-wieder-lohnen-Ideologen, was denn das sei, diese Leistung, die sie so beredt einklagen, dann verengt sich der Leistungsbegriff schnell auf ein digitales »erreicht/nicht erreicht«. Keine weiteren Fragen, Euer Ehren. Leistung? Nein, was sie meinen, das sich da wieder lohnen soll, ist der ganz simple »Erfolg«. An der Mehrdeutigkeit des Leistungsbegriffs sind sie nicht interessiert. An der Erwartungsabhängigkeit der Leistung auch nicht. Am Prozess der Leistungserbringung noch weniger, denn dafür müsste die Führung ja selbst ins Boot. Es geht also bei der ganzen Diskussion nicht um Leistung, sondern um belohnten Erfolg, bestraften Misserfolg und entsprechend »atmende« Personalkosten. Über Zielvereinbarungs- und neue Entgeltsysteme wird denn auch in der Regel nachgedacht, um die betriebliche Entgeltsumme zu kürzen. Zielvereinbarung ist entsprechend vielfach zum Kostenreduktionsventil degeneriert. Man will nur eine Leistung bezahlen, die auch wirklich erbracht worden ist. Dazu muss man reduktionistisch vorgehen. Man verdichtet den hochkomplexen Leistungsbegriff auf eine einzige Dimension: Geld, das nach oben oder nach unten schwankt.

Die Erwartungsabhängigkeit von Leistung wird dabei a) an Ziele und b) an Quantifizierbares geknüpft, um sie gleichsam »messbar« zu machen. Die Messbarkeit von Leistung ist ein Mythos, den wahrscheinlich auch einige weitere Jahrzehnte Aufklärungsarbeit nicht ins Wanken bringen werden. Dass qualitative Leistungsaspekte nicht messbar sind, ist lange bekannt. Das Problem verschärft sich, wenn die vorrangige Innenorientierung und Mengenoptimierung in den Unternehmen durch verstärkte Außenorientierung und Qualitätsoptimierung ersetzt wird. Wie »messe« ich Qualität, die sich von der Kundenerwartung herleitet? Wie »messe« ich Zuverlässigkeitsoptimierung? Flexibilität? Kommunikationsverhalten? Zudem werden die eher tradierten als bewährten Vermittlungsformen zwischen Leistung und Entlohnung durch a) Prozesse statt vertikale Organisationsformen und b) Team- statt Einzelleistung weiter gestört. Wichtig ist: Qualitatives bleibt auf der Strecke. Ist nicht sogar die beständige Freundlichkeit eines Mitarbeiters, mit dem die anderen Kollegen und Abteilungen *gerne* zusammenarbeiten, auch eine Leistung?

> *Zielvereinbarungen verengen den Leistungsbegriff.*

Wenn Sie nun, wie sehr verbreitet, ein Zielvereinbarungssystem mit einem Gehaltssystem koppeln, konzentrieren Sie sich auf Zählbares. Zudem greifen Sie konditionierend in die verhaltenssteuernden Bewertungsprozesse ein. Die Überlegungen laufen dann etwa so: »Wenn ich drei Sack Zielerreichung bringe, erhalte ich vier Sack Gehaltserhöhung.«

In der Konsequenz besteht dann die große Gefahr, dass die Mitarbeiter sich an die Zielvereinbarungen *halten*. Um keine finanziellen Nachteile in Kauf zu nehmen, konzentriert man sich ausschließlich auf die vereinbarten Ziele, nämlich jene, die Konsequenzen in der Brieftasche haben. Mitarbeiter stellen normalerweise dem Unternehmen aber ein viel breiteres Leistungsspektrum zur Verfügung, als sich über ein Vereinbarungssystem abbilden lässt. Wenn sie das unter den Bedingungen von Zielvereinbarungen weiter tun sollen, handeln sie gegen ihre finanziellen Interessen. Das kann langfristig von niemandem erwartet werden.

Schöner Schein

Zielvereinbarungen stehen in der Tradition jener wissenschaftsidealistischen Versuche, die die Subjektivität des Beobachters aus der Beobachtung ausschließen wollten. Ähnlich wie in den Naturwissenschaften, deren Objekte objektiv gegeben schienen und deren Ziel die objektive Erkenntnis war, wuchs auch im Management der Wunsch, eine möglichst objektive Basis für die Leistungsbeurteilung bzw. die Gehaltsanpassung zu haben. Man erhoffte sich Entlastung, wenn man sich hinter einer Zahl verstecken konnte. Dadurch diffundiert Verantwortung.

»Aber 98 Prozent Forecast sind doch objektiv!« Tatsächlich? Da sagt der eine: »98 Prozent sind vor dem Hintergrund der Marktentwicklung eine hervorragende Leistung!« Sagt ein anderer: »2 Prozent unter Forecast! Drama!« Sagt ein dritter: »Wir müssen unsere Rolling Estimates verbessern.« Ein vierter: »Planung ersetzt sowieso nur den Zufall durch Irrtum.« Eine Zahl, vier Beobachter, vier »Messungen«. Weil auch Zahlen einer subjektiven Interpretation unterzogen werden. Ganz zu schweigen von der Leistung der Stabsabteilungen oder reinen Abwicklungsabteilungen, deren Beitrag zum Geschäftserfolg nicht einmal mit Zahlen zu unterlegen ist. Ich will mich hier kurz fassen, weil ich diesen Zusammenhang schon weiter oben dargestellt habe: Objektive Leistung ist eine Illusion. Entsprechende Systeme belohnen nicht die Leistung, sondern lediglich den Zielerreichungsgrad.

Zielvereinbarungen erzeugen eine Scheinobjektivität.

Leistungshindernisse

Es gibt Unternehmen, in denen die Jobs mit bis zu 30 Zielvereinbarungen pro Jahr verregelt sind. Sicherheitsbedürfnis auf der einen und Kontrollbedürfnis auf der anderen Seite bauen die Wände für den Arbeitsplatz als betriebsinterne Gefängniszelle. Die Energie konzentriert sich nach innen, beschäftigt sich mit allen möglichen Manipulierungsstrategien (»Wie bekomme ich den höchsten Bonus?«). Je aufwendiger, detaillierter, komplizierter das Gehaltssystem ist, desto mehr bindet es die Energien der Mitarbeiter – Energien, die uns im Markt und beim Kunden keinen Meter weiter bringen. Solche Systeme fördern vor allem die Fähigkeit, Leistung *nachzuweisen*. Sie optimieren die Ausbeutungsintelligenz, nicht aber die Geschäftsmöglichkeiten. Oft hütet man sich auch, »zuviel« zu erreichen, da dies einen ungünstigen Einfluss auf die Zielvereinbarungen für das Folgejahr hat. Jeder Außendienstler weiß: Nichts geht über ein schlechtes Vorjahr. Ja, diese Systeme haben nicht selten Umsatz *verhindert*. Ich selbst kenne etliche Verkaufsabteilungen, die schon seit Jahren alle Mühe haben, Umsätze aus diesem Grund zurückzustellen. Daraus folgt: Je inniger das Geld mit dem Leistungsergebnis verknüpft ist, desto größer ist der Schaden.

Zielvereinbarungen sind inflexibel und leistungswidrig.

Auf der individuellen Ebene führen Zielvereinbarungssysteme häufig dazu, dass sich die Mitarbeiter auf die Zielerreichung (und die entsprechende Manipulation des variablen Einkommensanteils) konzentrieren, statt sich um Kunden und Wettbewerb zu kümmern. Immer wieder zu beobachten: Neue, unvorhersehbare Impulse und Geschäftsmöglichkeiten werden ignoriert; die Unterstützung anderer Bereiche bzw. Kollegen wird vernachlässigt, man reagiert auf überraschende Veränderungen im Markt nicht oder zu spät: Als nach der Wende 1989 der ganze Osten Europas sich plötzlich als Markt öffnete, hatten jene Unternehmen Flexibilitätsvorteile, deren Mitarbeiter *nicht* durch Zielvereinbarungen festgelegt waren. Denn heutzutage ist das größte Risiko für

Unternehmen nicht, eine falsche Strategie zu verfolgen, sondern zu spät zu kommen. Die Zielveinbarung ist ein typisches Beispiel für eine Managementtechnik, die viel zu langsam und unflexibel ist, um in einer Internet-Welt existieren zu können.

Geradezu Todesmagneten sind dabei Sinnsprüche wie »Das Budget ist der König«. Wenn ohne nähere Betrachtung von Marktchancen und Profitmöglichkeiten ein Investitionsvorhaben mit dem Hinweis auf nicht vorhandene Budgets abgebügelt wird, dann ist genau diese Falle aufgestellt. Dann sind Belohnungs- und Bestrafungssysteme viel zu starr und schwerfällig, um die Flexibilität der Aufgabenwahrnehmung zu sichern. Dann ist der Widerspruch der Führungskraft gefragt. Wenn Führung nicht bereit ist, die Mechanik des Ordentlichen aufzumischen und Chancen beherzt zu ergreifen, dann übernehmen Budgets unweigerlich die Herrschaft, legen Demarkationslinien zwischen die Abteilungen und machen Manager zu Opfern der Zielvereinbarung: »Das Budget sagt, dass wir das nicht tun können.«

Que será ...

Jede Handlungsplanung, deren Erfolg von künftigen Ereignissen beeinflusst werden könnte, ist mit einer nicht zu beseitigenden Unsicherheit behaftet. Wie ausgeschlossen werden soll, dass selbst einfachste Ziele davon tangiert werden, ist nicht erkennbar. Das wirft einen Blick auf den Entstehungshintergrund von Zielvereinbarungen: Sie entstammen einer Zeit planbarer, ruhiger Verteilungsmärkte. Diese Zeiten sind vorbei. Wer heute auf turbulenten Märkten agiert, kann nur um den Preis permanenten Nachverhandelns an diesem trägen und bürokratischen Instrument festhalten. Häufig sind schon 14 Tage nach der Vereinbarung die Ziele nicht mehr das Papier wert, auf dem sie stehen. Und je schärfer die Zielvereinbarung, desto größer der Nachverhandlungsaufwand. Viele Praktiker beklagen, dass, wenn sie das Instrument ernst nehmen, sie im Nachverhandlungsstrudel versinken. Es wird der Dynamik der Märkte heute einfach nicht mehr gerecht.

Sinn einer Unternehmensgründung war es schon immer, die Transaktionskosten zu senken. Statt für jedes neue Projekt neue Tauschverhältnisse mit immer neuen Partnern festzulegen, schließt man einen Generalvertrag. Führt man nun Zielvereinbarungen ein, dann erhöhen sich die Transaktionskosten, zu deren Reduzierung ein Unternehmen ja gerade erst gegründet wurde. Mit Blick auf die Kostenseite hätte eine lockere Allianz frei flottierender Selbstständiger kaum weniger Nachteile.

> *Zielvereinbarungen sind teuer.*

Schneller scheitern

Die Faszination, die von Zielen ausgeht, macht die Menschen gleichgültig gegenüber den langfristigen Auswirkungen ihres Handelns. Unsere Probleme – nicht nur die gesamtgesellschaftlichen, auch die unternehmensinternen – sind nicht Probleme des Scheiterns, sondern des Erfolgs. Wir sind überall umstellt von Handlungsfolgen, die die ursprünglich angestrebten Effekte konterkarieren. Und jeder prüfe sich selber: »Ziele erreichen« ersetzt für viele Menschen das Gefühl der Verantwortung.

Da Ziele in der Regel für ein Jahr oder noch kürzere Fristen vereinbart werden, vernachlässigen entsprechende Systeme die längerfristigen Zieldimensionen. Die Koppelung mit einem Belohnungs-/Bestrafungssystem führt darüber hinaus dazu, dass schnell erreichbare Ziele bevorzugt werden, die man binnen Jahresfrist einigermaßen sicher erreichen kann. Aber auch innerhalb des Jahres regiert die Kurzfristigkeit: Meine Außendiensterfahrung hat mir gezeigt, dass sich die von Zielvereinbarungssystemen erzeugten Reflexe meist erst kurz vor dem optimalen (Bonus-)Ziel ergeben. Die verbreitete Praxis ist dann keineswegs die erwünschte intensivierte Anstrengung, sondern ein Verschieben und Vorziehen von Abschlüssen, was für das Unternehmen oft zum Nullsummenspiel gerät. Insgesamt lassen sich Mitarbeiter dazu verführen, nur den kurzfristigen Erfolg zu sehen, um am Ende eines Jahres oder gar Quartals namhafte Beträge einzuheimsen. Merke: Je mehr Menschen über ihre – zumeist quantitativen – Ziele nachdenken, desto mehr bevorzugen sie leichte, kurzfristig lösbare und quantitative Aufgaben. Schwierigere, nur langfristig lösbare sowie qualitativ anspruchsvolle Aufgaben bleiben auf der Strecke.

> *Zielvereinbarungen verleiten zu kurzfristigem Aktionismus.*

Und wie besser?

Zielvereinbarungen funktionieren nur im Vertrauen darauf, dass es keinen besseren gemeinsamen Weg zum Erfolg gibt. Ist diese Voraussetzung haltbar? Oder kann man mit billigungsfähigen Gründen auf sie verzichten? Zielvereinbarungen mögen zu Koordinierungszwecken ab einer gewissen Unternehmensgröße unvermeidbar sein. Das sollte uns über den gegenwärtig herrschenden Größenwahn erneut nachdenken lassen. Aber selbst wenn wir mit ihren Schattenseiten leben wollen: Sie müssen Zwecken dienen. Es kommt also darauf an, welchen. Wollen Sie mit ihnen belohnen und bestrafen, dann sollten Sie auf sie verzichten. Denn erst wenn sie an Geld gekoppelt sind, überwiegen die negativen Konsequenzen. Geld kann man klüger verteilen. Das habe ich in *Mythos Motivation* hinlänglich beschrieben. Will man hingegen Energien bündeln, dann mögen Zielvereinbarungen hilfreich sein, aber nur wenige (maximal drei), möglichst unscharf formulierte, echte Vereinbarungen und von einem Geldverteilungssystem entkoppelt. Vor allem aber sollte man das Instrument nicht über das gesamte Unternehmen gießen, sondern zur Wahl stellen. Warum alle unter ein Instrument zwingen? Warum nicht Menschen in die Verantwortung bringen? Wer meint, damit besser klarzukommen, soll es nutzen. Wer auf Mitarbeiterseite meint, darauf verzichten zu können, soll es abwählen können. Nur die Freiheit der Wahl macht auch einen gewissenhaften Umgang mit dem Instrument wahrscheinlich. Zwang führt zu formaler Handhabung. Damit ist nichts gewonnen. »Die DaimlerChrysler Services AG vereinheitlicht konzernweit ihre Zielvereinbarungen mit Führungskräften«, lesen wir in der *Personalführung* 10/99. Welch eine Nachricht!

Ob allerdings die Zielvereinbarung ein interessanter Nachfolgekandidat zur Lösung von Aufgaben ist, die herkömmlich dem *Vertrauen* zufielen, darf zu Recht bezweifelt werden. Wenn sich Partner nicht mehr aufeinander verlassen wollen, dann installieren sie explizite Sicherungen. Zum Beispiel Zielvereinbarungen. Sie ersetzen dann Selbstverpflichtung durch Fremdverpflichtung. Das ist im Kern ein

Vertrauensbruch. Und dieser hat Konsequenzen: Ein Einzelner kann als Individuum immer nur aus eigenem Antrieb heraus handeln. Dazu benötigt er seine eigene Einsicht, die auf einen eigenen Anspruch bezogen ist. Jeder Mensch hat also einen *selbstdefinierten* Qualitätsanspruch an seine Arbeit, wenn man so will: eine eigene Zielidee. Die kann man durch einen fremddefinierten Anspruch nur zerstören. Ist eine Handlung nicht vom eigenen, *innerlich gespürten* Interesse getragen, besteht die Gefahr, dass sie nicht ernsthaft ausgeführt wird. Je schärfer formuliert die Vereinbarung, desto geringer der Freiraum für den selbstdefinierten Qualitätsanspruch, desto mehr atmet sie den Geist des Belohnens und Bestrafens.

Je schärfer die Vereinbarung, desto geringer das Vertrauen.

Scharfe Zielvereinbarungen sind das Ornament des Misstrauens. Je unschärfer sie sind, desto mehr Raum gibt es für Selbstverantwortung und unternehmerische Eigeninitiative. Es ist ein Irrtum zu glauben, Zielvereinbarungen schafften Verbindlichkeit. Nur Vertrauen schafft Verbindlichkeit.

Anstoß zur Revision oder zur erneuten Selbstvergewisserung sind mir also vor allem die eigenen, *innen* definierten Ziele. Was man nämlich umgangsprachlich »Ziele« eines Handelnden nennt, sind gewünschte Eigenschaften von Handlungsresultaten oder die Resultate selber. Sie sollen in den täglichen Entscheidungssituationen als ein mögliches Handlungsresultat neben anderen abgewogen und dann bevorzugt werden. In hohem Maße strittig ist bis heute geblieben, ob der Handelnde seine Ziele rational bestimmt, also sich in der Konzentration seiner Energien tatsächlich an Zielvereinbarungen orientiert, oder ob seine Zielwahl *außerhalb* der Rationalität erfolgen muss. Dieser Meinung war David Hume: »Reason is, and ought only to be the slave of the passions.« Ich wüsste nicht, wie eine Entscheidung zwischen diversen zur Wahl stehenden Alternativen anders ausfallen könnte als unter wesentlicher Beteiligung meiner eigenen *inneren* und *spürenden* Stellungnahmen.

Die Ziele, die wir als *unsere* haben, müssen also etwas von dem haben, was Nicholas Rescher »flourishing« nannte, was man im Deutschen mit »Gedeihen« wiedergeben könnte. Ohne dieses wird kein Ziel ein glaubwürdig eigenes, ohne dieses wird kein mögliches Handlungsergebnis als von der eigenen Person her kommend bevorzugt, ohne dieses ist es nicht *meines*. Das meint: sich kraftvoll und beharrlich einsetzen, gegen Widerstände kämpfen, Stellung beziehen, verbunden mit der Bereitschaft, hinter den eigenen Entscheidungen zu stehen, sie zu vertreten und zu verantworten. Leistungsmotivierte setzen sich selbst große, haarige und kühne Ziele. Sich selbst! Warum auch sollte ich hinter den Zielen anderer herlaufen? Es gibt nur ein Ziel, dem sich der Mensch nicht widersetzt – seinem eigenen.

Wenn Sie als Führungskraft also Leistung wollen, dann lassen Sie ihre Mitarbeiter ihre Ziele selber setzen. Was ist dann der Beitrag der Führung? Koordinieren Sie die Ziele auf dem *Weg* der Leistungsentstehung. Nicht immer haben Mitarbeiter ihre Ziele klar vor sich; vermutlich ist dieser eher konfuse Zustand sogar »normal«. Deshalb kann ein

Gespräch über Ziele sogar klärend wirken. Dann aber sollten Sie sie nicht als Zielpunkt festzurren, sondern in der Freiheit des Einzelnen belassen. »Jeder gibt sein Bestes!« Falls die Zielerreichung die Aufgabe nicht abdeckt oder das Gehalt nicht rechtfertigt, müssen Sie ein Personaleinsatzproblem lösen.

Was Zusammenarbeit wirklich exzellent macht, ist nicht vereinbar.

Schon 1767 schrieb J. M. Servans: »Ein schwachsinniger Despot kann Sklaven mit eisernen Ketten zwingen; ein wahrer Fürst jedoch bindet sie viel fester durch die Kette ihrer eigenen Ideen.« Die Mitarbeiter ihre eigenen Ziele setzen lassen – das erfordert Vertrauen. Auch ein Sich-Zufriedengeben mit etwas, was »gut genug« heißen kann, die bewusste Mäßigung. Die bewusste Entscheidung gegen das Mehr-Tun. Gegen überschießende Kosten bei geringer werdendem Ertrag. Wer optimiert und maximiert, muss auch damit aufhören können, und sei es nur, um die Lebensvorteile des Erreichten wenigstens eine Zeit lang zu genießen. Und wir alle müssen lernen, die Offenheit der Zukunft auszuhalten. Aushalten der Offenheit ist aber nicht nur eine Zumutung, sondern bringt uns Vorteile. Der Manager, der das Ziel am Horizont sieht, hat die Eigentümlichkeit des Horizonts nicht bedacht, der genau um den Schritt zurückweicht, den er auf ihn zugeht.

Nicht die Zukunft erzeugt Ungewissheit,
sondern Ungewissheit erzeugt Zukunft.

TRAINING
oder wie man Psychoklamauk an Manager verkauft

Sei menschlich, nimm Abstand.
Friedrich Dürrenmatt

Auf dem Boulevard

Bekanntlich ist es die Aufgabe des Managements, zu verändern. Dies selbstverständlich unter so großkalibrigen Begründungen wie »Strategien umsetzen«, »den Wandel gestalten«, »Restrukturieren«. Der selbstgesetzte Veränderungsauftrag bezieht sich auch auf den einzelnen Mitarbeiter. Auch da muss kräftig gedreht werden. Die Zukunft verlangt veränderte Einstellungen und Verhaltensweisen.

Der Menschenveränderer unter den Führungskräften erfreut sich schon seit längerem der Komplizenschaft der Psychologie. Auch sie will Karriere machen. Hilfreich kommt sie um die Ecke mit allerhand Mitarbeiter-Typologien, Motivations-Theorien, Persönlichkeits-Modellen. Indem sie strukturelle Probleme ins Persönliche verlagert und an die individuelle Problembewältigungskompetenz delegiert, ist sie gleichsam zum vorherrschenden Deutungsmodell für alles Krisenhafte in den Unternehmen aufgestiegen. Auf der unternehmenskulturellen Bühne wird daher flüssig und manchmal überflüssig über die fälligen psychologischen Tagesmoden geredet. Die Gemeinde beugt das Knie bei astrophysikalischen Liturgien und nimmt die Einsegnungen der Affenforschung jauchzend entgegen. Da wird auf archetypischen Tauchfahrten der Jungsche Schatten durchmessen, da gibt es rote, grüne und blaue Typen, ESTPs und INFJs, große Eltern-Ichs, kleine Kinder-Ichs und derlei Köstlichkeiten mehr.

Falls nun auf den Begriff gebracht werden soll, was hier an Kennzeichen der tonangebenden Psycho-Trainings gesammelt worden ist – also: Typologisierung, Handhabbarkeit und Erfolgsbewusstsein, Kurzzeit-Verarbeitung, Alltagsplausibilität und mundgerechte Aufarbeitung für den Ein-Minuten-Manager, blendende Virtuosität im Umgang mit

esoterischem Psycho-Jargon, hoher Stoffreiz und »totaler« Erklärungseffekt, das alles erkauft mit Beibehaltung des Status quo im Unternehmen – so wüsste ich nur ein Schlagwort, das alle diese Merkmale auf einen Nenner bringt: Boulevard. Der Salon findet auf der Straße statt.

Der Boulevard verzichtet freilich auf alle Radikalität, oder ins Altdeutsche übersetzt: auf Tiefe. Statt einer Ästhetik des Schreckens oder der Plötzlichkeit herrscht auf dem Boulevard eine Ästhetik der Verbindlichkeit, der Wiederkehr des immer schon Bekannten und also Erwarteten. Aus allen Töpfen wird geschöpft und zu einer professionell vermarkteten Melange zusammengerührt, ohne dass auch nur eine Spur von Selbstzweifel spürbar wird. Selbst die ehrgeizigsten Methodenspiele dieser postmodernen Seminarbastler können und wollen gar nicht verbergen, dass sie sich aus dem Vorrat des schon Eingeübten, Durchkosteten bedienen. Ihr ungeheurer Geschmack ist immer schon: Nachgeschmack.

Und die Psycho-Nummer funktioniert – zumindest in den Geldbeuteln der Branche. Mit ihrem esoterischen Brimborium ist sie schlicht ein riesiges Geschäft. Vor allem in den Vertriebsorganisationen. Ganze Haufen selbsternannter Psycho-Trainer bieten ihre geheimwissenschaftlichen Dienste den How-to-hungrigen Managern an. Viele verkrachte Existenzen, Desperados und Blender sind darunter, die mit und ohne akademische Legitimation den Therapiemarkt bedienen. Therapeut zu sein ist bekanntlich auch ein Symptom. Sie offerieren Seelenwaschprogramme: Selbst-Sucher die einen, die ihre eigene innere Orientierungslosigkeit dadurch kompensieren, dass sie immer noch Leute finden, die noch orientierungsloser sind. Restlichtverstärker die anderen, die die Windfall Profits der Psycho-Welle mitnehmen. Scharlatane beide, insbesondere auf dem Spielfeld der Wirtschaft, wo sie fast immer auf der Grundlage kurzfristig erworbener Zertifikate von zweifelhafter Seriosität therapieren. Ein maßloser Psycho-Exhibitionismus, der »Kauf mich!« schreit. Man sieht sie vor sich, die Führungskräfte, wie sie mit den griffigen Typentaxonomien ihre Mitarbeiter *analysieren*, militärischen Aufklärungsoffizieren vergleichbar, und dann sich aufmachen, ihre Mitarbeiter den eigenen Erwartungen anzupassen. »Fürchtet euch nicht! Ich bin's doch nur. Euer Chef.«

Hinterwelten im Nebel

Was die Kumpanei von Management und Psychologie so plausibel macht, sind ihre sich ergänzenden Interessen. Das Management braucht die Psychologie als intellektuelle Einbläserin. Und die Psychologie will an die Fleischtöpfe der Macht. Dazu hilft ihnen ihre gemeinsame Basis: Beide wollen *hinter* etwas kommen. Gemeinsam ist ihnen Misstrauen. Denn so lautet eine zentrale Frage der Führungskräfte: »An welchen Motivationen meines Mitarbeiters kann ich hebeln?« Auch die Psychologie kennt die verdächtigende Geste des Ent-Deckens. Mit ihrer Tendenz zum Erklären behauptet sie ja eine Hintergrundebene, auf der ein »Eigentlich« hinter den beobachtbaren Phänomenen verborgen steuert. Sie gibt sich nicht mit der Oberfläche zufrieden, nein: »Da steckt doch was dahinter!« Hinter der Kruste peinlichen Schmutzes will sie ein Geheimnis schlürfen. In Arbeitsgruppen entstehen so gemeinschaftliche Intimsümpfe. Gibt es ein Phänomen wie Mobbing, weil jeder zum sadistischen Mitwisser der Lebenslüge des anderen geworden ist?

Wenn die Gespenster herrschen, beginnt die Epoche der Psychologie.

Die Psychologie verspricht mit ihren alltagsweltlich hochplausiblen Denkfiguren den Schlüssel zum Weltverstehen. So erschleicht sie sich Vertrauen mittels systematischen Misstrauens. Dabei will sie eher hinters Licht führen als erhellen. »Verstehen wollen« wird gesagt; »steuern«, »anpassen«, gar »über-den-Tisch-ziehen-wollen« ist oft genug gemeint. Alles geboren aus dem Geist des »Ich weiß was über dich. Aber du weißt nicht, dass ich das weiß. Und ich mache jetzt etwas mit dir. Aber du weißt gar nicht, wie dir geschieht.« Das natürlich nur zum Besten des anderen. Was aber das Beste ist, das entscheidet der psychologisch geschulte Feldgeistliche der Manipulation. Gerade dem geschenkten Gaul schaut man ins Maul.

Die Psychologie spricht daher *über* Phänomene, nicht *zu* Menschen. Deshalb wird nicht miteinander, sondern übereinander gesprochen. Sie blickt immer von der Meta-Ebene auf die kommunikativen Sensationen herunter. Es geht ihr nicht um Begegnung von gleich zu gleich. Es geht ihr nicht um Gesprächssymmetrie. Sie ist nicht wirklich neugierig auf das Anderssein des anderen. Sie entwirft ein Sein, in dem der Mensch auf sich selbst und andere blickt wie auf ein Ding unter Dingen, die durch Expertenwissen manipulierbar erscheinen. Zur Normalitätsabschätzung und Korrekturtechnik bedarf es quasiwissenschaftlicher Hilfstruppen (Trainer, Psychologen), die das Individuum in den Bereich »wissenschaftlich« erkennbarer Gegenstände holen und zum Metier der Entschleierungsexperten machen. »Hinweg mit dem Bösen in dir!«, sagte schon der ältere Verwandte des Psychologen, der Exorzist.

Das ist die instrumentelle Grundhaltung psychologischer Mitarbeiter(irre)führung. Entsprechend ist die Psychologie im Wirtschaftskontext *das* Schlüsselinstrumentarium zur Lenkung von Individuen. Sie verkauft Steuerungsrezepte. Überlegenheitsjargon. Codeworte zum Unerklärlichen. Sie antwortet auf die Frage: »Wie schaffe ich es, dass der andere tut, was ich für richtig halte (und auch noch begeistert bei der Sache ist)?«

Wer aber will das lernen? Machthungrige. Die Rezeptionsfolie heißt nicht Verstehen, sondern Macht.

Hände in Unschuld

Mögen die Vertreter der psychologischen Mitarbeiterführung diese Skizze auch als unzureichend, ja karikierend ablehnen: Die Aufnahme ihrer Gedanken in den Managerköpfen sieht so aus. Unzweifelhaft hat der Psycho-Boom in den Unternehmen zu der umgreifenden Misstrauens- und Manipulationskultur beigetragen. Führungskräfte beziehen nämlich psychologische Denkmodelle in der Regel nicht auf sich selbst als Methodenvorschläge zur Selbsterkenntnis, sondern als Führungs-»Techniken«. Wenn Handlungsanleitung, dann dazu, den anderen zum Handeln anzuleiten.

Ich unterscheide in diesem Zusammenhang zwischen der analytischen und der prognostischen Leistungsfähigkeit der Psychologie. Als Konstruktion eines Wirklichkeitsausschnitts (Analyse) mögen psychologische Modellbildungen noch hilfreich sein. Sie reduzieren Komplexität auf überschaubare Modelle. Der Verwendungszusammenhang »Wirtschaft« zielt aber nicht auf Überschaubarkeit, sondern auf Handhabbarkeit. Die Psychologie kommt hier der Etikettierungssucht entgegen, die das Besondere fürchtet, das Einzigartige lieber zu Typen verdichtet, um es – scheinbar – besser handhaben zu können. Die Modelle werden aufgegriffen, weil sie zu versprechen scheinen: »Wenn ich unter ähnlichen Bedingungen mich so ähnlich verhalte, wird das entsprechende Resultat beim anderen wahrscheinlich sein.« Führt man also diese Psychologie in einen Kontext ein, wo zur Vermählung mit Macht und Manipulation an allen Ecken und Enden eingeladen wird, so ist die Pontius-Pilatus-Geste lachhaft. Verantwortung muss den Verwendungszusammenhang einbeziehen.

Die Psychologie macht sich zur Kellnerin an den Biertischen der Manipulation.

Täglich kann ich erleben, was die Psychologie anrichtet. Die Psychologie? Nein, besser die Rezeption der Psychologie im Wirtschaftskontext. Ihr therapeutischer Entstehungshintergrund steht hier nicht zur Diskussion. Kann man die Psychologie dafür verantwortlich machen? Darüber wäre zu streiten. Aber wenn unser Sprechen überhaupt noch

Inhalt hat, wenn wir überhaupt noch Unterscheidungen einführen können, dann gibt es Denkkomplexe, die sich eher zur manipulativen Verwendung eignen, und andere, die sich zumindest sperren. Die Psychologie *eignet* sich nicht nur, sie dient sich an.

Es gibt mithin nicht nur die Verführbarkeit der Macht durch die Psychologie. Es gibt auch die Verführbarkeit der Psychologie durch die Macht. Die Konsquenzen sind desaströs. Auf verdeckte Weise – und auch ganz gegen ihren oft verlautbarten Anspruch – steht die Typisierungsmaschine Psychologie einer Entwicklung zu individuelleren Verhältnissen im Unternehmen im Wege. Ihre praktischen Auswirkungen liegen vielfach darin, Kommunikation auf Augenhöhe, Klarheit und Gradheit zu verhindern. Wenn die Psychologie den Menschen dazu verpflichtet, die Wahrheit über uns in der Kausalität der Triebe oder den Betonburgen der Typologien zu finden, dann haben wir keine Wahlfreiheit. Sie verallgemeinert – was sich in verstehbare Typentaxonomien, letztlich im »Personal« artikuliert. Deshalb redet zwar alles von mehr Selbstverantwortung, Kreativität und gelebtem Unternehmertum. Die dazu notwendigen *individuellen, partnerschaftlichen* und vor allem *vertrauenden* Kooperationsbeziehungen werden aber – wenn überhaupt – nur zögernd gestaltet. Stattdessen: Stabilisierung der Unreife, Infantilisierung, Menschen als »Betriebsmittel«, Kontrolle und Verfügbarkeit der »Belegschaft«.

Die gesamte Psychologisierung der Kooperationsverhältnisse in den Unternehmen ist ein Irrweg. Sie ist eine Philosophie, die Buße tut – Buße für die unheimlichen Folgen des Ich-bin-Sagens, der Individualität. Sie hat die Unverstehbarkeit des Individuellen verschüttet, indem sie es zu erhellen vorgab. Wie kann man ernstlich glauben, sich die Seele aufklären zu dürfen und dabei etwas anderes zu erreichen, als ihr Leiden zu mehren?

Entdecker erfinden

Normalmenschen reagieren auf Psychologen häufig mit Scheu und Skepsis. Sie reagieren instinktiv abwehrend. Sie fühlen sich »analysiert«. Analysiert – das bedeutet, dass da etwas auseinander genommen wird. Die Denkbewegung ist die des Entzweiens, nicht des Zusammenführens; der De-Konstruktion, nicht der Integration. »Ich verstehe dich« heißt »Ich habe dich analysiert« heißt »Ich weiß eine Menge über dich«. Unterstützt wird dadurch – oft ungewollt – die Tendenz, die Subjektivität zugunsten einer vermeintlichen Objektivität zu verraten. Im falschen Schluss vom Allgemeinen auf das Besondere wird behauptet: Der Mitarbeiter-Patient hat die und die Störung, folglich hat er auch eine so und so beschaffene Psychodynamik, und schließlich heißt es dann: Wenn Sie die und die Symptome haben, dann haben Sie wohl eine schwere Kindheit gehabt, und dann können Sie dies und das dagegen tun. (»Dann gehen Sie mal in ein persönlichkeitsbildendes Seminar ... und starten hinterher wieder begeistert durch.«) Wer kennt sie nicht – die psychologisierende Unredlichkeit, die bis ins Unendliche Recht zu behalten weiß, solange sie im Rücken der Subjekte wirkende ultratiefe Beweggründe ins Feld führt?

Entwarnung! Das Misstrauen ist unbegründet. Der tückische Aufklärungszauber verdunkelt die Verhältnisse. Das, was der Jurist Christian Thomasius 1692 in einem Schreiben an Kurfürst Friedrich III. von Brandenburg »das Verborgene des Herzens« nannte, das kann niemand offen legen.

Es gibt niemanden, der Sie besser kennt als Sie selbst.

Die Psychologie übersieht die heuristische Funktion von Sätzen, die die Fakten überhaupt erst erschließen. Die ganze Inszenierung krankt an dem erkenntnistheoretischen Trugschluss, dass da hinter den Phänomenen etwas zu *ent-decken* sei. Dass man die Wahrheit (meist in der Vergangenheit) suchen müsse, der man dann je nach Fähigkeit und Ausdauer nahe komme. Auf die Frage »Was steckt dahinter?« kann die schlichte Antwort nur lauten: »Gar nichts.« Wahrheiten werden nicht entdeckt, sie werden *gemacht*. Nicht erst seit Max Frisch wissen wir, dass unsere momentanen Selbstbilder und Gegenwartsinteressen sich ihre Vergangenheit basteln. Analyse lässt sich nicht objektivieren. Es werden Geschichten interpretiert, die an die Perspektive des Erzählers gebunden sind. Die Gegenwart prägt den Rückblick, die biographische Identität. Es *gibt* daher keine Vergangenheit. Nicht: wie es war, sondern: wie ich es heute brauchen kann. Die zentrale Frage ist also nicht: Warum *em-*pfinde ich es so?, sondern: Warum *er-*finde ich es so? Welchen Nutzen habe ich jetzt, es so zu erleben? Es so zu beschreiben?

Das ändert die Funktion bislang fast geheiligter Begriffsprämissen. Da gibt es keine vorgängigen Wahrheiten, die aus der Tiefe gehoben werden. Vielmehr wird gemeinsam ein Bedeutungsraum geschaffen. Geschichte ist Verhandlungssache. Menschen vollstrecken und wiederholen nicht nur Verdrängtes, Trieb, Traumata, sondern sie konstruieren sich ihre Vorstellungswelten selber: nach dem Nutzen, den sie davon haben. Menschen geben oft dem Psychologen Macht über sich, erhöhen ihn zum Wahrsager, dabei entwickelt er nur Bilder, die mehr über ihn selbst aussagen, als über den anderen. Es sind Projektionen. In der wissenschaftlichen Psychologie ist man sich dessen (manchmal) bewusst. Liest man aber einschlägige Texte, geht der Konstruktcharakter schlicht unter – im Sound des Psycho-Reality-TVs. Leicht wird übersehen, dass es sich um Modellbildungen handelt. So, als *gäbe* es den »Schatten«, eine »Übertragung«, oder die Anachronismen Freudscher Erfindungen. Dass sie allenfalls beschreibende Begriffsbildungen anbieten, wird im Wirtschaftskontext untergepflügt.

So erwischen wir den psychologisierenden Manager bei wahrlich »kreativer« Arbeit. Und sei er noch so sehr Meister seines Fachs – er entdeckt nichts, er erfindet nur. Er interpretiert sich und seine Interessen in den anderen hinein. Weit entfernt von der Einsicht, dass man eben selbst nicht exemplarisch ist, dass man seine Emotionen und Denkfiguren nicht auf andere übertragen kann, glaubt er weiter hartnäckig an das Allgemeine, an das Verstehen und das Analysieren. Dabei ist es die Selbstauslegung des Ich. Jeder spricht sich am anderen aus. Das kann ja ganz unterhaltend sein. Der Einzigartigkeit und der Unverstehbarkeit des Gegenüber tut das keinen Abbruch.

Jeder Mensch ist ein Mikrokosmos für sich selbst.

Partnerschaft

»Der Mensch ist nur an seiner Oberfläche Mensch.« Paul Valéry, ein Mann tiefgründiger Sätze. In der Tat: Die Oberfläche ist diejenige, auf der Menschen wohnen. Wenn wir wirklich mehr Selbstverantwortung und Selbstorganisation in den Unternehmen leben wollen, wenn wir wirklich die

Unterforderung der Mitarbeiter beheben wollen, wenn es uns wirklich um die Freisetzung des subjektiven Überhangs geht: Dann muss der andere für das genommen werden, was er ist. Wir müssen die Oberfläche respektieren. Die Oberfläche darf nicht »Fassade« sein, hinter die man analysierend zu schauen versucht. Die Ich-Grenzen sind zu respektieren.

> *Wir müssen uns verbeugen vor der Individualität und Unverstehbarkeit des anderen.*

Die Etikettiermaschine Psychologie versorgt uns mit Stereotypen, die uns erblinden lassen für die Realität: Jeder Mensch ist unterschiedlich, ausgestattet mit einer einzigartigen Kombination von Prägungen, Talenten, Passionen, Sehnsüchten und Verhaltensmustern. Nichts und niemand ist hier vergleichbar. Schaffen wir also loyale Beziehungen auf der Basis von Geben und Nehmen, saubere Verhältnisse des »Fair Exchange«. Realisieren wir Reziprozität. Fordern wir uns gegenseitig auf zu praktizierter Freiheit und zum Kampf gegen den »Faschismus in uns allen, in unseren Köpfen und in unserem alltäglichen Verhalten, der uns die Macht lieben lässt, der uns genau das begehren lässt, was uns beherrscht und ausbeutet« (M. Foucault). Das heißt: erwachsen sein statt durchtherapieren.

> *Partnerschaft ist das, was Partner schafft.*

Zwischen Partnern ist das einzige, was wirklich funktioniert, Vertrauen. Zwischen Erwachsenen wird *verhandelt*. Dazu muss ich nicht analysieren. Dazu brauche ich keine Psychologie. Wir haben im Unternehmen keinen *Therapie*-Vertrag. Sondern einen *Kooperations*-Vertrag. Und der beruht auf Absprachen und fairem Interessensausgleich. Mir geht es also auch um *Distanz*. Wir müssen wieder ein echtes Gefühl für Respekt und Unterschiede entwickeln. »Was wir sehen«, heißt es bei Botho Strauss, »ist durch Nähe versengt. Um jeden Preis muss man wieder entfernen, erhöhen, verschleiern.«

IDENTIFIKATION
oder wie man Gesinnung nötigt

> Wir wissen zu sagen: ›Cicero spricht dieses oder jenes;
> das ist Platons Art; dies sind die eigenen Worte des Aristoteles.‹
> Aber wir, was sagen wir für uns selbst? Wie urteilen wir? Was tun wir selbst?.
> *Michel de Montaigne*

Unzeitgemäßes

Der Vorstandsvorsitzende des Unternehmens, das noch vor wenigen Wochen einige hundert Mitarbeiter auf die Strasse gesetzt hatte (es wurde »Restrukturierung« genannt), steuert den Höhepunkt seiner Wiederaufbauprosa an: »Meine Damen und Herren, gerade in diesen schweren Zeiten setze ich darauf, dass Sie sich mit Ihrem Unternehmen und den vor uns liegenden Aufgaben voll identifizieren!« Will da jemand die Widerständigen unter dem Deckmantel allgemeinen Interesses zum Schulterschluss mit seinen eigenen Interessen nötigen? Die Gegenfrage bleibt unausgesprochen: Identifiziert sich das Unternehmen auch mit den Mitarbeitern? In den vergangenen Jahren haben – und voraussichtlich ist auch in naher Zukunft noch keine Ende in Sicht – Tausende von Menschen ihren Job verloren, denen man über Jahre geradezu nötigend »Think big!« zugerufen hat. Kann man Söldnerheere aufbauen und Patriotismus verlangen?

Waren es früher Zuckerbrot und Peitsche, so gilt heute die Verlagerung des Antreiberverhaltens in die Psyche des Mitarbeiters als Prüfzeichen moderner Mitarbeiterführung. Offenbar ist die Ökonomie derart in Bedrängnis, dass sachliches Kalkül durch den Appell an den guten Willen, unterfüttert mit Anekdoten über vorbildliche Manager, ersetzt werden muss. Deshalb auf der Managerwunschliste ganz oben: dass sich die Mitarbeiter *identifizieren* – mit ihrem Unternehmen (Betonfabrik?), mit ihrem Produkt (Baby-Windeln?), mit ihrer Aufgabe (Reisekosten prüfen?), mit der Vision (wichtigster Partner der Kunden?).

Der Ruf nach Identifikation ist ein Anachronismus. Ebenso wie »Karriere« setzt »Identifikation« stabile Institutionen voraus, die auch noch nach 30 Jahren ihre Versprechen einlösen. Davon kann in der heutigen Unternehmenswirklichkeit keine Rede mehr sein. Die Betriebe sind keine sicheren Orte mehr für Lebensplanung und Karriereentwurf. Hochidentifizierten Mitarbeitern wird mit 55, schon mit 50 Jahren geradezu nötigend der Vorruhestand angeboten, und sie empfinden das zu Recht als Hinauswurf. Selbst qualifizierte Mitarbeiter werden hinauskomplimentiert. Kann man von diesen Menschen, kann man von jungen Menschen, die beobachten, wie es ihren Vätern ergeht, noch Identifikation verlangen? Flockige Arbeitsverhältnisse, heute hier, morgen da, intellektuelles Tagelöhnertum, kurzfristige Kooperationsinteressen, konkrete, zeitlich befristete Dienstleistung einkaufen, menschliche Komplexitätskosten draußen halten, Reduktion des Unternehmens auf eine kleine Kernmannschaft – das sind die Stichworte der Gegenwart. Die Unternehmen sehen sich mehr und mehr konfrontiert mit (halb)rationalen Eigennutzoptimierern. Ist das was Neues? Keineswegs, es war immer schon so, wie auch immer sich der Eigennutz kostümierte. Nur dass heute die Skrupel entfallen sind, das auch offen zu sagen. Die Unternehmen haben hinter dem Schutzschild der Globalisierung ebenfalls die Skrupel verloren. Ist das was Schlechtes? »Wer den Egoismus ausschaltet, ohne die Energien, die ihn beseelen, auf einer höheren Ebene bewahren zu können, verdammt die Menschheit zu einer Apathie und Gleichgültigkeit, die noch schlimmer sein wird als der vorangegangene Zustand« (Vittorio Hösle). Ohne jeden moralisierenden Unterton: Wer den Mitarbeiter als Mittel zum Zweck sieht, darf sich nicht wundern, wenn der Mitarbeiter das Unternehmen als Mittel zum Zweck sieht. Wer lediglich Profit will, bekommt lediglich Gehaltsforderungen.

Die Unternehmen selbst haben den Nutzen der Identifikation abgeschafft.

Die Sinnfrage

Wissen die Unternehmen eigentlich, was sie den Mitarbeitern zumuten, wenn sie Identifikation fordern? Nein, sie wissen es nicht. Als 15-Jähriger, da ist es in Ordnung, sich lebensgroße Poster von Ronaldo,

Madonna oder Schwarzenegger ins Zimmer zu hängen. Aber mit 30? In diesem Alter sollte man ausschließlich mit sich selbst identifiziert sein, wenn man eine ärztliche Behandlung auf Schizophrenie vermeiden möchte. Wenn mit Identifikation also ein Verhalten bezeichnet werden soll, das auch nur näherungsweise dem psychologischen Terminus entspricht, dann ist sie in diesem Alter eine pathologische Erscheinung. Die Schulmedizin hält dafür den Begriff »Altersregression« bereit. Aber selbst wenn man als 30-Jähriger noch voll in seinem Beruf aufgeht – wer als 40-Jähriger seinen Arbeitsalltag zur alleinigen Sinnquelle macht, der hat später einen dornenreichen Weg vor sich. Für Angestellte geht die Rechnung »Beruf gleich Leben« niemals auf. Kein Unternehmen kann die Gegenleistung erbringen, egal wie hoch jemand hierarchisch steigt. Pensionierte Vorstände haben oft etwas Melancholisch-Lächerliches.

Ich höre den Einwand, das sei doch semantische Spielerei, gemeint sei eigentlich nur ein tatkräftiger Einsatz für die Sache, Engagement und Begeisterung. Nun spiele ich seit Jahren begeistert Tennis; aber leider schlecht. Andererseits kenne ich etliche Mannschaftskollegen, die mich – ohne dass sie große Begeisterung ins Spiel einbringen – bei jedem Tunier erneut vom Platz fegen. Engagement und Begeisterung sind noch lange keine Erfolgsgaranten. Ohne Können nützt auch Begeistertsein nichts, selbst wenn es »hellauf« ist.

Es ist zudem keineswegs im Interesse der Unternehmen, wenn sich die Mitarbeiter identifizieren. Beleuchten wir dazu die geheimen Botschaften, die der Forderung nach »Identifikation«, dem »emotionalen Sichgleichsetzen mit anderen und die Übernahme ihrer Motive« (Duden) unterlegt sind. Wer sich identifiziert, ist »außer sich«. Er ist nicht mehr »bei sich« (oder hat sie nicht mehr alle bei sich). Denn:

> *Identifikation ist Selbstverneinung.*

In symbiotischer Verschmelzung verschwimmen die Ich-Grenzen zugunsten einer »größeren« Einheit. Zugespitzt ist das die Kommunionalität des Daseins, wie es Heidegger in seiner Analyse des »Man« beschreibt: »Jeder ist der Andere und Keiner er selbst.« Ein für sich selbst verlorener und vollständig vergesellschafteter Mensch. Selbstbewusste und autonome Persönlichkeiten sind daher in einer Identifikationskultur eher die Pilzkulturen der Anarchie.

Im Schutz der Größe

Psychologisch ist Identifikation ein Abwehrmechanismus. Wer sich identifiziert, hat Angst. Er will der Macht ähneln, um unangreifbar zu scheinen. Er will sein Größenselbst durch Außenhalt aufblähen, um die Illusion der Stärke zu entwickeln. Unähnlichkeit macht klein. Was aber, wenn der Außenhalt wegbricht? Was, wenn die Macht schwächelt? Es ist kontraproduktiv, wenn die Unternehmen selbstständig denkende und unternehmerisch handelnde Mitarbeiter wollen, gleichzeitig aber Identifikation verlangen. Oder war das mit der Selbstständigkeit dann doch nicht so gemeint?

Der Identifikationsforderung von oben entspricht das Opferbewusstsein von unten. »Ich opfere mich für das Unternehmen auf«, heißt es dann. Entsprechend konsequent ist die Selbst-Viktimisierung vieler Mitarbeiter. Sie sind damit bereit für vielerlei Enttäuschungen: immer dann, wenn das idealisierte Größenbild von »ihrem« Unternehmen den Erwartungen nicht entspricht. Das konnte man sehr gut am Beispiel von patriarchalischen Unternehmenskulturen erleben, in denen die Entlassungswellen ab 1992 zu grundstürzenden Irritationen bei der Mitarbeiterschaft führten: »Eine Welt bricht zusammen.« Nichts sollte man mehr auf Farbechtheit prüfen als Fahnen.

Kritik avanciert in einer Identifikationskultur zur Nestbeschmutzung. Wer auch noch Interessen neben dem Job hat, wird zum vaterlandslosen Gesellen. Wer das Unternehmen gar verlässt, zum Verräter, dem man auch die reuige Rückkehr verweigert. Das Identifikationsgeraune fördert daher Ja-Sager-Kultur, Anpassertum und Gesichtslosigkeit. Es stützt die unselige Tendenz, berechtigte Individualinteressen gesinnungsethisch zu unterlaufen – unsere Krankenhäuser sind dafür ein besonders illustratives Beispiel. Mehr noch: Identifikation untergräbt jede Form der Selbstverantwortung. Wenn wir wirklich mehr Eigeninitiative und unternehmerische Kraft in der ganzen Breite des Unternehmens wollen, dann müssen wir jeden einzelnen Mitarbeiter als ein *individuelles Gegenüber* zum Unternehmen anerkennen. Die Basis dieser Kooperation ist *Beziehung*, ist Fair Exchange, ist ein gleichgewichtiges Geben und Nehmen. Eine Zusammenarbeit, die die jeweiligen Interessenlagen respektiert, von denen einige gleichgerichtet sind, einige nicht. Die Konfliktgrenze bleibt erhalten, liegt zwischen uns, wird nicht eingeebnet oder kleingeredet. Beziehung vermittelt zwischen einem depersonalisierenden Aufgehen im großen Ganzen und einer entscheidungslosen Beobachterposition. In einer Beziehung kann Pflicht zur Selbst-Verpflichtung werden. Eine Beziehung entscheidet sich *dafür*, übernimmt Verantwortung, sie nimmt teil. Aber sie nimmt sich »ihren Teil«, das heißt sie besteht auf der Einhaltung klarer Ich-Grenzen, die gleichzeitig die Verhandlungsgrenzen markieren.

> *Wo stehen Sie? Wo stehe ich?*
> *Und wo ist der Punkt, bei dem wir gemeinsam Ja sagen?*

Mir geht es – abermals – um *Distanz*. Dieser Begriff definiert die Grenze des umfassenden Zugriffs, oder, in der Sprache der Soziologen, der Totalinklusion. Wenn durch die Unternehmenskommunikation die Distanz zum Unternehmen zerstört wird, dann bedarf es der Entschiedenheit, wieder ein echtes Gefühl für Unterscheidungen aufzurichten. Den kommunionalen Optimismus ins Leere laufen zu lassen. Abstand zu gewinnen. Die Fähigkeit zur Distanznahme steigert die Handlungskompetenz. Das erst schafft Klarheit, Übersicht und Entschiedenheit. Wenn überhaupt, dann sind Menschen heute gut beraten, wenn sie sich allenfalls mit ihrem Handeln identifizieren, nicht mit einem Unternehmen. Dabei sollten sie sich *ihre eigenen Gründe* suchen, warum sie mitmachen. Und diese Gründe sind verlässlicher als alle von außen oder gar von oben nahe gelegten. Die Gesinnungsnötigung der Identifikation kann das jedenfalls nicht leisten.

Eigennutz schafft Innovation

Die einzige Organisation, für die wir alle arbeiten, heißt »Ich«. Andere, auch das Unternehmen, mögen einen Nutzen von unserer Arbeit haben, aber letztlich liegen Sinn, Ziel und Zweck des Handelns in jedem Einzelnen selbst. Andrew Grove, der Intel groß machte, hat in vielen Ansprachen seinen Leuten immer wieder zugerufen: »Ihr seid keine Intel-Mitarbeiter. Ihr macht das Geschäft für euch selbst. Ihr seid im Wettbewerb mit Millionen Anbietern rund um die Welt. Um wettbewerbsfähig zu bleiben, müsst ihr Verantwortung für eure Entwicklung und eure Karriere übernehmen.« So ist es: Wir arbeiten *im* Unternehmen, aber nicht *für* das Unternehmen. Das gemeinsame Spielfeld mag »Unternehmen XY« heißen. Aber es ist wichtig, klarzustellen, dass wir immer nur handeln, weil es eigennützlich ist. Weil es unseren Bedürfnissen, unseren moralischen Werthaltungen oder unseren Priorisierungen entspricht. Weil wir uns entschieden haben, auf diesem Spielfeld mitzuspielen. Aus Gründen, die wir nur selbst zu verantworten haben. Ich tue also *für mich* das Beste, wenn ich mein Bestes gebe.

Wenn Sie sich also auf der Abschlusskonferenz bei Ihren Mitarbeitern für »Ihre Leistungen« bedanken, Ihren Mitarbeitern »Darauf können Sie stolz sein!« zurufen, mögen Sie etwas aus Ihrer Sicht Richtiges tun. Sie sagen damit jedoch gleichzeitig, dass Ihre Mitarbeiter nicht für sich selbst arbeiten, sondern für ihren Chef. Dann müssen Sie Ihre Mitarbeiter auch permanent bei Laune halten. Wenn eine saubere Kooperationsbeziehung überhaupt mit Dank zusammenzubinden ist, dann können sich die Mitarbeiter ebensogut bei ihrem Chef bedanken, weil er ein so guter Geschäftsführer ist. Nein: »Wenn wir einen tollen Job gemacht haben, dann haben wir ihn *gemeinsam* gemacht!« So wird bei erwachsener Zusammenarbeit gedacht und gesprochen. Keine Opferstorys. Keine verlogenen Zuschreibungen, die dem anderen Dank abpressen sollen. Keine falschen Kausalitäten. Kein Überschreiten der Ich-Grenzen. Keine jämmerlichen Schuldzuschreibungen. Keine entwürdigenden Rechtfertigungen.

Besser erscheint mir, Arbeit so zu gestalten, dass sie in sich selbst belohnend ist, dass sie attraktiv ist, dass sie einfach Spaß macht. Der zentrale Begriff dafür ist *Verantwortung*. Je mehr sich jemand vollumfänglich verantwortlich für eine Aufgabe fühlt, je mehr jemand spürt, dass es von ihm abhängt, je mehr er weiß, dass es ohne ihn nicht oder so nicht geht, je mehr jemand spürt, dass sich andere auf ihn verlassen, desto mehr ist er bei der Sache. Viele Unternehmen wollen die Innovationsbereitschaft ihrer Mitarbeiter heben. Aber nur, wer etwas »für sich« tut, lässt sich von der Erotik des Gegenstandes anstecken. Das ist dann »sein« Projekt – und nur das setzt Innovation frei.

Die Frage, die Sie als Führungskraft jedem Mitarbeiter ernsthaft stellen sollten, lautet daher: »Für wen arbeiten Sie eigentlich?« Wer antwortet: »Für Sie, meinen Chef!« oder »Für das Unternehmen!«, wird niemals wirklich jene Selbstverantwortung für sein Tun und Lassen übernehmen, die für eine wirklich dauerhafte Motivation unabdingbar ist. Er hat vergessen, dass er sich entschieden hat, dass er freiwillig da ist, weil es ihm gefällt, dort zu arbeiten, weil er andere Alternativen ausgeschlagen hat. Er hat vergessen, dass er eine freie Wahl getroffen hat.

Das individualisierende Unternehmen

Das individualisierende Unternehmen
oder Menschen führen zum Erfolg

> Die wahrhafte und endgültige Lösung einer
> tiefgehenden Krise ist meist diejenige,
> der man am weitesten ausweicht
> und den heftigsten Widerstand leistet.
> *José Ortega y Gasset*

Die Idee der Macht

Unter den Ideen, die das Geschäftsleben prägen, ist »Macht« wortwörtlich die mächtigste. Viele multinationale Unternehmen haben mehr Macht als die Nationen, in denen sie produzieren und ihre Waren verteilen. Die Macht der Nationen hängt wiederum ab von ihrer Wirtschaftskraft. Macht steht hinter unserer Angst vor Kontrollverlust, verheißt andererseits die größten Belohnungen. Und sie ist offensichtlich ungleich verteilt, sonst wäre nicht »Empowerment« eines der Heilsworte, für die man Menschen in die Erholungsheime des betriebsinternen Therapiekarnevals jagt.

Aber was ist Macht? Man könnte ebenso fragen: Was ist Wahrheit? Was ist Natur? Was ist der Mensch? Entsprechend vielstimmig ist die Antwort: »Energie«, sagen die Physiker, »Ursache«, die Logiker, »Dynamik«, die Psychologen, »Getting things done«, mein amerikanischer Freund. Die sprichwörtlichen Antworten lauten: »Geld ist Macht« oder Francis Bacons »Wissen ist Macht«, mit dem noch mein Vater mir ein Studium nahe legte und das gegenwärtig zum »Information ist Macht« verkommt. Berühmt ist Max Webers Definition: »Macht ist die Fähigkeit, die eigenen Interessen gegen fremde durchzusetzen.« Dem hat später Mao Tse-tung indirekt zugestimmt: »Macht hat der, der das Gewehr trägt.« Klar, der Mächtige setzt sich besser durch als der Schmächtige.

Macht durchzieht alle gesellschaftlichen Lebensbereiche. Wenn zwei Menschen zusammenkommen, stellt sich reflexhaft eine Machtstruktur ein. Macht ist also keine feste Institution oder Struktur, sondern

wird zwischen Menschen in je spezifischen Situationen mit ihren Erfordernissen, Hindernissen, Spielern und Randbedingungen jedes Mal neu definiert. Sie trägt die Masken der Autorität, der Kontrolle, des Prestiges, des Einflusses, des Ruhms, des Charismas, des Vetorechts. Wichtig ist: Die Akteure begründen ihr Handeln niemals offen mit Unterdrückungsabsicht oder Machtgewinn, sondern immer mit den »besten« Absichten. Da kann Lord Acton noch so oft behaupten, dass Macht böse sei.

Macht kommt mithin nicht notwendig von »oben«. Sondern Macht existiert im Verhältnis eines jeden Individuums zu einem anderen, sofern es frei ist, das heißt Handlungsmöglichkeiten hat. Unter Wirtschaftsbedingungen wird Macht im Zusammenspiel der Akteure wesentlich durch Angebot und Nachfrage definiert.

Macht ist das, was der Markt als Macht bewertet.

Wer also hat die Macht im Unternehmen? Der Chef, der Arbeitgeber, das System? Oder der Mitarbeiter, der Arbeitnehmer? Traditionell wird die Rolle des Mächtigen dem hierarchisch Höherstehenden zugesprochen, während die Rolle des Schwächeren dem Mitarbeiter zufällt. Aber passt das alte Herkules-Modell der Macht heute noch? Macht als Kapitaleignertum? Macht als die Fähigkeit, Leute zu entlassen? Macht als heroisches Sichdurchsetzenkönnen?

Die Macht der Idee

Im alten Industriezeitalter organisierten Unternehmen sich wie Planwirtschaften. Die Grenzen zwischen Unternehmen und Markt, zwischen Mitarbeitern, Kunden und Lieferanten waren klar gezogen. Im Unternehmen fest verankert: der »Arbeitsplatz« – vollzeitig, dauerhaft, abgesichert. Und die Hierarchie. Sie war und ist unerhört leistungsfähig. Keine andere Organisationsform ist ihr überlegen – für alles, was Standard ist. Für den Regelfall. Mit dem Besonderen dagegen ist die Hierarchie überfordert. Sie hat viel zu viele gute Gründe, wegzusehen. Das Besondere kann sie gar nicht als Marktchance ernst nehmen, will sie sich nicht in ihrer Funktionsfähigkeit infrage stellen. Die Hierarchie definiert innen und qua Organisation, welche Situation auf den Märkten als Chance zu betrachten ist. Alles, was nicht organisatorisch vorgeprägt ist, wird schlicht nicht als Gelegenheit erkannt, Geld zu verdienen. Nicht was der Kunde will, zählt, sondern was die Organisation im Angebot hat.

Im Zeitalter der Massenproduktion funktionierte das. Deshalb standen Technik, Produktionstechnik, Managementtechnik, Führungstechnik im Vordergrund. Diese Konzepte passen nur noch eingeschränkt. Mit dem Einzug der Internet-Ökonomie gerieten die herkömmlichen Steuer- und Analysesysteme ins Wanken. Rohstoffe, Maschinen, Energie, Grundbesitz und Realkapital verlieren an Bedeutung – und mit ihnen die ökonomischen Theorien, die sich auf sie stützen. Zwar kann derzeit niemand wissen, nach welchen Regeln die neue Wirtschaft funktionieren wird. Aber erste Muster zeichnen sich ab.

Unternehmen – das sind keine klar umrissenen Einheiten mehr. Arbeit – das ist immer seltener der dauerhafte Vollzeitberuf. Karriere – das ist kaum noch der lange Marsch durch die Hierarchien. Konsum –

das ist vielfach nicht mehr der Kauf eines standardisierten Produktes zu einem festen Preis. Geist zählt mehr als Material. Schnelle Reaktion ist wichtiger als Routine. Zweitbeste Anbieter werden es schwer haben. Zwischenhändler verschwinden. Das Wort »direkt« hat Hochkonjunktur. Die Konkurrenz kann aus dem Kinderzimmer eines 16-Jährigen irgendwo auf der Welt kommen. Gut organisierte Mittelmäßigkeit, präzise Planung und ordentliche Schufterei machen Erfolg jedenfalls immer unwahrscheinlicher.

> *Heute wird wahr, worüber lange nur gelästert wurde:*
> *Der Mensch steht tatsächlich im Mittelpunkt.*

Ein Faktor dominiert alles: Ideen, verpackt als Patente und Produktpläne, Filme und Bücher, Computerprogramme und Internet-Seiten. Erfolg bringt nicht die möglichst präzise Erfüllung der Stellenbeschreibung, sondern der *subjektive Überhang*, der jedem Menschen eigen ist und bisweilen Kreativität genannt wird. Klar ist, dass nicht die Unternehmen mit der bestgefüllten Kasse gewinnen werden, sondern jene mit den besten Köpfen. Wer morgen am Markt bestehen will, muss auf das kreative Potenzial der Mitarbeiter zurückgreifen. Kreativität, Commitment, Unverwechselbarkeit – das sind die Qualitäten, die das wirtschaftliche Überleben sichern.

Kampf um Talente

»Leider haben wir auch etwa 500 Mitarbeiter entlassen müssen.« Der Vorstandsvorsitzende schließt mit leicht bedauernder Miene seine ansonsten sehr überzeugende Ansprache auf der Hauptversammlung. Der Aufsichtsratsvorsitzende bittet um Wortbeiträge, ein Mann meldet sich, erhält das Rederecht, geht zum Mikrofon und fragt: »Wie heißen die?« Der Aufsichtsratsvorsitzende ist irritiert: »Wie bitte? Ich glaube, ich habe Ihre Frage nicht ganz richtig verstanden.« Darauf der Fragesteller: »Sie haben mit jedem einzelnen entlassenen Mitarbeiter den Unternehmenswert gemindert. Ich möchte gerne wissen, wie die Mitarbeiter heißen, die Sie entlassen haben. Ich stelle den Antrag, dass Sie jeden einzelnen Namen jetzt und hier vorlesen.« Tumult im Saal.

Wirtschaft ist der zwischenmenschliche Austausch von knappen, für alternative Verwendungszwecke geeigneten Ressourcen. Die Machtfrage ist also letztlich eine Frage der Knappheit. Was ist knapp? Kapital? Sicher nicht. Menschen? Gut ausgebildete schon. Ideen? Allemal. Früher bestand der Unternehmenswert vor allem in Kapital, Anlagen und Fabrikgebäuden. Die konnte man »besitzen«. Menschen-Kapital kann man nicht besitzen. Heute geht der Unternehmenswert abends nach Hause. Er liegt zwischen den Ohren der Mitarbeiter. Wenn der Designer eines Mikroprozessors seinen Job kündigt, hat er sein Werkzeug im Kopf und nimmt es einfach mit – direkt zum Konkurrenten. Andrew Grove, CEO von Intel: »Wir mussten bitter erfahren, was es heißt, wenn uns wichtige Köpfe verlassen.« Wenn also Menschen das Unternehmen verlassen, dann verliert es an Wert. Damit werden die Soft Facts die Hard Facts. Es ist wie bei der Formel 1: Die Autos von Ferrari und McLaren-Mercedes sind gleichwertig, das Wettrüsten der Technik ist ausgereizt – auf den Fahrer kommt es an.

Was wie wirklichkeitsfremde Anfängerüberheblichkeit klingt, ist deshalb schon Realität: »Sagen Sie mir doch bitte, was mir Ihr Unternehmen bieten kann!« Das gewohnte Arbeitgeber-Arbeitnehmer-Verhältnis hat sich zu Beginn des neuen Jahrtausends vielfach umgedreht. Die für die Machtverhältnisse bei Einstellungsgesprächen so zutreffende Beobachtung »Wer guckt zuerst auf die Uhr?« wird heute anders beantwortet: Es ist immer häufiger der Bewerber, der auf die Uhr schaut. Bei immer mehr Unternehmen wird Wachstum ausschließlich durch die Knappheit auf den Personalmärkten verhindert. Hatte man sich an die qualitativen Probleme schon gewöhnt, so kommen zunehmend schlicht quantitative Engpässe hinzu. Die Arbeitslosigkeit verdampft zu einem rein statistischen Restwert. Investmentbanker, IT-Spezialisten, demnächst die Pflegekräfte – der Druck, den die Arbeitsmärkte erzeugen, ist mittlerweile stärker als jede Hierarchie.

Die Angehörigen der Erbengeneration, die Profiteure des Aktienbooms, die beide aus wirtschaftlicher Notwendigkeit nicht mehr arbeiten müssen, die alternde Bevölkerung: Wir stehen vor der noch einigermaßen ungewohnten Situation, dass die Unternehmen sich bei Mitarbeitern bewerben. Sie versuchen händeringend, die Besten anzulocken –

und zu halten. Denn es ist viel teurer, einen Mitarbeiter einzustellen als einen alten guten zu halten. Speziell in der High-Tech-Industrie liegt die jährliche Fluktuationsrate nicht selten bei unglaublich kostspieligen 30 Prozent. Kluge Köpfe sind ein knappes Gut. 15 000 Euro Kopfgeld für einen Spitzenabsolventen sind nicht ungewöhnlich. Wer sich nicht intensiv um die Wünsche und Bedürfnisse der Einzelnen kümmert, hat auf dem Arbeitsmarkt der Zukunft nur noch wenig Chancen, wirklich gute Leute zu bekommen. In den USA wurde aus dieser Not das »Management by Pampering« geboren. Arbeitsbedingungen und »soft benefits«, die den eigenen Bedürfnissen entsprechen, sind genauso verhandelbar wie Gehalt und Firmenwagen. Unternehmen, die darauf reagieren, flexibilisieren die Gestaltung der Arbeitsplätze, der Arbeitszeiten, des gesamten organisatorischen Ablaufs. Dann ist die Ausnahme die Regel.

Das ist für viele Manager ein unangenehmer Gedanke. Abhängig vom Faktor »Mensch«? Abhängig vom »subjektiven Überhang«? Abhängig von »Subjektivität« und »Individualität«? Ja, das hat man auf den Mitarbeiterversammlungen immer mal wieder so gesagt, insgeheim aber doch gewusst, dass man nur die richtige Entscheidung für das richtige Produkt zum richtigen Zeitpunkt mit der richtigen Strategie ... In Wahrheit beunruhigt die wuchernde Individualität viele Manager. Sie sind irritiert, dass der herkömmliche Produktivitätsbegriff und damit die tradierten Formen von »Regulierung« überlebt sind; sie stört, dass Werte immer weniger bei Standardabläufen und immer mehr in Ausnahmesituationen geschöpft werden; sie bedauern, dass nicht mehr Technik oder Tarifvertrag, sondern die Art und Weise des Miteinanderumgehens den wirtschaftlichen Erfolg entscheiden, dass jeder auf ihre Signale anders reagiert; sie fühlen sich behindert von den subtilen, aber in den Konsequenzen bedeutenden Unterschieden zwischen den Menschen.

Denn Kreativität ist der Organisation grundsätzlich wesensfremd. Organisationen leben als Systeme ein Eigenleben und dürfen ihre Überlebensfähigkeit nicht von Einzelnen abhängig machen. Ja, sie leben geradezu von der Neigung, Kreativität und Ideen zu ignorieren. Deshalb komprimieren sie Persönlichkeiten zu lautlos funktionierenden Erfüllungsgehilfen. Deshalb bevorzugen sie Bewerber, die so wahnsinnig normal sind, dass kein Genieverdacht sie je streifen könnte. Deshalb startet man Ablenkungsdiskurse über Kreativität, Unternehmertum, Selbstverantwortung. Würde man diese Ideen zulassen, dann würde bald nicht mehr *im* System gearbeitet, sondern *am* System. An der Schwelle zum neuen Jahrtausend steht aber genau das an: das Infragestellen der Organisation als Organisation.

> *Die Macht der Idee erneuert die Idee der Macht.*

Führung: überflüssig?

Unternehmen, die um die Idee der Innovation, des Lernens und der Veränderung herum gebaut sind, müssen Innovation auf allen Ebenen ermöglichen. Das erfordert ein radikal anderes Klima, als es jene Managementformen bieten, die vor über 100 Jahren entwickelt wurden. Einsicht zu haben in die Verbesserung von Produkten und Prozessen ist dann wichtiger als das Befolgen von Richtlinien. Das kann nur eine Struktur leisten, die auf Vertrauen in das Individuum setzt. »Nur aus dem Bewusstsein der Einzigartigkeit meines Lebens entspringt Religion – Wissenschaft – und Kunst«, schrieb Ludwig Wittgenstein in seinen Tagebüchern. »Und wirtschaftlicher Erfolg!«, möchte man anfügen.

Das mechanistische Denken hingegen versucht immer noch, den Engpass »Innovation« mit Techniken anzugehen: ein Plan, genaue Anweisungen, die sieben Regeln zur Kreativität. Aber so simpel ist Innovation nicht zu haben. Sie verlangt offene Grenzen, Freiheit von Form und Ziel, keinen Rechtfertigungsdruck und verschwenderische geistige Vielfalt. Wie will man die neuen Kundengenerationen mit ihren unberechenbaren Lebensstilen sonst erreichen?

Moderne Organisationen entwickeln sich daher zu Föderationen, Netzwerken, Clustern, Ad-Hoc-Kooperationen, Systemen auf Zeit, Modulen, Gitterwerken. Damit stehen wir vor einer kopernikanischen Wende im Management. In der neuen Arbeitswelt wird Freiheit und Individualität das wirtschaftliche Überleben sichern. Dabei ist klar, dass eine Organisation ohne Strukturen und Regeln sich selbst aufgegeben hat. Ich frage im Folgenden nach dem Maß. Ich diskutiere eine

Position auf dem Fließgleichgewicht. Dennoch wird viel Führung im quantitativen Sinne überflüssig werden. Nicht im qualitativen. Dort wird Führung anspruchsvoller. Die guten Zeiten sind also nicht immer die vergangenen. Was ich zeigen will.

> *Die Art und Weise, wie Menschen miteinander umgehen,*
> *wird zum entscheidenden Erfolgsfaktor.*

Führung
oder warum es auf den Unterschied ankommt

> Ich bin nicht gemacht wie irgendeiner von denen,
> die ich bisher sah, und ich wage zu glauben,
> dass ich auch nicht gemacht bin wie irgendeiner von allen, die leben.
> Wenn ich nicht besser bin, so bin ich doch wenigstens anders.
> *Jean-Jacques Rousseau*

All-in-One

Soviel Abschied war nie. Kaum hat jemand eine gegenwartskritische Fußnote anzufügen, wird gleich das Ende der ganzen Veranstaltung verkündet. Gerade die Wirtschaftsliteratur ist in dieser Hinsicht von einer immensen intellektuellen Unredlichkeit. Marktschreierisch wird Abschied von allem und jedem genommen: vom Verkaufen, von der Hierarchie, der strategischen Planung, man verkündet gar das »Ende der Führung«. Wer in diesem Jahrhundert über 50 Jahre alt wird, hat mithin eine gute Chance, gleich mehrfach dem Ende der Führung zu begegnen. Wird er der Todesankündigung noch glauben oder doch lieber den Aberglauben teilen, dass Totgesagte eben länger leben? Prophezeiungen sind ja auch deshalb so unwiderstehlich, weil sie sich in der Gegenwart weder bestätigen noch widerlegen lassen.

Seit über 2 000 Jahren wird über Führung diskutiert, vor allem aber über die Qualitäten, die eine Führungspersönlichkeit auszeichnen. Wer heutige Stellenanzeigen für Führungskräfte liest, muss nachgerade größenwahnsinnig sein, bewirbt er sich dennoch. Was da alles gefordert wird: Führungsstärke, Belastbarkeit, Entscheidungskompetenz, Bereitschaft zum Wandel, Teamfähigkeit, soziale Kompetenz, Fähigkeit, zu motivieren, Urteilsvermögen in kritischen Situationen, Prioritäten setzen, Flexibilität im Zugang, interkulturelle Kompetenz, emotionale Intelligenz, Offenheit für Experimente, Vielsprachigkeit, Integrität, Wagemut, Visionen – kurz: das All-in-One-Idol. »Das bin ich eigentlich nicht«, mag manchem von Ihnen durch den Kopf schießen.

Trösten Sie sich, Sie sind nicht allein. Solche Listen sind kompletter Unfug. Führungskitsch. Bill Gates ist wohl die größtmöglich vorstellbare Antithese zu einem solchen Instantführer.

Was eine gute Führungskraft ist, das weiß eigentlich niemand. Und es interessiert auch niemanden – außer den unternehmenskulturellen Platzanweisern. Und es gibt keinen »Führungsstil«, den man wie eine Videocassette einschieben und abspulen kann. Es gibt auch keine »Führungspersönlichkeit«, die eine Leistungsexplosion nach der anderen inszeniert. Die Führungskräfte, denen ich im Laufe der Zeit begegnet bin, haben auf mich im Gegenteil sehr unterschiedlich gewirkt: Manche wirkten flink und flexibel, andere stur und starrsinnig, einige unerträglich eitel – was ihre Leistungen allerdings nicht beeinträchtigte –, einige demonstrativ bescheiden, was ebenso wenig ihren Erfolg trübte. Der eloquente Souverän war ebenso vertreten wie der infantile Krakeeler, es gab zurückhaltende Zivilisierte und primitive Protzer, dionysische Zampanos und diplomatische Apparatschiks, einige waren mir sympathisch, andere weniger bis gar nicht. Sogar Peter Drucker suchte seinerzeit vergeblich ein gernbeschworenes Führungskriterium: »The one and only personality trait the effective ones I have encountered did have in common was something they did not have: they had little or no ›charisma‹ and little use either for the term or for what it signifies.«

Die aus meiner Sicht besten Führungskräfte zeichnen sich durch eins aus: Sie gehen ihren *eigenen* Weg. Sie kümmern sich wenig um Handbuchwissen, um »Die sieben Wege zum Erfolg«, um Exzellenz-»Regeln«, um Erfolgs-»Rezepte«, um den GE-Way, um »Six Sigma«-Platitüden, plappern nicht in infantiler Weise den letzten Auswurf irgendeines Management-»Gurus« nach, lassen sich nicht von dem ganzen hochglänzenden Eklektizismus der Manager-Verblödungsmaschinerie beeindrucken. Sie bauen auf sich selbst, ihren eigenen Stil. In gewissem Sinne sind sie »Freie Radikale«, die dahin gehen, wo sie wirksam werden können.

> *Die besten Führungskräfte haben eines gemeinsam:*
> *Sie sind unverwechselbar.*

Ein einfacher Test

Machen wir ein kleines Ratespiel. Was haben die folgenden – völlig willkürlich ausgewählten – Führungskräfte gemeinsam? Konrad Adenauer – Franz Beckenbauer – Jeanne d'Arc – Henry Ford – Mahatma Gandhi – Bill Gore – Max Grundig – Steve Jobs – John F. Kennedy – Martin Luther King – Lenin – Moses – Heinz Nixdorf – Walter Rathenau – John D. Rockefeller – Jürgen Schrempp – Maggie Thatcher – Ötte Tibulsky – Lech Walesa. Eine eigenartige Mischung, nicht wahr? Wenn Sie aber alle individuellen Eigenschaften, alle historischen Umstände und unterschiedlichen Handlungsfelder einmal ausblenden, wenn Sie Ihr persönliches Urteil über diese Menschen für einen Augenblick suspendieren, was bleibt dann übrig? Welches Kriterium machte aus diesen Menschen Führer? Diese Menschen verbindet nur eines: Es gab Menschen, die ihnen *folgten*. Es gab Menschen, die »Ja« zu ihnen sagten. Es gab Menschen, die sich von ihrer Führung eine Verbesserung ihrer Lebensqualität versprachen. Menschen haben sie als Führungskräfte anerkannt. Auch wenn es einigen Lesern zu simpel, zu wertfrei, fast archaisch anmutet:

Führende haben Folgende.

Das ist die Basis, ein natürliches Gesetz. Es in Deutschland zur Geltung zu bringen ist nicht ohne Verlegenheit. Die Erfahrung des Nationalsozialismus hat wohl auf Jahrzehnte hinaus einen unbefangenen Zugang zu diesem Fundament versperrt (was die Frage nach dem »Wohin?« der Führung aufwirft, aber dazu später mehr). Soweit ich sehe, hat auch erstmals ein Amerikaner, Warren Blank, darauf hingewiesen: Freiwillige Gefolgsleute sind das unabdingbare Gegenstück zu Führungskräften. Ohne sie findet keine Führung statt. Nur derjenige, dem die Menschen *freiwillig* folgen, hat als Führungskraft eine Existenzberechtigung. Wer die Karriereleiter hinaufgestiegen ist, ist von denjenigen abhängig, die er hinter sich gelassen hat.

Nimmt man hinzu, dass Führung per se Widerstand erzeugt, dann wird dieser Aspekt umso bedeutender. Die Systemtheorie hat überzeugend darstellt, dass Menschen in ihrem Verhalten zu großen Teilen auf das Verhalten anderer Menschen reagieren. Und dass diese Reaktion aus der Innenperspektive heraus immer »sinn-voll« ist. So gesehen, erscheint diesen Menschen die Führung durch einen anderen Menschen »voller Sinn«. Die Führungsleistung trägt offenbar etwas bei, was für die Empfänger von Führung vorteilhaft ist. Diese Führungskräfte, deren Handeln von den Mitarbeitern als »sinn-voll« erlebt wird, das sind *Beitragende*. Sie machen einen Unterschied im Leben ihrer Mitarbeiter, der von ihren Mitarbeitern als hilfreich anerkannt wird.

Ich habe diesen Unterschied schon in *Das Prinzip Selbstverantwortung* durch das Begriffspaar Vorgesetzter – Führungskraft verdeutlicht. Ein Vorgesetzter ist zunächst nichts weiter als das Resultat der Organisationsstruktur, wobei der hierarchisch-disziplinarische Aspekt betont wird. Seine Autorität ist eine Positionsautorität. Diese wiederum ist an ein Amt gebunden, das er »von oben« erhält. Dadurch wird er *legalisiert* und den Mitarbeitern gleichsam »vorgesetzt«. Eine Führungskraft hingegen *kann*, aber muss nicht Resultat der Organisationsstruktur sein. Ihre Akzeptanz entspringt ihrer Person, nicht ihrer Position. Sie ist nicht zwingend an ein Amt gebunden, sondern kraft einer von den Mitarbeitern anerkannten Kompetenz. Sie wird also nicht notwendig hierarchisch legalisiert, sondern *legitimiert*. Diese Legitimation erfolgt »von unten«. Ein Beispiel: Der historische Jesus von Nazareth, auch ohne seine religionsstiftende Bedeutung zweifellos ein Führer, überprüfte fortwährend die Bindung zwischen sich und seinen Apostel-Mitarbeitern. Er nahm ihre Zweifel ernst. Er vergewisserte sich immer wieder ihrer Zustimmung, ihrer Gefolgschaft, heute würden wir sagen: ihres Commitments. Mehrfach ist überliefert, dass er sie fragte: »Seid Ihr bei mir?«

Damit kommt der Mitarbeiter als Bestimmungsfaktor für erfolgreiches Führungshandeln ins Bild. Die legitimierende Instanz sind die Geführten. Nicht Führungsseminare, sondern Mitarbeiter verleihen Ihnen Führungskompetenz. Von deren »Wahl« sind Sie abhängig. Was jedoch viel wichtiger ist: Ihr Job hängt davon ab. Wenn Führen heißt, etwas zum Prozess der Leistungsentstehung beizutragen, das von den Mitarbeitern anerkannt wird, dann können Sie das nicht erfolgreich tun, wenn Ihnen Ihre Mitarbeiter Führungskompetenz absprechen. Dann hängen Sie in der Luft. Dann sind Sie vielleicht immer noch Vorgesetzter. Aber keine Führungskraft.

Wer den Wert bestimmt

Eine Führungskraft muss von den Geführten anerkannt werden, will sie Erfolg haben. Das bedeutet, dass die Gründe, aus denen sie akzeptiert wird, die Gründe der Mitarbeiter sind. Nicht der Führungskraft. Wir neigen jedoch dazu, Führungsqualitäten als ein Set von Eigenschaften zu definieren, das bestimmte Menschen aufweisen. Ich gebe zu, dass auch ich, befragt, des öfteren nicht der Versuchung widerstand, mich ambitiös über soziale Kompetenz, emotionale Intelligenz etc. auszulassen. Wir suchen oft Menschen mit diesen Qualitäten, anstatt auf die *Beziehungen* zu blicken, die diese Menschen offenbar entwickeln können und im Gleichgewicht halten.

Mit Georg Simmel kann man jede Handlung als eine Ware betrachten, die jemand »zu Markte trägt«. Jedes Gespräch, Liebe, Spiel, Zärtlichkeit, jedes Sichanblicken, jede Minute Lebenszeit ist eine Ware, die jemand zum Tausch anbietet. Jeder Mensch führt mit jedem anderen Menschen, der ihm nahe steht, ein Beziehungskonto. Auch jede Führungskraft mit ihrem Mitarbeiter, und umgekehrt. Auf diesem Beziehungskonto wird permanent eingezahlt und abgehoben. Die Wechselwirkung der Tauschgeschäfte ist die Beziehung zwischen zwei Menschen. Wenn einer der beiden Partner die Kontostände vergleicht und sieht, er hat mehr auf das Konto des anderen eingezahlt, als er selbst abheben konnte, wird er zunächst verärgert sein, langfristig die Beziehung beenden. Die Schwierigkeit dabei ist: Es gibt auf diesem Tauschmarkt keine allgemeingültige Währung. Jeder bewertet nämlich das Handeln eines anderen nach einem individuellen Wertesystem.

> *Wenn Geben und Nehmen im Gleichgewicht sind,*
> *funktioniert die Beziehung.*

Was eine Ware ist, kann nicht vom Anbieter bestimmt werden. Auch im Führungsverhältnis: Sie meinen vielleicht, Ihrem Mitarbeiter einen Dienst erwiesen zu haben, den dieser aber gar nicht als »Dienstleistung« anerkennt. Weil ihm anderes wichtiger ist, er andere Werte hat. Sie haben sich vielleicht weit über das Erwartbare für ihn eingesetzt, gewissermassen drei Kilo Wertschätzung auf das Konto Ihres Mitarbeiters eingezahlt, und erwarten nun Ausgleich. Der andere weiß aber vielleicht gar nicht, was Sie für ihn getan haben, hält Ihren Einsatz vielleicht für eine Selbstverständlichkeit, hat selbst einiges getan, schaut auf seinen Kontostand, und kann nicht erkennen, dass die Konten in einer Schieflage sind, zuckt mit der Schulter. Sie ärgern sich über Undankbarkeit und Gleichgültigkeit Ihres Mitarbeiters; dieser wundert sich über Ihre offenen oder versteckten Gegenleistungsforderungen. (Deshalb sollte man sich ab und zu mal eine Saldenmitteilung schreiben.) – Das ist die radikale Autonomie der Wertzuschreibung: Ob eine Dienstleistung wirklich eine Dienstleistung ist, entscheidet ausschließlich der Empfänger.

Autoritär versus Autorität

Eine gute Führungskraft wird man also nicht, wenn man auf 17 Führungsseminare rennt. Eine gute Führungskraft muss auch nicht den letzten Schrei der Managementmoden kennen. Eine gute Führungskraft ist auch nicht aus bestimmten Verhaltensweisen gleichsam »zusammengesetzt«. Überhaupt greift die Frage »Wie werde ich eine gute Führungskraft?« zu kurz. Nimmt man den natürlichen Fluss der Energien ernst, dann heißt die zentrale Führungsfrage: »Was kann ich tun, um dich, Mitarbeiter, zu unterstützen?« »Wie kann ich deinen Erfolg fördern?«, »Was kann ich tun, um dich zu gewinnen?« Führung hat dann keinen unmittelbaren Erfolg, sondern einen *mittelbaren*. Sie ist dann keine selbstoptimierende Funktion, sondern eine fremdoptimierende. Führung liegt dann gleichsam »unter« der Mitarbeiterleistung. Sie ermöglicht und fördert die Leistung *anderer*. Angesprochen ist damit auch der Unterschied zwischen »Autorität« und »autoritär«:

> *Autorität hat jemand, der etwas beiträgt, was andere brauchen.*
> *Autoritär ist jemand, der etwas beiträgt, was andere nicht brauchen.*

Vielleicht fragen Sie sich selbst: Was trage ich zum Erfolg meines Mitarbeiters bei, das, wenn es denn fehlte, von ihm vermisst würde? Das ist auch im Privaten eine durchaus intelligente Frage: Was trage ich zur Lebensqualität meines Partners bei, das, wenn es denn fehlte, von ihm/ihr vermisst würde. Manchmal sind die Antworten ein bisschen dünn. Dann ist es wieder Zeit, zu wählen ...

Wir alle wissen, dass Beziehungen von Natur aus volatil sind. Sie haben ihre Hochs und ihre Tiefs. Sie sind prekär, anfällig. Man muss sie sensibel beobachten und fortlaufend in sie investieren, wenn wir sie erhalten wollen. Und sie sind nicht notwendig von Dauer. Sie können ihre Zeit haben und ihre Zeit gehabt haben. Ihr Nutzen für die Beteiligten kann sich erfüllen. Wenn es keine Entwicklung mehr in ihr gibt, ist sie tot. Damit ist Führung ein Prozess auf Zeit, kein Wesenszug. Ich stimme Warren Blank zu, wenn er schreibt: »Leadership occurs as an event. Leader-follower fields of interaction begin, have a middle, and they end.« Das Drama beginnt dann, wenn wir dieses Auf und Ab zu einem ewigen »Oben bleiben« pervertieren. Dann entflieht alle Lebendigkeit aus den Beziehungen. Das Drama in den Unternehmen ist doch gerade das »einmal Führungskraft, immer Führungskraft«. Wenn wir uns nicht abwählen können, dann können wir uns auch nicht wirklich wählen. Wenn wir nicht Nein zueinander sagen können, können wir auch nicht Ja sagen. Wenn uns jemand vorgesetzt wird, können wir uns damit vielleicht abfinden, aber eine lebendige Beziehung entsteht nur im Risiko des Prozesses, der auch zu Ende gehen kann. Und sollte.

Selbstgewählte Aufgaben

Ich mache manchmal die einigermaßen irritierende Erfahrung, dass Menschen, die meiner Idee von einer »idealen« Führungskraft zum Teil dramatisch widersprechen, ausgesprochen erfolgreich sind: Die Ergebnisse stimmen; die Atmosphäre zwischen den Menschen stimmt. Auf der anderen Seite gibt es zahlreiche Beispiele von Führungskräften, die geradezu einem Modellheft der Managementliteratur entsprungen zu sein scheinen – und unter optimalen Bedingungen scheitern. Wie ist das zu erklären? Offenbar passt eine Führungskraft zu dieser Aufgabe, zu dieser Mitarbeitergruppe, zu diesem Chef. Und eine andere nicht. Man sieht: Mit Handbuchweisheiten um sich zu werfen oder gedankenvoll nickend hochimpressionistische Eignungsurteile über »geborene

Führer« auszutauschen, ist wenig hilfreich. Auch ein Churchill konnte seine große Rolle nur im Krieg spielen; zu Friedenszeiten ist ihm nichts eingefallen.

Mitarbeiter müssen Führung wählen können, um ihren unbestreitbaren Beitrag als Hilfe anzuerkennen. Wenn Sie diesem Gedanken zustimmen können, dann ist nicht mehr irgendein theoretisch idealisiertes Anforderungsprofil die Messlatte, sondern die Praxis. Dann sind für Führung situative Kriterien höher zu bewerten als die Stellenbeschreibung, die letztlich nichts anderes als die marktferne Dominanz der Organisation spiegelt. Sie müssen Situation und Individuum zur Passung bringen. Dann hat Führung genau so lange Bestand, wie eine Führungskraft auf freiwillige Gefolgschaft rechnen kann. Dann müssen Sie bei den Organisationsstrukturen alles verhindern, was Führungsverhältnisse über diesen Zeitpunkt hinaus aufrechterhält. Niemandem ist gedient, wenn Führung künstlich beatmet und der natürliche Energiefluss gestaut wird. So produziert man Resignation und Zynismus. Für die Unternehmen erwächst daraus die Aufgabe, die Besetzung von Führungsaufgaben grundsätzlich nicht an Ewigkeitserwartungen zu binden. Die DIS AG hat das genau so gemacht: Führung auf Zeit, Führungs-Probejahre als Chance für jeden. Die Strukturen sind so flexibel gehalten, dass für alle Urteile gilt: auf Bewährung.

Führende haben Folgende – eine Binsenweisheit? Mag sein, aber offenbar geht niemand in die Binsen. Die Implikationen dieser Perspektive sind so gravierend, dass sie zumeist reflexhaft abgelehnt werden. »Da ist doch der Willkür Tür und Tor geöffnet!« Wieviel Misstrauen artikuliert sich in dieser Ausage, wieviel Skepsis gegenüber dem Individuum, wieviel antidemokratische Einstellung kommt so zutage. Oder: »Die Führungskräfte schleimen sich doch dann nur noch an, um wiedergewählt zu werden!« Gegenbeispiel: Vor einigen Jahren machte man im Böblinger Leiterplattenwerk von Hewlett Packard ein Experiment, über das erstaunlich wenig publiziert wurde. Man enthob alle Vorgesetzten ihrer Personalverantwortung, gab ihnen Spezialaufgaben und bat die etwa 400 Mitarbeiter des Werkes, sich in jeder Weise selbst zu organisieren. Einzige Vorgabe: Die Ausschussquote durfte nicht steigen und die Produktivität nicht sinken. Was machten die Mitarbeiter? Sie etablierten sofort neue Führungskräfte, die nun aber von ihnen gewählt wurden. Das Ergebnis? Die Produktivität stieg (bei stabiler Mitarbeiterzahl) im ersten Jahr um 18 Prozent, im zweiten Jahr um knapp 30 Prozent. – Ich denke, es ist an der Zeit, endlich den Menschen etwas zuzutrauen: dass sie einen selbstgesetzten Qualitätsmaßstab für ihre Arbeit haben und dass sie weder Leistungsverweigerer noch Organisationsanalphabeten sind.

Dr. Frankensteins Traum

Können wir aushalten, dass es unterschiedliche Wege zum Führungserfolg gibt? Der Gedanke der natürlichen Führung, der Vertrauen in die Menschen voraussetzt, ist für Dr. Frankenstein einigermaßen unerträglich. Und Dr. Frankenstein ist überall. Überall bemühen sich Unternehmen, durch Leitlinien, Führungsgrundsätze und andere säkularisierte Bibeln das Verhalten der Menschen einzuebnen. Warum eigentlich? Zunächst verhält es sich mit Leitsätzen wie mit Vorsätzen: »Ich will eigentlich etwas anderes, kann aber mir und anderen erzählen, was wir uns alle vorgenommen haben.« Zudem wusste der gesunde Menschenverstand schon immer, dass solche Leitlinien nicht funktionieren. Denn es werden Handlungsaufforderungen formuliert, die der Individualität der Menschen niemals gerecht werden. »Du sollst!« wird als Zumutung erlebt, abgewendet und externalisiert: Die Änderung wird – bei allen gegenteiligen Beteuerungen – immer von anderen erwartet: »Was sollen wir machen, wenn sich noch nicht einmal der Vorstand an das Leitbild hält?« Außerdem werden durch den Erlass solcher Richtlinien Erwartungen erzeugt, die nahezu immer enttäuscht werden.

Leitlinien schaffen Vergleichbarkeiten zwischen einer Verlautbarungsebene, die nunmehr eindeutig definiert ist, und einer Handlungsebene, die unentrinnbar mehrdeutig und dilemmatisch ist. Oder wollen Sie sich zwischen Einfühlungsvermögen und Durchsetzungsfähigkeit entscheiden? So ist es leicht, jemandem, wie es oft geschieht, »Führungsschwäche« vorzuwerfen. Weil jeder unter »Führung« etwas anderes versteht. Selbst wenn Sie sich auf einschlägige Formulierungen einigen. Vor allem aber werden asymmetrische Veränderungswünsche oktroyiert, die blind sind für den systemischen Reiz-Reaktions-Zusammenhang von Verhalten.

> *Leitlinien gaukeln eine Eindeutigkeit vor,*
> *die der Lebenswirklichkeit nicht entspricht.*

Im hellen Licht der Leitlinien sieht jeder blass aus; das Spiel *kann* niemand gewinnen. Außer natürlich jener Durchschnitt, der nicht viel falsch macht, dafür aber auch wenig richtig. Aus diesem Grunde ist die Unzufriedenheit nach Einführung von Führungsleitlinien in aller Regel auch größer als vorher. Denn die wahre Botschaft von Leitbildern heißt: »Besonderheit ist in unserem Unternehmen unerwünscht.« Letztlich: »Wir vertrauen dir nicht!«

Mich interessiert hier vor allem der Begradigungswunsch. Was ist so toll daran, die Menschen gleichzuschalten? Müssen wir nicht in unterschiedlichen Situationen, mit unterschiedlichen Menschen unterschiedlich führen? Ausrufezeichen. Zudem: Einzigartigkeit ist uns nicht einfach nur gegeben, sondern wird auch von uns geschaffen. Niemand kann mit einem äußeren Maßstab ein Modell abgeben für die Lebensführung anderer. Nicht ohne den Preis, auf die Entwicklung eines »Selbst« zu verzichten. Will das wer? Das Motiv ist also falsch. Es verpasst das, was möglich ist, mit Blick auf das, was unmöglich ist. Der Mensch ist nun mal aus knorrigem Holz. Ist es nicht viel vorteilhafter, das knorrige Holz auch knorrig zu lassen? Vielfalt zu ehren und zu nutzen? Ein Unternehmen sollte daher erst gar nicht versuchen, seine Führungskräfte auf die einzig richtige Führungsweise einzuschwören. Den für sich selbst besten Weg zu finden ist etwas anderes als Anpassung an einen vordefinierten Standard. Deshalb erleben wir gerade nicht das Ende der Führung, sondern in gewisser Weise ihren Anfang – den Anfang *individueller* Führung.

STÖRUNG
oder der Weg aus der Erfolgsfalle

> Viele Menschen glauben, sie würden denken,
> während sie in Wirklichkeit nur ihre Vorurteile neu ordnen.
> *William James*

Führung ja – aber wozu?

Was Führungskräfte eigentlich tun, ist schwer zu beschreiben. Sogar mitunter für diese selbst. Ein Seminarteilnehmer erzählte: »Als mich mein Sohn fragte, was ich so den ganzen Tag mache, sagte ich ihm, dass ich fast permanent telefoniere, in Besprechungen sitze und am Abend oft feststelle, dass ich etwas anderes getan habe, als ich ursprünglich wollte.« Das ist der Nährboden für Mythen, Zerrbilder und Illusionen. Was Führungskräfte tun *sollten*, dafür gibt es einige Meter Literatur. Bevor ich mich anschicke, diesen einen Zentimeter hinzuzufügen, stelln mer uns ma janz dumm: Warum gibt es Unternehmen? Weil man gemeinsam etwas erreichen kann, was alleine nicht zu schaffen ist. Und wozu braucht man Führung? Gute Frage. Gibt man sie an Führungskräfte weiter, will man etwa wissen, welche Tätigkeit sie ausüben, lauten die Antworten so: »Ich bin Leiter Qualitätssicherung bei dem Chemiekonzern XY«, »Ich verantworte die Marktforschung in der Firma Z«, »Ich bin Vorstandsmitglied bei der Sparkasse Niederobenunten«. Sind das Antworten auf die Frage »Was tun Sie?« Nein, sie nennen Titel, Dienstverträge, Stellenbeschreibungen. Sie antworten auf die Frage: »Wer *sind* Sie?«

Führungskräfte führen Menschen. Die sind aus Fleisch und Blut, haben Wünsche, Ziele, Gefühle und Hoffnungen – genauso wie die Führungskräfte selbst. Führungskräfte koordinieren menschliche Energien auf dem Weg der Leistungsentstehung. Dabei wird unterstellt, dass das jeder Einzelne für sich oder die Gruppe insgesamt alleine nicht leisten könnte. Führungskräfte sind also Kooperationsparasiten. Sie leben von der Unfähigkeit der Menschen, sich selbst zu organisieren, selbst zu entscheiden, miteinander klarzukommen. Führungskräfte beschäftigen sich nachweislich zu 90 Prozent ihrer Arbeitszeit mit Problemen, die die Organisation als Organisation produziert. Sie ernähren sich von der Eigendynamik der Organisation, die ganz wesentlich die Hilflosigkeit von Menschen erzeugt, die sie beklagt und zu beheben versucht. Vorgeblich. Denn letztlich ist es ihre Existenzvoraussetzung. Ob tatsächlich Menschen so hilflos sind, wie die Managementtheorie unterstellt, darüber mag man streiten. Fakt ist, dass es Führung gibt und wahrscheinlich immer geben wird. Welche Funktion sie einnimmt, welche Aufgaben sie lösen soll, das ist historisch abhängig von den jeweiligen Rahmenbedingungen. Im Folgenden will ich die Schlüsselaufgaben entfalten, die Führung legitimieren.

Bevor ich damit beginne, will ich noch eine Frage stellen: Warum tun Führungskräfte das, was sie tun? Wir leben in einer Welt, in der jeder so wirken möchte, als hätte er edle Motive. Selbstsucht ist daher meist gut getarnt. Sie mag sich aber noch so altruistisch kostümieren, letztlich drehen sich die Handlungen eines Managers nur um einen einzigen Punkt: Manager zu bleiben. Und möglichst aufzusteigen. Mit allem, was dazugehört. Daran ist nichts Schlechtes. Wenn er dadurch das Überleben des Unternehmens sichert. Und wie tut er das? Indem er *stört*!

Routine, Routine

Woran liegt es, dass die Lebenserwartung auch großer Unternehmen im Durchschnitt gerade einmal einem halben Menschenleben entspricht? Fast 40 Prozent der Fortune-500-Unternehmen existierten vor 20 Jahren noch nicht. Glückliche Umstände haben eine Marktnische eröffnet, in die ist man erfolgreich hineingestoßen, sie ließ sich einige Jahrzehnte erfolgreich ausbeuten ... aber dann wandte sich Fortuna ab, die Umstände änderten sich, man machte Mehr-vom-selben – und scheiterte trotz verstärkter Anstrengungen. Unausweichlich?

Betrachten wir den Start einer Firma: Eine Handvoll Menschen, die sich entschlossen haben, ein Unternehmen zu gründen, entwickeln eine Geschäftsidee, verhandeln untereinander Verträge, verteilen Aufgaben und legen los. Schon bald stellen sich erste Erfolge ein, die Erfolge bestätigen die Strategien und Organisationsentscheidungen, man wird sogar überaus erfolgreich, andere Unternehmen versuchen gar Strukturen und Systeme zu kopieren. Stolz entwickelt sich; die

Gründerväter werden heilig gesprochen; ihre Worte bekommen prophetischen Rang. Unter den Mitarbeitern stellt sich allmählich erfolgsverwöhnte Routine ein. Man hat sich eingerichtet in Aufgaben, Prozessen und Strukturen. Die Gewöhnung wuchert, langsam verkrusten die Abläufe. Wir alle kennen das gravitätische Gewicht unserer Erfolgsgeschichten. Kritiker, so sie denn überhaupt eingelassen werden, aktivieren das Immunsystem, werden wieder abgestoßen. Nur »true believers« sind willkommen. Sogar im Kleinen: »Was hältst du davon, wenn wir Meier noch zum Team nehmen?« »Weiß nicht, bist du sicher, dass der auf unserer Linie ist?« »Vielleicht nicht, aber das bringt doch gute Ideen ein.« »Dann geht die ganze Diskussion wieder von vorne los. Wir wissen doch, was wir wollen.«

Die Erfolgsfalle

Wir alle sind in gewissem Sinne Opfer unserer Erfolge. Wenn wir etwas erfolgreich getan haben, dann entwickeln wir daraus oft ein Programm, und dieses Programm heißt »Erfahrung – Regelhaftigkeit – Weiter so!«. Sollten sich die Umstände ändern, dann antworten wir mit verstärkten Anstrengungen in die gleiche Richtung. Märkte, das Konsumverhalten der Menschen wandeln sich jedoch ständig. Das einst frische, flexible und auf Kunden hin orientierte Unternehmen ist aber selten bereit, ein jahrzehntelang funktionierendes Erfolgsrezept kritisch zu hinterfragen. Es verliert seine Außensensibilität und seine Anpassungsfähigkeit. Es wird Opfer seines Erfolges. Ein guter Slogan kann bekanntlich das Nachdenken 20 Jahre lang verhindern. Je schneller sich die Umwelt ändert, desto schneller haben sich aber auch unsere Erfolgsrezepte überlebt. Wenn Unternehmen überleben wollen, dann müssen sie situationsbunt antworten, auf hoch strukturiertes Vorgehen verzichten, dem Zufall eine Chance geben. Wer an »Strategien« festhält, übersieht im unbeirrbaren Streben nach Licht das Naheliegende. Das Licht scheint uns hell, aber es blendet auch, weil es leuchtet.

Nichts ist so problematisch für den Erfolg von morgen wie der Erfolg von gestern.

Denken Sie an den Erfolg junger Unternehmer, die noch keine oder kaum Erfahrungen haben können. Sie sind erfolgreich, gerade weil sie *keine* Erfahrung haben. Oder das ganze überlebte Zeug scheppernd vom Tisch wischen. Im Grunde engt nämlich jede Erfahrung ein. Die Macht der Gewohnheit ist der härteste Klebstoff der Welt. Und wenn wir mit einem bestimmten Vorgehen lange erfolgreich waren, können wir uns kaum vorstellen, dass wir auf andere, originelle Weise vielleicht noch viel erfolgreicher sein könnten. Es sei denn, das Erfolgsrezept heißt »Originalität«. »Unser Rezept ist es, keins zu haben.« Oder: »Wir machen es immer anders als die anderen. Das ist die einzige Regelmäßigkeit.«

Unangenehme Informationen nicht wahrnehmen zu wollen – das ist das größte Innovationsproblem. Hierarchie lässt keine schlechten Nachrichten zu. Das galt für Nixdorf, für IBM, AEG, für Grundig, für Philips ... Das gilt auch für Ihre persönliche Führungssituation. Wenn Sie glauben, privilegierten Zugang zur Wahrheit zu haben, wenn Sie eine Idee von Einzigrichtigkeit im Kopf haben, wenn Sie »the-one-best-way« erfunden haben, dann lernen Sie nicht mehr. Dann sind Sie in der Erfolgsfalle. »Ich habe seit 25 Jahren Führungserfahrung!«, sagte der Manager. Dabei hatte er nur *ein* Jahr Führungserfahrung, und das war 24 Jahre her.

> *Wer nicht vom Weg abkommt, bleibt auf der Strecke.*

Infrage stellen – immer wieder

Es ist überlebenswichtig, Routinen immer wieder aufzubrechen, die Strukturen im Unternehmen regelmäßig infrage zu stellen, die Leute von den Stühlen zu schieben. Es ist wie das Aufwärmen vor dem Laufen: Es lockert die Bänder. Auch wenn es scheinbar widersinnig klingt: Störung ist per se ein Wert. In erfolgreichen Firmen ist die Revolution permanent. Fred Smith, CEO von FDX Corp., der Mutter von Federal Express: »Die wichtigste Frage ist, wie Sie in Ihrem Unternehmen dauerhaft den Gründergeist lebendig halten.« Und Louis Gerstner, der IBM aus den roten Zahlen führte, sekundiert: »Das Schlimmste, was einen Manager ereilen kann, ist Zufriedenheit mit der Routine. Wenn ein Programm erst einmal läuft, ist die Gefahr, dass man sich bequem darin einrichtet, groß.« Sein Rat: »Den Status quo immer wieder in Zweifel ziehen!«

> *Führung ist dafür da, die Mitarbeiter bei der Arbeit zu stören.*

Der Störungsauftrag: Die Beharrungsenergien des »Das machen wir hier immer so!« als Einweihung in den Untergang zu brandmarken. Die Unternehmenskultur mit Veränderungswillen aufheizen. Die Worte »immer« und »nie« auf den Index setzen. Die Erfolgsrezepte der Vergangenheit ehren, indem man sie hinter sich lässt. Die »Wahrheit« hinterfragen, den »Sachzwang« aufschütteln, Selbstgefälligkeit vom Sockel stürzen. Sich nicht zufrieden geben und wohlig einrichten im selbstgefälligen »Weiter so!«. Die unbefahrene Straße fahren. Denken, was andere nicht denken. Suchen, wo andere nicht suchen. Machen, was andere nicht machen. Führung muss sich also über das Mehr-vom-selben erheben, muss über den Tellerrand schauen, Umweltveränderungen abtasten, Möglichkeitsbewusstsein entwickeln und Mitarbeiter und Organisation vorbereiten auf das, was unvermeidlich ist und unweigerlich kommen wird: Veränderung.

Wer Menschen auf Veränderungen vorbereiten will, bedenke dies: Als Führungskraft müssen Sie die Wirklichkeitskonstruktion ihres Mitarbeiters *grundsätzlich* irritieren, wie immer sie auch aussieht – auch, wenn Sie persönlich ihr zustimmen. Sie müssen sie stören, mit einer Alternative versorgen, damit er wieder wählen kann, sich entscheiden muss, und aus genau dieser Entschiedenheit Kraft und Engagement schöpft. Wenn »Motivieren« je einen Sinn hatte, dann diesen: Menschen Wahlmöglichkeiten vor Augen zu führen. Denn nur wer eine Situation als selbstgewählt erlebt, ist mit ganzem Herzen bei der Sache.

Ich weiß, dass einige von Ihnen ganz andere Probleme haben, nämlich ein bisschen mehr Ruhe ins Unternehmen zu bringen. Aber wir sollten uns vom Aktuellen nicht den Blick auf das Grundsätzliche verstellen lassen: Führungskräfte müssen in der Zukunft mehr wie »Störungskräfte« denken und nach ständig neuen Möglichkeiten Ausschau halten. Wer sich mit dem Status quo zufrieden gibt, geht langfristig unter. In großen Unternehmen sind immer noch viel zu viele Manager damit beschäftigt, ihr Tagesgeschäft nach den immer gleichen Parametern abzuwickeln. Wir brauchen aber keine Führungskräfte dafür, Menschen zu etwas zu bewegen, was sie schon tun. Wir brauchen keine Lehrgänge; wir brauchen Störgänge. Die Führungskräfte der Zukunft werden das Nichtkalkulierte, das Spontane, die Unsicherheit managen müssen. Sie sind wie Veränderungsmakler, die die Mitarbeiter zwingen, über eine ungewissen Zukunft nachzudenken und sich auf sie vorzubereiten. Kreative (Zer-)Störer im Sinne Schumpeters, die auch im Unternehmen schöpferische Ungleichgewichte erzeugen und nutzen.

Sprechend ist für mich das Bild einer Stampede, die auf einen Abgrund zurast. Wenn einer aus der Herde den Kopf hebt, vorausschaut, sieht er das Unheil kommen. Falls er vor Schreck stehen bleibt, wird er von den anderen plattgewalzt. Er muss also weiterlaufen, mit den Leuten im Umfeld reden, sie in ihrer blinden Routine »stören«, ihnen sagen, dass sie sich mehr nach rechts oder links bewegen müssen, wollen sie ein Desaster vermeiden. Dabei muss er aber immer weiterlaufen. In Variation eines Bonmots von Ezra Pound: »Managen ist die Kunst, Probleme zu schaffen, mit deren Lösung man das Volk in Atem hält.«

Vertrauen in die Hierarchie

Das Leben vollzieht sich schon in seinen basalen Vorgängen stets in funktionalen Steuerungshierarchien. Darin liegt eben keine zwangsläufige Unterdrückung unserer Fähigkeiten, sondern die Bedingung ihrer Möglichkeit. Das ist verlässliche Regelmässigkeit, das ist Wiederholung, Symmetrie und Rhythmus. Je nach äußerer Gefährdung oder je nach Impuls übernimmt ein Organ oder ein Reaktionsmuster die »Führung«. Die anderen »gehorchen«. Geschieht dies nicht, muss auf eine elementare Störung des Lebensvorgangs geschlossen werden. Dann ist die Organisation »krank«.

Hierarchie muss deshalb respektiert werden, wenn sie funktionieren soll. Führungskräfte müssen führen, indem sie stören, indem sie auch unangenehme Entscheidungen treffen. Sie müssen prophylaktisch die Organisation mit Irritation versorgen, um die Neuorganisationskräfte nicht erlahmen zu lassen. Dafür werden sie nicht geliebt. Aber vielleicht doch anerkannt. Denn das eingangs dargestellte Zustimmungserfordernis für Führung ist natürlich nicht so zu interpretieren, dass allüberall Harmonie ausbrechen und es im Einzelfall keine Verlierer geben dürfte. Das würde zu einer völligen Handlungsblockade führen. Doch können die Störungszumutungen, die mit einzelnen Entscheidungen und Interventionen verbunden sind, für den Einzelnen durchaus zustimmungsfähig sein. Dann nämlich, wenn er *in der Störung einen Beitrag zur Überlebenssicherung* erkennen kann.

In der Unbequemlichkeit kann der Mitarbeiter etwas Positives erblicken, wenn es um einen Vorteil geht, an dem er selbst teilhaben darf. Oder wenn er absehen kann, dass er vor dem Hintergrund seines aufgeklärten Selbstinteresses bei späteren Entscheidungen auch einmal Vorteile haben wird. Zustimmungsfähigkeit basiert nicht nur auf den aktuellen Wünschen jener, um deren Zustimmung es geht. Sie ist vor allem vor dem Hintergrund der relevanten Alternativen zu sehen. Es geht darum, einen Konsens über Entscheidungen, Kompromisse und Neuordnungen zu finden, und das ist oft mit Zumutungen verbunden. Diese Zumutungen muss Führung plausibel machen. Ohne Vertrauen wird das nicht gelingen. Diese Zumutungen sind aber auch die eigentliche Investition in die Kooperation.

AUSWAHL
oder wer sich wen aussucht

> Die Pflanze gleicht den eigensinnigen Menschen,
> von denen man alles erhalten kann,
> wenn man sie nach ihrer Art behandelt.
> *Johann Wolfgang von Goethe*

Wunsch und Wirklichkeit

Unternehmen haben keine Ideen – Menschen haben sie. In einer Welt, in der Ideen das wichtigste Produkt eines Unternehmens sind, wird der Kampf um Talente das Spiel entscheiden. Das Unternehmen mit den besten Talenten gewinnt. Unternehmen können daher gar nicht genug Talente auf ihrer Seite haben. Vor allem aber werden sie es sich kaum leisten können, ein Talent nicht einzustellen, nur weil sie aktuell keinen Bedarf haben. Gute Leute haben, bevor man sie braucht – das wird immer wichtiger. »Wir erfinden einen Job, wenn es darum geht, das Talent eines Bewerbers zu nutzen«, sagt Andy Esparza, der bei der Dell Computer Corporation ein Recruiting-Team leitet, das Talente – wie er sagt – »auf der Straße anspricht«.

Die menschliche Natur ist eine der letzten Wertreserven der Unternehmen. Menschen machen den Unterschied. Menschen sind es, die im Gegensatz zu Produkten und Serviceleistungen kaum zu kopieren sind, mithin einen hohen Immunschutz aufweisen. Dieser Immunschutz wurde durch die sogenannten »Restrukturierungen« arg geschwächt. Aber die Zeiten haben sich wieder geändert. Die Suche nach den Besten – wenn sie denn je wirklich eingestellt wurde – wird mit ungeahnter Macht wieder aufgenommen. Statt Großkonzerne machen jedoch immer öfter kleine Unternehmen und Start-Up-Firmen das Rennen beim begehrten Nachwuchs. Vor allem im Job-Wunderland »Neuer Markt« locken unzählige Einstiegs- und Karrierechancen – nicht nur für Softwareentwickler. Mittlerweile gibt es etliche Unternehmen, deren Wachstum schlicht durch die Knappheit auf den Personalmärkten gebremst wird. Hatte man sich an die qualitativen Probleme schon gewöhnt, so kommen zunehmend schlicht auch quantitative Engpässe hinzu. PSI-Vorstand Dietrich Jaeschke: »Wir expandieren ständig, und wir könnten noch schneller wachsen, wenn wir nur ausreichend Leute finden würden.«

Verschärft wird die Lage durch die demografische Entwicklung in Deutschland – von der Politik wie von der Wirtschaft sträflich ignoriert. Nimmt man alle Geburten-, Sterbe- und Migrationsraten zusammen, so werden auf absehbare Zeit jährlich etwa 400 000 Menschen netto (!) dem Arbeitsmarkt entzogen. Das heißt: Immer weniger Menschen stehen dem Arbeitsmarkt überhaupt zur Verfügung. Die absolute Zahl qualifizierter Arbeitskräfte wird stetig sinken. Rekrutierung wird immer schwieriger. Das dynamisiert die Frage: »Wie finden wir gute Leute?«

Gate keeping

Wie wichtig die Auswahl von Mitarbeitern ist, weiß im Grunde jeder: *Only good staff makes good stuff.* Es gibt aber nur wenige erfolgsrelevante Aufgaben im Unternehmen, die derart unprofessionell gehandhabt werden. Um es noch deutlicher zu sagen: Personalauswahl ist in Deutschland eine Katastrophe. Immer noch will man Bewerber »knacken«, statt ein wechselseitiges Passungsproblem zu lösen. Die Bewerbungsgespräche sind unvorbereitet, unstrukturiert, eine seriöse geistige Auseinandersetzung *vor* dem Auswahlprozess findet nicht statt, man trifft hochimpressionistische Entscheidungen, die Standardprofile sortieren gnadenlos aus, das karierte Maiglöckchen feiert fröhliche Urständ. Nimmt man als Indikator die Zeit, die Manager bereit sind, für Auswahlverfahren zur Verfügung zu stellen, dann wird die real existierende Nachrangigkeit überdeutlich. Auch wenn öffentlich gesagt wird, bei Gillette kümmere sich Alfred Zeien persönlich um die Auswahl der Führungskräfte, ebenso Thomas Middelhoff bei Bertelsmann oder Michael Eisner bei Disney – man sollte der Qualität dieses »Kümmerns« keine übertriebene Ehrfurcht entgegenbringen.

Führungskräfte müssen mehr denn je Menschenfischer sein. Sie sollten aber nicht nur fragen: Passt der Bewerber zum Unternehmen?, sondern auch: Passt das Unternehmen zum Bewerber? Ein Beispiel:

Viele glauben, ein Verkäufer ist ein Verkäufer und sein Job ist Verkaufen. Das greift mit Blick auf die Auswahlverfahren zu kurz. Nehmen wir einmal an, Sie wollen Verkäufer werden in einem Unternehmen, das ausgesprochen tief strukturiert ist. Es gibt unendlich viele Policys, Richtlinien und Organisationsgrenzen. Als Verkäufer werden Sie erst einmal auf ein mehrwöchiges Grundtraining geschickt, gefolgt von Follow-Ups und Refresher-Seminaren. Erst dann werden Sie auf die Kunden losgelassen. Würden Sie sich wohlfühlen? Nehmen Sie zum Vergleich an, dass Sie Verkäufer werden wollen in einem Unternehmen, das auf Selbstorganisation setzt. Ihnen wird gesagt: »Hier ist ein Telefon, dort ist ein Telefonbuch, in einem Jahr erwarten wir X Millionen Umsatz. Viel Glück!« Glauben Sie, Sie sind in beiden Unternehmen gleich erfolgreich? Obwohl der Job-Titel derselbe, das Ziel auch dasselbe ist, kann Ihr Wunsch nach Unabhängigkeit in dem einen Unternehmen ein Erfolgsfaktor sein, in dem anderen Sie in die Resignation treiben. Falls Ihre Stärke geordnetes Arbeiten in einem weitgehend regulierten Umfeld ist, werden Sie in dem einen Unternehmen vermutlich sehr erfolgreich sein, in dem anderen scheitern. Dabei ist weder die eine noch die andere Vorgehensweise unbedingt die erfolgsträchtigere.

Man ist gut beraten, Zeit und Geld nicht Jahre nach der Einstellung in einen mehr oder weniger leerlaufenden Reparaturzirkus zu investieren, sondern an die Pforten des Unternehmens zu platzieren. Dort, wo noch viel Schlimmes verhindert werden kann. Späte Klarheit ist teuer. Für beide Seiten. Wenn man sich von einem 50-Jährigen trennen will, hat man im Regelfall 20 Jahre lang geschlafen. Ich kenne einen solchen Angestellten, der 25 Jahre lang glaubte, er sein ein Ass, weil seine Vorgesetzten allesamt unfähig waren, ihn klar mit seiner Leistung zu konfrontieren. Ihn dann aber hinauszuwerfen ist – darf man das noch sagen? – unmoralisch.

Talentschuppen

Wonach also suchen? Alleskönner? Viele Unternehmen wünschen sich Generalisten, bekommen aber bloß Universaldilettanten. Erfahrungen? Ja, aber man sollte ein Auto nicht mit dem Blick in den Rückspiegel fahren. So gibt es ja auch immer noch Manager, die Bewerber-Zeugnisse lesen, obwohl sie eigentlich wissen müssten, dass ihr Erkenntniswert geringer ist als ihr Heizwert. Intelligenz? Ich habe so viele Führungskräfte scheitern sehen, die von akademischen Ehren überhäuft kaum noch laufen konnten. Leistungsbereitschaft? Das ist die kurzgreifende Logik des »Erfolg-ist-10-Prozent-Inspiration-und-90-Prozent-Transpiration«.

Nicht, dass Leistungsbereitschaft unwichtig wäre. Aber wenn es möglich ist, in jeder Rolle Exzellenz zu beweisen, dann gilt vor allem eines:

> *Talent macht den Unterschied.*

Talent ist ein wiederkehrendes Verhaltensmuster, etwas, was man gern und häufig tut. Das sind eingeschliffene Denk- und Gefühlspfade: die Vorliebe für Ordnung, die Lust, Risikoreiches zu suchen, die Fähigkeit, an der Routine Freude zu finden. Die richtige Kombination von Fähigkeit und Neigung für eine Aufgabe. Eine Krankenschwester, mit der Gabe der Empathie, der Einfühlung in andere Menschen gesegnet, ist als Administratorin oder Verwalterin einer Krankenhausstation wahrscheinlich eine Fehlbesetzung. Und ein Chirurg mag die Spannung von Leben-oder-Tod-Entscheidungen in seinem Beruf schätzen, die ein Facharzt für innere Medizin hingegen scheut. Eine kluge, sensible Personalauswahl berücksichtigt, *worauf die Leidenschaft des Bewerbers ohnehin zielt*. Denn diese Motivation ist unverzichtbar, wenn ein beschwerlicher Weg zu gehen ist, wenn auch Widersprüche ausgehalten und Mühen in Kauf genommen werden müssen. Wann ist jemand in seinem Element? Wo arbeitet er mit innerem Hochgefühl? Was tut er besonders gerne? Bei welcher Tätigkeit springt sein innerer Motor an? Hilfreich für die Klärung: Womit verbringt er freiwillig die meiste *Zeit*? Zeit ist der wichtigste Indikator für unser Wollen, für unsere Vorlieben, für das, was uns wirklich am Herzen liegt. Ebenso:

- Möchte er oder sie unbedingt herausragen oder ist gut genug gut genug?
- Denkt er linear oder eher strategisch mit »Was-wäre-wenn«-Spielen?
- Liebt er Kontinuität oder Abwechslung?
- Kann er mit Konfrontation umgehen oder meidet er sie?

Wenn Führung ihren Störungsauftrag ernst nimmt, dann lautet die zentrale Frage bei der Mitarbeiterauswahl: Wen holen wir auf der Basis welcher Kriterien ins Unternehmen? Und manchmal noch wichtiger: Wen nicht? Dabei spielen unternehmenskulturelle Prägungen und klimagebende Traditionskomplexe eine erhebliche Rolle. Im Rückblick beschreibt SAP-Chef Dietmar Hopp: »Das Erfolgsgeheimnis der SAP war, dass wir eine Firmenkultur aufgebaut haben, die es ermöglicht hat, wirkliche Spitzenleute einzustellen. Ich sage mal, woran ich manche anderen Unternehmen kranken sehe: Da gibt es mittelmäßige Manager, und die stellen natürlich niemanden ein, der ihnen gefährlich werden könnte. Die engagieren nur Mitarbeiter, die unter ihrem Level sind. Und damit ist die Gesamtbelegschaft eben nicht ausreichend qualifiziert.« Wenn Sie jetzt wissend nicken, dann fragen Sie sich: »Wieviel Menschen habe ich eingestellt, die besser waren als ich und mit ihrer Karriere an mir vorbeigezogen sind?« Diese Zahl ist ehrlicher als das wissende Nicken. Die Suche nach Spitzenkräften ist oft nur vorgetäuscht. Überdies sind die verlautbarten Auswahlkriterien nur selten ausschlaggebend. Gefordert wird laut Stellenanzeige »Teamfähigkeit«, »natürliche Autorität«, »soziale Kompetenz« und »emotionale Intelligenz«. Gekauft wird dann doch meist der traditionelle machtorientierte Macher, keine Zeit für langes Palaver. Diese mittelmäßigkeitsorientierte Ähnlichkeitsmaschinerie habe ich an anderer Stelle als »Schmidt-sucht-Schmidtchen-Syndrom« beschrieben. Das Motto: »Ich suche mir jemanden, der ist so ähnlich wie ich, nur ein bisschen kleiner, insbesondere aber keine Bedrohung meiner Positionsautorität.« Deshalb haben wir in den Unternehmen so hochinzestuöse Meeting-Kulturen. Man trifft sich gewissermaßen immer selbst.

Vorteil: Komplexität

Wenn Sie nur Bewerber einstellen, die kleiner sind als Sie selbst, dann wird Ihr Unternehmen zu einer Organisation von Zwergen. Alle, die im Unternehmen für Personalauswahl verantwortlich sind, sollten daher diese Frage ernsthaft prüfen: Sind wir unternehmenskulturell wirklich »In Search of Excellence« (wie alle immer wieder beteuern), oder doch eher »In Search of Mittelmäßigkeit«? Wenn die Unternehmen schon gebetsmühlenartig behaupten, es käme auf die Persönlichkeit des

Bewerbers an, dann sollten sie ihre Auswahlkriterien entsprechend danach ausrichten. Statt um dieselben gleichförmigen Typen zu buhlen, wären sie gut beraten, auch Unangepasste ins Haus zu holen. Jene, die man gemeinhin »Querdenker« nennt (obwohl ich nie begriffen habe, wie man quer denkt). Persönlichkeit, unverbildeter Charakter und Individualität werden von Anforderungsprofilen nicht erfasst.

Wenn Sie die Überlebensfähigkeit Ihres Unternehmens sichern wollen, müssen Sie die Komplexität erhöhen. Wenn die Komplexität des Unternehmens größer sein muss als die Marktkomplexität, muss es diese Unterschiedlichkeit im Unternehmen abbilden. Dann kann Ihnen an einer uniformen Auswahlpolitik nicht gelegen sein. Dann erkennen Sie die Andersartigkeit des anderen nicht als Schwäche, sondern respektieren, ja begrüßen sie als Stärke. Öffnen Sie sich für die *andere* Art und Weise, öffnen Sie sich für eine alternative Praxis, lassen Sie zu, dass der Mitarbeiter es auf seine eigene Weise versucht (auch wenn Sie früher damit einmal Pech gehabt haben).

Je unterschiedlicher die Menschen in einem Unternehmen sind, desto mehr Informationen werden aufgenommen und verarbeitet.

Je unterschiedlicher die Mitarbeiter, desto präsenter also die Perspektive des Kunden. Bei Bertelsmann wurde ein neuer Buchclub in China eröffnet, weil ein Neuzugang Chinesisch studiert hatte. Coca-Cola hat einen Byzantinisten über eine Arbeitsbeschaffungsmaßnahme zum Brandmanager gemacht. Heute ist er Geschäftsführer eines Medienunternehmens. Der Bostoner Betriebswirtschaftsprofessor Max Otte: »Unternehmen sollten sich darauf einstellen, größere Diversität unter ihren Mitarbeitern zuzulassen und zu fördern. Diejenigen, die sich der Diversität erfolgreich stellen, werden die Nase vorn haben.« Wenn Sie also die Komplexität des Unternehmens erhöhen wollen, wenn Sie die Problemlösungskompetenz Ihrer Mannschaft wirklich steigern wollen, dann sollten Sie sich mit Menschen umgeben, die in wesentlichen Belangen anders sind als Sie selbst. Vermeiden Sie vor allem angepasste und geschmeidige Ja-Sager. Ein amerikanisches Sprichwort sagt: »Man kommt nicht in Harmonie, wenn jeder dieselbe Note singt.«

Jenseits von Raten und Hoffen

Über die personaldiagnostische Leistungsfähigkeit der Auswahlmethoden kann man – je nach ideologischen Vorlieben – Glaubenskämpfe führen. Muss man aber nicht. Es gibt ein paar nüchterne Fakten, die anzuerkennen sich lohnt (wiewohl Fundamentalisten sich noch niemals von Fakten beeindrucken ließen). So benötigt der Mensch tatsächlich nur wenig Zeit, um einen Bewerber zu beurteilen. Über die »Objektivität« oder »Sachgerechtigkeit« des Urteils ist damit nichts ausgesagt. Aber bereits Bruchteile einer Sekunde reichen aus, um grundlegende Einschätzungsprozesse ablaufen zu lassen. Nach den vorliegenden Forschungsergebnissen vollzieht sich diese schnelle Eindrucksbildung in der Form eines »secret rankings«, wobei die Person in Ermangelung anderer Informationen zunächst nach ihrem äußeren Erscheinungsbild, etwa Kleidung und Aussehen, klassifiziert wird. Ermöglicht wird dieses Ranking durch ein »Template«, ein inneres ideales Suchbild, das sich unter anderem durch Assoziationen mit früheren Erfahrungen ausprägt. Es ist also hilfreich, sein Urteil möglichst lange offen zu halten, es kritisch zu befragen, in unterschiedlichen Beobachtungssituationen zu prüfen, es sogar zu widerlegen versuchen.

Nimmt man dies nüchtern zur Kenntnis, dann ist ein professionell geplantes und durchgeführtes Bewerbungsgespräch immer noch eines der besten der (ausnahmslos defizitären) Methoden – wenn man einige Fehler vermeidet. Der wichtigste lässt sich besser auf Englisch zusammenfassen:

> *Hired by ability, fired by personality.*

Die Auswahlmethoden nehmen immer noch allzu oft das Falsche in den Blick – Sachkenntnisse, Techniken, Fertigkeiten – und ignorieren beharrlich die langfristig fundamentale Voraussetzung für hohe Leistung: die innere Einstellung des Bewerbers, seine Prägungen, Rollenbilder, Sensibilitäten, anthropologischen Grundannahmen. Führungskräfte werden im alltäglichen Leben immer wieder – und tendenziell zunehmend – mit der Notwendigkeit konfrontiert, relativ schnell Urteile abzugeben, ohne sich hinreichend über alle relevanten Aspekte des Sachverhalts informieren zu können. Die innere Einstellung des Beurteilers – das, was als »Persönlichkeit« wahrgenommen wird – hat einen immensen Einfluss auf kognitiv-sachliche Urteile. Und dies selbst dann, wenn die Beurteiler ausdrücklich gebeten werden, von ihren Bewertungen abzusehen und sich um ein neutrales Urteil zu bemühen. Ferner kann als sicher gelten, dass dieser Einfluss sich umso stärker bemerkbar macht, je weniger der Urteilende über sachbezogenes Wissen für sein Urteil verfügt – eine Situation, die mit steigender hierarchischer Position tendenziell zunimmt. Diese innere Einstellung hat eine immense Beharrungsenergie und ist im nicht-therapeutischen Kontext kaum zugänglich. Vor allem aber ist die Fähigkeit des Bewerbers zur Selbstverantwortung zu prüfen. Schwer genug ... was die Notwendigkeit, hier seriös und professionell vorzugehen nur noch erhöht. Also: Bei der Einstellung auf die Einstellung achten.

Einerlei, welche Einstellungsverfahren Sie bevorzugen, die wichtigste personaldiagnostische Situation wird kaum genutzt: die *Probezeit*. Eine seriös gehandhabte Probezeit ist allen Instrumenten und Methoden analytisch hoch überlegen. Es gibt aber meiner Erfahrung nach nur schmählich wenig Führungskräfte, die die Probezeit eines neuen Mitarbeiters ernsthaft vorbereiten, seriös begleiten und konsequent auswerten. Damit aber entscheiden sie über die Zukunft des Unternehmens! Denn sie tun nicht, was sie wissen.

Wer sich wen aussucht

Was macht ein Auswahlverfahren erfolgreich? Wieviel Zeit und Sorgfalt Sie auch immer investieren: Über den Erfolg eines Auswahlverfahrens entscheidet absolut vorrangig die *Struktur des Bewerberpools*. Wer ist es, der Ihr Unternehmen seiner würdig hält? Wer nennt mit Stolz den Namen des Unternehmens, in dem er arbeiten will? Wer ist vom Ruf Ihres Unternehmens so angezogen, dass er sich vielleicht sogar blind bewirbt? Die Besten? Die Mittelmäßigen? Die Übriggebliebenen? Praktiker wissen: Gute Leute ziehen gute Leute. Wie schaffen Sie es also, einen qualitativ höherwertigen Bewerberpool zu bekommen, als Ihrem Wettbewerber zur Verfügung steht?

»Zuerst kommen die Mitarbeiter, dann die Kunden, danach die Aktionäre.« Die First Tennessee Bank in Memphis, das größte Geldinstitut des Staates, in deren 250 Filialen gegenwärtig 6000 Menschen arbeiten (davon etwa 70 Prozent Frauen), erklärte diese Rangfolge öffentlich 1996. Seitdem hat sich der Aktienkurs mehr als vervierfacht – was wiederum auch die Aktionäre freuen dürfte. Kein Wunder, dass das Unternehmen regelmäßig unter die 20 beliebtesten Unternehmen der USA gewählt wird. Der Nebeneffekt, der mittlerweile vom Management als ein Haupterfolgsfaktor eingeschätzt wird: Das Unternehmen erhält jährlich knapp 100000 Blindbewerbungen. Auch für andere gut geführte Unternehmen sind die Zahlen bekannt: Southwest Airlines bekommt bei 25000 Mitarbeitern jährlich 150000 Blindbewerbungen, der Speicherplatten-Hersteller Kingston Technology bei 600 Mitarbeitern 4000, das Softwarehaus SAS Institute bei 3200 Mitarbeitern 12000, der Pharmakonzern Merck bei 31000 Mitarbeitern 165000. Wenn diese Zahlen auch in mancher Hinsicht zu relativieren sind, sie geben doch einen Hinweis: Wer aus dem Vollen schöpfen kann (und nicht nur aus dem Halben), hat lediglich noch das qualitative Problem der berühmten Nadel im Heuhaufen. Er muss nicht suchen, er kann finden.

Egal, in welchem Geschäft Sie tätig sind, der *einzige* Weg zu dauerhaftem Erfolg ist, ein Unternehmen zu bauen, das talentierte Menschen anzieht, fokussiert und hält. Das kann nur Führung. Kein System. Ob und wer sich bewirbt – über die Struktur des Bewerberpools wiederum entscheidet heute mehr denn je das umgebende Meinungsklima. Hier zeigt sich auch eine wichtige Wertverschiebung. Nach den vorliegenden Untersuchungen geben die Hochbegabten dem Unternehmensimage um 34 Prozent mehr Gewicht als durchschnittliche Absolventen. Der Faktor »Ablauf des Auswahlverfahrens« wird ebenfalls um 18 Prozent höher bewertet als in der Vergleichsgruppe. Die unternehmensseitigen Gesprächspartner sind daher sorgsam auszuwählen, da deren Verhalten stark das Unternehmensimage prägt. Denn die Bewerber schließen von den Erfahrungen, die sie während des Selektionsprozesses gemacht haben, auf die nicht erfahrbaren Merkmale des potenziellen Arbeitgebers.

Das Bild des Unternehmens – das darf kein Image sein, dem man mit aufwendigen Werbekampagnen gleichsam »äußerlich« etwas Rouge aufzulegen versucht. Dieses Image muss von »innen« kommen. Die eigenen Mitarbeiter sind die besten Werbeträger. Ein Personalauswahlverfahren steht immer dann unter einem guten Stern, wenn ein eigener Mitarbeiter dem Bewerber das Unternehmen empfohlen hat. Wann und unter welchen Bedingungen ist er dazu bereit? Wenn es Spaß macht, dort zu arbeiten. Wenn es Lebensqualität ist, dort einen Großteil des Wichtigsten zu investieren, was der Mensch hat: Lebenszeit. Und weil es immer ein Risiko ist, eine Empfehlung auszusprechen. Man will sich nicht dem Vorwurf aussetzen: »Wie konntest du mir nur einen solchen Saftladen empfehlen?!« Wie wichtig dieser Faktor ist, zeigen etliche amerikanische Unternehmen, die – unsinnigerweise – Prämien aussetzen für jeden neuen Bewerber, der von einem eigenen Mitarbeiter empfohlen wurde. Damit bekommen sie zwar etliche Empfehlungen, aber falsch motivierte: Nicht dem Unternehmen einen guten Mitarbeiter zuzuführen ist das Motiv, sondern Geld, – und man schlägt doch lieber Mittelmaß vor, als auf die Prämie zu verzichten. Insgesamt übertreibe ich nur wenig, wenn ich sage:

> *Ein Unternehmen, das eine Suchanzeige aufgeben muss,*
> *hat den Wettlauf um die Besten schon verloren.*

Fachkompetenz – und sonst?

Das gilt im besonderen Maße für die Auswahl von Führungskräften. Inkompetente Führung war kein Problem, als wir in langsamen Abschöpfungsmärkten unsere Waren verteilten und unsere Organisationseitelkeiten pflegten. Die Bedingungen haben sich geändert. Kompetente Führung kann kein Lippenbekenntnis mehr sein, sondern ist eine Überlebensnotwendigkeit geworden. Deshalb: Das Unternehmen mit den besten Führungkräften gewinnt.

Die Auswahl von Führungskräften ist die wichtigste Managementaufgabe überhaupt. Keine Entscheidung hat einen so hohen Wirkungsgrad. Einen Missgriff bezahlt das Unternehmen schon kurzfristig mit einer sechsstelligen Summe. Und langfristig wirkt eine falsche Entscheidung wie eine Kopiervorlage: Sie infiziert das gesamte Unternehmen auf Jahre hinaus. Dennoch gibt es kaum einen Unternehmensbereich, in dem mit weniger Systematik und Expertise vergleichbar hohe Risiken eingegangen werden. Nach wie vor wird die Auswahlentscheidung von der Fachkompetenz dominiert. Nach wie vor werden kontrollorientierte Macher bevorzugt. Nach wie vor rollt die Ähnlichkeitsmaschinerie.

Es gibt keine Führungspersönlichkeit, die überall passt. Hohe Positionen im Verwaltungsbereich erreichen Menschen, die Spitzenleistungen weder von sich selbst, noch von ihren Mitarbeitern erwarten. Gelassenheit ist hier eine zielführende Eigenschaft. Für Leute im Vertrieb oder als Geschäftsführer im technischen Bereich macht sich Gemütsruhe eher nicht bezahlt. Aufbaustrategien brauchen Menschen mit »Außen«-Orientierung, Pioniergeist und Unsicherheitstoleranz. Abschöpfungsstrategien eher »Innen«-Orientierung, Organisationstalent und Kostenbewusstsein. Und die Aufgabe kann sich ändern. Dann müssen Sie die Führungskraft austauschen. Hier ist eine Puzzle-Aufgabe zu lösen. Unter anderen Bedingungen kann dieselbe Führungskraft, die zuvor einen tollen Job gemacht hat, kläglich scheitern. So konnte es geschehen, dass Steve Jobs Apple groß machte und bei NeXT Schiffbruch erlitt. Und es ist wahrscheinlich, dass Herr Piëch bei VW Erfolge feiert, bei DaimlerChrysler aber schon nach kurzer Zeit seinen Job verlöre. Wen suchen Sie also? Die »beste« Führungskraft? Die gibt es nicht. Eine Führungskraft funktioniert nur, wenn sie »passt«: zu *dieser* Aufgabe, zu *diesen* Mitarbeitern, zu *diesem* Chef, zu *diesem* Unternehmen.

> *Verschiedene Aufgaben erfordern verschiedene Menschen.*

Da durch die höheren Gehälter bei Führungsaufgaben nahezu alle Mitarbeiter fehlmotiviert sind, heißt die wichtigste Frage in diesem Zusammenhang: Wen machen Sie *nicht* zur Führungskraft? Wem sagen Sie freundlich und klar: »Sie sind ein geschätzter Mitarbeiter, auf den ich nicht verzichten will. Aber eine Führungsaufgabe will ich Ihnen nicht anvertrauen«? Und wen entbinden Sie von einer Führungsaufgabe, wenn Sie sich geirrt haben? Einen Fehlgriff nicht zu korrigieren, auf Jahre und Jahrzehnte demotivierte Mitarbeiter und Kollegen zu produzieren, nur weil Sie einen Auswahlfehler vertuschen wollen – das ist ein Verbrechen an den Überlebensinteressen des Unternehmens.

Ich wiederhole an dieser Stelle noch einmal die Aussage Max Webers: Jede gesellschaftliche Ordnung sei, »wenn man sie bewerten will«, daraufhin zu überprüfen, welchem menschlichen Typus sie die optimale Chance gebe, führend zu werden. Dem Standard? Oder dem Unterschied? Dem Angepassten? Oder dem Besonderen? Wenn Sie sich für die Zukunft rüsten wollen, sind sie gut beraten, wenn Sie den Unterschied betonen. Wir brauchen mehr Frauen in Top-Führungspositionen. Vor allem aber brauchen wir eine stärkere internationale Durchmischung des Managements. Also nicht nur am Band in der Fabrikhalle, auch im Management muss es mehr Unterschiedlichkeit geben, wollen wir die Vielfalt der Märkte auch im Unternehmen abbilden.

Gewiss, noch sind es eher Ausnahmen: Hewlett Packard wird von einer Frau geführt, American Express von einem Schwarzen, Adidas hat jeweils zwei Deutsche und Franzosen, jeweils einen Australier, Schweden und Schweizer im Vorstand. Je mehr »Exoten« wir im Management haben, desto offener werden die Unternehmen, desto zukunftsfähiger sind sie. Die Idee der »Führung aus den eigenen Reihen« ist da – absolut gesetzt – kontraproduktiv. So sympathisch sie auch einst daherkam, sie stammt aus einer Zeit, in der in Schornsteinindustrien noch Schornsteinkarrieren möglich waren. Komplexer und farbiger wurden die Unternehmen dadurch nicht. Was auch immer Sie priorisieren: Die Auswahl von Führungskräften ist nicht nur das Problem, sondern auch die einzige Chance, die Unternehmen zu verbessern.

Einsatz
oder wer zu welcher Aufgabe passt

> Denn nichts ist für den Menschen als Menschen etwas wert,
> was er nicht mit Leidenschaft tun kann.
> *Max Weber*

Einfach »So sein«

Eine berühmte Geschichte aus dem Filmgeschäft: Das Originalscript von *Butch Cassidy and the Sundance Kid* sah für Paul Newmann die Rolle des Sundance und für Robert Redford die Rolle des Butch vor. Nach einigen Drehtagen wurde deutlich, dass die ursprünglich vorgesehenen Rollen nicht die Stärken der Schauspieler betonten. Man wechselte die Rollen, und Paul Newman wurde der selbstbewusste Charakter Butch, während Robert Redford in großartiger Weise die eher gebrochene Gestalt des Sundance verkörperte.

Ist es sinnvoll, sich zu verbessern, indem man ein anderer wird? Oder liegt es nicht viel näher, sich zu verbessern, indem man das verstärkt, was man ist? Es gibt keine schlechten Mitarbeiter. Es gibt nur Mitarbeiter, die an der falschen Stelle sitzen. Die Herausforderung für Führung ist es nicht, Menschen zu perfektionieren, sondern ihre Stärken zur Geltung kommen zu lassen. Talent betonend einzusetzen, nicht nivellierend vorzugehen. Dazu müssen Sie dem, was von innen kommt, einfach nur folgen. Wenn Sie zum Beispiel spüren, dass ein Mitarbeiter hochanalytisch und überkritisch ist, immer die Löcher im Käse sieht, dann ist es ziemlich sinnlos, ihn immer wieder damit zu konfrontieren. Er ist nun einmal so. Ist das schlecht? Nein, es kann nur in gewissen Situationen nachteilig sein. Aber dann definiert die Situation, was gut und schlecht ist. Nicht der Mitarbeiter. Für ihn ist es natürlich und dauerhaft. Wenn Sie sehen, dass jemand hochkompetitiv ist, sein ganzes Leben nur aus Besser-Schneller-Höher-Weiter besteht, wenn er voller Überbietungsenergie steckt, dann ist es vergebliche Liebesmüh, ihm das vorzuwerfen und »Teamgeist« einzuklagen. Er ist nun einmal so. Ist das schlecht? Für ihn ist es natürlich und dauerhaft. Intelligent seitens der Führungskraft ist es, diesen Menschen entsprechend seiner Prägung einzusetzen, so, dass er durch sein So-Sein erfolgreich ist.

Finden Sie heraus, was bei jeder Person das Besondere und das Einzigartige ist. Ermutigen Sie Menschen, Verantwortung für das zu übernehmen, was und wie sie wirklich sind. So wie es der Verleger Frank Schwoerer in seinen Lebenserinnerungen schreibt: »Mit 40 Jahren begriff ich, dass ich nur das war, was ich war.« Ja, es kommt in jedem Leben der Zeitpunkt, an dem es ansteht, den Anspruch des je Besonderen aufzugeben, will man nicht einen dornenreichen Weg gehen.

> *Helfen Sie jeder Person, die für sie passende Aufgabe zu finden.*
> *Das ist gelebter Respekt vor der Individualität des Einzelnen.*

Aber welche Kriterien sollen den Einsatz leiten? Lauschen wir dazu der Standardfrage im Bewerberinterview: »Was sind denn Ihre größten Stärken?«

Von der Stärke meiner Schwäche

»I really love managers with only one arm«, sagte der Vorstand auf einer Führungskräftetagung, »because I hate managers who always say: ›But on the other hand …‹« In den USA schnappte ich diesen Witz auf, der auf etwas rustikale Weise die Sehnsucht nach Eindeutigkeit, den Wunsch nach Klarheit, nach dem immerzu Richtigen ironisiert. Schon meine Großmutter bündelte entsprechend ihre Lebenserfahrung: »Jedes Ding hat zwei Seiten.« Das gilt auch für Ideen. Keine Idee – und sei sie noch so einleuchtend – ist *immer* richtig, keine Sichtweise ist in einem absoluten Sinne »wahr«. Alles trägt in sich den Widerspruch, sein Gegenteil. Gegen jede Auffassung lassen sich gültige Gegenargumente finden. Jedes Gutachten provoziert mit mechanischer Konsequenz sein Gegengutachten. Und was der eine feiert, wird vom anderen kritisiert. Das hat einen Namen. Man nennt es »Kultur«. Und nur positiv gesehen (lat. *positum* = das Ganze) wird das Bild vollständig. Unser ganzes Leben ist eingespannt in Gegensätze: oben – unten, innen – außen, nord – süd, männlich – weiblich. Sie bedingen sich gegenseitig und machen erst in ihrem spannungsvollen Wechselspiel das aus, was wir Wirklichkeit nennen. Die Welt ist kaum anders zu begreifen denn als ein Spiel von Gegensätzen und ein Kaleidoskop von Korrespondenzen. So behauptete der fast 60-jährige französische Literaturkritiker Charles Sainte-Beuve, ein Talent könne nicht vollständig verstanden werden ohne die Darstellung von Gegenspieler und Gegenteil. Liest man sein hinreißendes Doppelporträt der beiden Poeten Régnier und Chénier, kommt es einem so vor, als habe diese Perspektive niemand glänzender eingelöst.

Viele Firmen, die jahrzehntelang die besten Sachbearbeiter zu Führungskräften gemacht haben, sind in das andere Extrem verfallen. Sie haben detailliert die Führungsrolle beschrieben, Führungsleistung mit -zig Kriterien zerpflügt, Leitlinien und Gebrauchsanweisungen für diese Leitlinien erlassen. Listen wir einige dieser Pfadfinder-Platitüden auf: durchsetzungsstark, ganzheitlich denkend, kompromissfähig, analytisch, sachorientiert, gradlinig, mitfühlend, überlegt, anpassungsfähig, kreativ, tatkräftig, entscheidungsstark. Man kann sich die Wirrnis in den Köpfen gut vorstellen. »Wie soll ich gleichzeitig durchsetzungsstark und kompromissfähig sein? Wie soll ich schnell entscheiden und dabei kreativ sein? Wie soll ich gleichzeitig ganzheitlich und analytisch denken?« Das alles klingt schwer nach Frankensteins Plan. Unförmig und schrecklich.

Und es geht auch gar nicht. Alle Ideen sind in ein polares Feld gespannt, in dem wir unser Fließgleichgewicht finden müssen und in dem eine immer neu auszutarierende Balance ein Leben gelingen lässt. Nehmen wir eine Eigenschaft wie »meinungsfreudig«. Zweifellos etwas Vorteilhaftes. Aber ist nicht »unvoreingenommen« genauso wichtig? Wer wollte gegen eine der beiden Seiten seine Stimme erheben? Oder die Eigenschaft »durchsetzungsstark« mit dem Gegenbegriff »kompromissfähig«. Sie werden sicherlich beide Eigenschaften als positiv bewerten. Aber beides zusammen in einer Person ist nun mal nicht zu haben: Kein Mensch ist in gleichem Maße durchsetzungsstark und kompromissorientiert; er ist entweder mehr das eine oder mehr das andere. Wird die eine Seite betont, ist die zugehörige Zwillingseigenschaft geringer entwickelt. Das sei am Beispiel des Kommunikationsverhalten veranschaulicht:

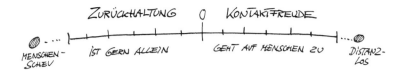

Die Betonung der einen Seite kann so stark sein, dass die positive Wirkung einer Eigenschaft ins Negative kippt und damit zum Handicap wird. Eskaliert der Pol »Zurückhaltung«, dann wird das Verhalten dieses Menschen als »menschenscheu« oder »verschlossen« erlebt; gibt es eine überstarke Tendenz zu »Kontaktfreude«, so wird das Verhalten dieses Menschen als »distanzlos« oder »zudringlich« wahrgenommen. Der Mensch wird dann, wie man richtigerweise sagt, »einseitig«. Er wird gleichsam blind für die Gegenseite seines Verhaltens, die ja auch berechtigt und positiv zu werten ist. Er kann diese »Gegen«-Energie, wenn er sie braucht, nicht aufbringen, entsprechenden Anforderungen nicht oder nur mit Mühe gerecht werden. Nehmen Sie diesen Hinweis ernst:

Wer seine Prägungen nicht anschaut, eskaliert im Alter.

Wenn Sie früher »prinzipienfest« waren, werden Sie dann »stur«. Und: Sie merken es nicht. Die anderen schon. Das hat auch Konsequenzen für Ihre Analysefähigkeit: Je mehr Sie sich auf dem Fließgleichgewicht zu einer Seite bewegen, vielleicht sogar in ein Extrem hineingesteigert haben, desto mehr erleben Sie das Anderssein des anderen als Schwäche! Sie sind dann kaum bereit, anzuerkennen, dass auf der anderen Seite Ihres bevorzugten Verhaltenskontinuums immer auch eine nützliche Eigenschaft liegt.

Sie ahnen es bereits: Es gibt im strengen Sinne keine Stärke, die ausschließlich eine Stärke ist, und auch keine Schwäche, die immer nur eine Schwäche ist. Jede Stärke enthält unentrinnbar ein Defizit, ist begleitet von einer Zwillingsschwäche. Und umgekehrt. Das eine ist ohne das andere nicht zu haben. Es ist wie Licht und Schatten. Oder, wie die Zuni-Indianer sagen: »You can't have the angels without the devils.«

Wie eine Ihrer Eigenschaften zu bewerten ist, hängt davon ab,

- in welcher Situation Sie sich befinden;
- mit welcher Person Sie zusammenarbeiten;
- in welcher Lebensphase Sie sich befinden.

So verdanken Sie Ihre Karriere vielleicht zu nicht geringen Teilen Ihrer Eloquenz; auch bei Meetings und Präsentationen exzellieren Sie – aber weniger sprachgewandte Menschen, die vielleicht dennoch etwas beitragen könnten, bringen Sie zum Verstummen; in der Trauerrede am Grab Ihres Freunde wirkt Ihre Rhetorik eher peinlich; in einigen Situationen erzeugt sie sogar Konflikt: *Perfektion schafft Aggression*. Stärke? Schwäche?

Talente richtig einsetzen

Das Dilemma der Führung mit Blick auf den Mitarbeiter ist ein zweifaches: 1) Sie können ihn nicht ändern und müssen dennoch seine Leistung fördern. 2) Menschliche Fähigkeiten sind polar verteilt. Mit jeder Stärke »kaufen« Sie sich eine Schwäche. Was tun? Der Weg aus diesem Dilemma kann nur sein:

- Meiden Sie die Versuchung, perfekte Menschen kreieren zu wollen.
- Setzen Sie Mitarbeiter so ein, dass ihr Talent wie eine Sonne leuchtet.
- Verlagern Sie alles, was Ihr Mitarbeiter nur zweitklassig kann.

Der Kampf um Talente spielt sich mehr und mehr im eigenen Unternehmen ab. Wir haben in vielen Unternehmen einen Hang zur Talentverschwendung. Viele Protagonisten der neuen Wirtschaftsintelligenz sind längst im Unternehmen. Sie warten nur auf Ihre Entdeckung. Denn jeder Mensch hat etwas Außergewöhnliches, was unter ganz bestimmten Umständen zur Geltung kommen kann. Das gilt es herauszufinden. Wenn Sie also als Führungskraft die Talente ihrer Mitarbeiter in Leistung überführen wollen, dann hat die *Einsatz*-Entscheidung höchste Priorität. Schaffen Sie eine Aufgabe, in der die Eigenschaften des Mitarbeiters als Stärken wirksam werden und die damit verbundenen Schwächen nicht ins Gewicht fallen.

Ich kannte einen exzellenten Vertriebsmann, der nicht nur hervorragend verkaufte, sondern auch den Respekt seiner Vertriebskollegen genoss. Das Unternehmen machte ihn zum Chef der Verkäufer. Ein Fehler. Er blieb immer nur der unerreichbar bessere Verkäufer. Mit seiner Perfektion trieb er seine ehemaligen Vertriebskollegen in den Widerstand. Als Führungskraft scheiterte er. In einem anderen Unternehmen einer anderen Branche ist er jetzt im Topmanagement. Oder der Geschäftsführer einer Warenhauskette: »Als wir unsere Warenhäuser in den neuen deutschen Ländern mit Führungskräften besetzen wollten, fanden wir unter unseren Leistungsträgern kaum jemanden, der in den Osten wollte. Also gaben wir einigen Leuten aus der dritten und vierten Reihe eine Chance. Einige waren dabei, die wir schon lange ›abgehakt‹ hatten. Ausnahmslos alle haben sich unter den neuen Umständen großartig entwickelt.«

Hurra, ein Problem!

Alles, was wir können und haben, verdanken wir unseren Problemen. Nur was problematisch ist, fordert uns heraus, verlangt Aufmerksamkeit und eigenen Aufwand. Sie berühren dann unsere Empfindlichkeiten, unsere Bedürfnisse, unsere Ansprüche und korrelieren mit unserem Selbstverständnis. Man hat ja »kein Problem« mit einem Sachverhalt, der einen nicht berührt. Das heißt, es wird nur als Problem erkannt, was als *eigenes* Problem akzeptiert wird. Wenn es echte Probleme sind, die uns ganz berühren, dann fordern sie uns auch ganz und verlangen eine eigene, aus uns selbst kommende Aktivität. Insofern haben sie Aufforderungscharakter: Sie wollen von dem gelöst werden, der sie als Problem erfährt, der sich von ihnen herausgefordert fühlt.

Probleme fordern uns nur heraus, wenn sie uns etwas angehen.

Dieser Gedanke teilt Ihre Mitarbeiter in drei Gruppen. Erstens sind da jene Mitarbeiter, die sich von einer Aufgabe *herausgefordert* fühlen. Die, wie oben beschrieben, sich von den Problemen zur Lösung aufgefordert fühlen. Die lernen und ihre Aufgabe als spannend erleben. Sorgen Sie im Rahmen Ihrer Möglichkeiten dafür, dass es so bleibt! Denn jeder sucht sich die Aufgabe, die ihn persönlich wachsen lässt, sonst ist er schon einen Schritt in die innere Kündigung gegangen. Zweitens gibt es jene Mitarbeiter, die von ihrer Aufgabe *unterfordert* sind. Offenbar ist die Arbeit selbst nicht mehr reizvoll. Sie hat ihre Spannung verloren. Die Lernkurve sinkt. Es ist alles »kein Problem«. Wenn der Mitarbeiter einen Job macht, in dem er nur noch seine Routine abfackelt, ist er nicht mehr mit ganzem Herzen bei der Sache. Wenn er etwas kann oder erlernt hat, schließlich aber keine Möglichkeit findet, das Erlernte auch zu erproben, wird er in die Demotivation abwandern. Ohne Herausforderung keine dauerhafte Motivation! Dann haben Sie als Führungskraft eine *Einsatz-Aufgabe*. Finden Sie einen Ort, wo der Mitarbeiter sich wieder herausgefordert fühlt, wo er wieder Spannung erlebt, seine Fähigkeiten ausspielen kann, wo er Arbeit wieder als persönlichkeitsbildendes Lebensprojekt begreift.

Fehlender Zugang zu aufregenden Projekten, zu Ausbildung und Förderung sind auch die Hauptmotive für den gefürchteten »brain drain«. Und Unterforderung ist hochgradig demotivierend. Diese Menschen unterfordert zu lassen, aber ersatzweise mit Geld zuzuschütten, löst das Problem nicht. Es ist Ihre Führungsaufgabe, Unterforderung möglichst früh und klar anzusprechen. Wenn Sie keine alternativen Einsatzmöglichkeiten haben und auch langfristig keine Aussicht besteht, ist es besser, sich vom Mitarbeiter zu trennen: »Sie sollten das Unternehmen verlassen, und ich werde es bedauern; aber das nehme ich in Kauf.« Das ist fair für beide Seiten.

Dann gibt es auch – drittens – jenen Mitarbeiter, der von seiner Aufgabe *überfordert* ist. Wenn es dem Mitarbeiter an Talent für eine Aufgabe fehlt, wird im Regelfall zu einem »unterstützenden« System gegriffen. Die Spät- und Nebenfolgen dieses extrem verbreiteten Kunstgriffs habe ich im ersten Teil dieses Buches beschrieben. Sie können auch einen Partner finden, der den Mangel ausgleicht, und damit den Headcount aufblähen. An einem gewissen Punkt aber sollte kein Kompromiss mehr zulässig sein. Dann sollten Sie nicht den Mitarbeiter anklagen: Meist ist der Mitarbeiter falsch eingesetzt. Sie haben also wieder eine *Einsatz-Aufgabe*. Finden Sie einen Ort, wo dieser Mitarbeiter *sein* Potenzial, das er ja hat, entfalten kann. Wo er sich wieder als erfolgreich erlebt, seine Fähigkeiten ausspielen kann. »Wir müssen eine Aufgabe finden, in dem Ihre natürlichen Stärken besser zur Geltung kommen. Was könnte das sein?« Das ist keine Höflichkeit, sondern Aufrichtigkeit.

Diesem Menschen lediglich Geld vorzuenthalten, löst das Problem nicht. Also: Finden Sie für ihn eine alternative Aufgabe im Unternehmen. Erst wenn das nicht hilft, bleibt als Ultima Ratio: Trennen Sie sich. Machen Sie diesen letzten Schritt aber erst dann, wenn Sie andere Möglichkeiten vorher seriös geprüft haben.

Die richtige Aufgabe

Die richtige Person am richtigen Platz: Achten Sie darauf, dass der Arbeitsinhalt Fähigkeiten und Fertigkeiten vom Mitarbeiter fordert, die er besitzt und für wichtig erachtet. Erfolgserlebnisse sind möglich bei solchen Aufgaben, die weder über- noch unterfordern, sondern herausfordern. Nur dann erreichen Sie mit ganz normalen Menschen überdurchschnittliche Ergebnisse. Durch die Wahl der richtigen Aufgabe können Sie auch Mitarbeitern mit geringer Leistung helfen, eine Kurskorrektur vorzunehmen. Schon manche interne Versetzung hat neu beflügelt. Und nicht selten sind Menschen in Kleider hineingewachsen, die andere ihnen geschneidert haben. Wenn Sie die Voraussetzung für motivierte Eigenleistung verbessern wollen, dann gehört dazu vor allem das unterstützende Gespräch mit jemandem, der sich seiner Stärken, seines Wissens und Könnens unsicher ist. Hier sollten Sie Hilfen zu realistischer Selbsteinschätzung anbieten. Sprechen Sie mit Ihrem Mitarbeiter:

- Welche Ihrer Neigungen und Fähigkeiten bleiben gegenwärtig ungenutzt?
- Stellen Sie sich vor, unser Unternehmen würde auf der grünen Wiese neu gegründet: Auf welchen Job würden Sie sich gerne bewerben?
- Wie sieht Ihr »Traumberuf« aus?

Die konventionelle Führungsweisheit erkennt in der Beförderung auf die nächste Hierarchieebene die einzige Möglichkeit, vorwärts zu kommen. Danach besteht der beste Weg, Brillanz in einer Aufgabe anzuerkennen, darin, diese Person von der Aufgabe zu entbinden. Meiner Erfahrung nach aber sind nur sehr selten gute Verkäufer auch gute Vertriebsleiter. Und ob gute Journalisten auch gute Chefredakteure sind, ist – schaut man sich die Presselandschaft an – mehr als zweifelhaft. Erfolg in einer Rolle ist keineswegs ein Hinweis auf Erfolg in einer anderen Rolle. Wenn wir den Unterschied ehren wollen, dann müssen wir auch anerkennen, dass Führungsarbeit nicht »besser« oder »höher« ist. Sie ist – richtig verstanden – keineswegs aufgestiegene Sachbearbeitung. Führung erfordert *andere* Talente. Die Basisarbeit zu beherrschen ist insofern sicher hilfreich, aber nicht – wie immer wieder gefordert – in jedem Falle notwendig. Der Chef einer Hühnerfarm muss auch keine Eier legen können.

Seitwärts aufwärts

In einem individualisierenden Unternehmen muss es die Möglichkeit geben, auch ohne hierarchischen Aufstieg vorwärts zu kommen. Und etwas anderes zu machen, ohne dass es als Rückschritt gesehen wird. Wenn Sie Talente richtig einsetzen, gibt es keinen »Rückschritt«! Rückschritt setzt die alte Leiter voraus. Aber nur dann, wenn höheres Prestige und bessere Verdienstmöglichkeiten auch auf der gegenwärtigen Ebene möglich sind, wird die Karriereleiter ihre Sogkraft verlieren. Nur dann werden Menschen nicht in Rollen hineinbefördert, zu denen ihnen das Talent fehlt. Die DIS AG hat daher die Position des Geschäftsbereichsleiters weder mit höherem Gehalt noch mit Ewigkeitswert ausgestattet. Ihr Vorstandsvorsitzender Dieter Paulmann: »Es ist eine Investition in die Beschäftigungsfähigkeit der Menschen, die sich uns anvertraut haben. Wenn es gelingt, sind alle glücklich; wenn nicht, ist der Schaden nicht allzu groß.« Auch ein Robert Redford kann, wie eingangs gezeigt, nicht jede Rolle spielen.

BINDUNG
oder warum Geld allein nicht glücklich macht

> Die Möglichkeit zu leben beginnt im Blick des anderen.
> *Michel Houellebecq*

Ende der Nüchternheit

Sie sitzen an Ihrem Schreibtisch. Ein Masseur beugt sich über Ihre Schulter. Irgendwo in den Verzweigungen des Firmengebäudes kümmert sich jemand um die Reinigung Ihrer Wäsche, die Sie heute morgen dort abgeliefert haben. Ihr Kind spielt bestens versorgt im unternehmenseigenen Kindergarten. Und ein Bote besorgt Ihnen die Theaterkarten, die Sie morgen Ihrer Mutter zum Geburtstag schenken wollen. Klingt nach Zukunftsmusik? Ist es aber nicht. Das ist Realität bei Cisco Systems oder Merck oder Peoplesoft oder etlichen anderen Unternehmen, denen es wichtig ist, die besten Talente nicht nur zu bekommen, sondern auch zu *halten*. Betriebseigene Fitnessstudios, Reinigung, Ferienjobs für Ihre Kinder, zweiwöchiger Mutterschafts- oder Vaterschaftsurlaub, flexible Arbeitszeiten, bis zu 100 Stunden Weiterbildung pro Mitarbeiter im Jahr, freies Kantinenessen, Kantine als offziell ausgezeichnetes Gourmetrestaurant, in dem mittags ein Pianist spielt und Sie auch mit Ihren Freunden abends essen können – all das mag man als Sozialklimbim belächeln, ja, in Zeiten der neuen Leistungsnüchternheit scheint es wenig angebracht, solche Beispiele vorbehaltlos zu bewundern. Außerdem: Diese Annehmlichkeiten kosten viel. Aber sie nutzen auch viel. Sie symbolisieren Wertschätzung. Und »Wertschöpfung durch Wertschätzung« ist eine Rechnung, die noch immer aufging. Hier konkretisiert sich also nicht moralgesättigte Philanthropie, sondern kühl kalkulierende Klugheit.

Denn das gewohnte Arbeitgeber-Arbeitnehmer-Verhältnis hat sich vielfach umgedreht: Die Unternehmen bewerben sich bei den Mitarbeitern. Etliche Firmen haben ein »Office for Retention« eingerichtet, eine Art Kummerkasten für Abwanderungswillige. Hohe Fluktuation bedeutet auch Kontinuitätsverlust beim Kunden. So peilen ganze 31 Prozent der MBA-Absolventen in den USA ein maximales Engagement von drei Jahren bei einem Arbeitgeber in spe an; weitere 27 Prozent wollen höchstens vier Jahre im Job verweilen. Lediglich ein Fünftel kann sich vorstellen, fünf Jahre oder länger zu bleiben, fand das US-Forschungsinstitut Universum heraus.

Goldene Ketten sind dünn

Zwei Entwicklungen kommen hinzu: Immer mehr setzt sich die Erkenntnis durch, dass nicht die Unternehmen mit der bestgefüllten Kasse langfristig die Nase vorn haben werden, sondern jene mit den besten Köpfen. Die wirklich guten Leute haben jedoch – wie schon oben angesprochen – immer weniger Lust auf Konzerne, die immense Anpassungszwänge auftürmen. Gerade klassischen Großunternehmen fällt es daher zunehmend schwerer, High Potentials in den eigenen Reihen zu halten. Niedrige Markteintrittsbarrieren im Internet-Bereich, problemlosere Beschaffung von Kapital und stark am »Unternehmertum« orientierte Werthaltungen ziehen gerade sehr gute Hochschulabsolventen magisch an.

Zum anderen sind durch die weitreichenden Reorganisationsprozesse der letzten Jahre die klassischen Karriereleitern praktisch weggebrochen. Der Tausch »Aufstieg gegen Leistung« gilt nicht mehr. Damit ist ein zentrales Tauschpfand zwischen Person und Organisation entfallen, welches früher als Aufstiegserwartung an das Unternehmen band. Im Selbstverständnis vieler Höherqualifizierter ist dadurch ein Vakuum entstanden, das für die Identitätsfindung gar nicht hoch genug bewertet werden kann. Lange Kündigungsfristen als Schutzzäune aufzubauen, hat sich jedoch als ebenso dysfunktional erwiesen, wie Abwanderungswillige mit Geld an die goldene Kette zu legen.

Zu den Mythen der Fluktuation zählt, dass Treue tiefe Taschen hat. »Jeder geht, wenn der Preis stimmt!« Tatsächlich ist Geld allein fast nie der ausschlaggebende Faktor. In diesem Zusammenhang ist es illustrativ, nach Amerika zu schauen. Dort werden in der Zeitschrift *Fortune* regelmäßig die Ergebnisse einer großangelegten Mitarbeiterumfrage »The 100 Best Companies to Work for« veröffentlicht. Wichtiger als die Rangliste sind die Begründungen, warum Mitarbeiter einem Unternehmen treu bleiben. Obwohl die Antworten variieren, eines mag denn

doch erstaunen: Geld erwähnte niemand. Wenn bei W. L. Gore, Procter & Gamble oder Intel allen Mitarbeitern Aktien angeboten werden, wenn auf diese Weise bei Microsoft über 25 000 Angestellte zu Millionären geworden sind, wenn in einer Nebenbefragung 87 Prozent von Southwest Airlines sagen, sie fühlten sich am Unternehmenserfolg fair beteiligt, wenn Ende 1999 jeder der knapp 600 Mitarbeiter von Kingston Technology eine Beteiligung von 75 000 Dollar erhielt – noch einmal: jeder! – dann wird zwar auch das ein Bleibe-Argument sein. Aber:

Wer wegen Geld kommt, geht auch wegen Geld.

Kampfgehälter sind ungeeignet, die *besten* Mitarbeiter zu halten. Sie sind eher eine Allzweckwaffe, die alle anzieht, auch die durchschnittlichen. Zudem gibt es die Gefahr der negativen Selektion: Schwachleister verlassen das Unternehmen freiwillig niemals, weil sie genau wissen, dass sie für ihre Leistung nirgendwo soviel Geld verdienen. Geld leistet vielleicht, dass jemand morgens zur Arbeit geht. Es leistet nicht, dass jemand *gerne* zur Arbeit geht. Es »entschädigt« nur. Das alles verschiebt das Problem, aber es löst es nicht. Was wäre gewonnen, wenn er wegen des Geldes bliebe? Es braucht schon bessere Gründe, um morgens aufzustehen und über Jahre zur selben Firma zu rennen. Und das sind im Wesentlichen drei Kernbereiche, die von den Mitarbeitern als bindend genannt werden: *Spaß – Flexibilität – Stolz*. Betrachten wir sie näher.

Vertrauen verbindet

Stellen Sie sich vor, Sie sitzen am Sonntagabend in Ihrem Wohnzimmer und denken an Montagmorgen. Lassen Sie die Gesichter Ihres Chefs, Ihrer Mitarbeiter, Ihrer Kollegen vor Ihrem geistigen Auge vorüberziehen. Welche Gefühle empfinden Sie? Freuen Sie sich auf Ihre Arbeit? Freuen Sie sich darauf, Ihre Kollegen wiederzusehen? Macht es *Spaß*, mit ihnen zusammenzuarbeiten? Oder weht Ihnen die Fahne der Flucht durch den Kopf? Es mag sein, dass talentierte Mitarbeiter ein Unternehmen wählen, weil es gute Bezahlung, herausfordernde Tätigkeiten, beeindruckende Entwicklungsmöglichkeiten und ein weltbekanntes Trainingsprogramm anbietet. Wie lange aber ein Mitarbeiter bleibt und wie produktiv er dabei ist, hängt immer noch und zuallererst an der *Beziehung zur unmittelbaren Führungskraft*. Trotz allen Globalisierungsgeredes zeigen alle Forschungsergebnisse hartnäckig: Auf das Verhältnis zwischen Chef und Mitarbeiter kommt es an! Mit Respekt und Wohlwollen behandelt werden, als ein Mensch, dessen Stimme zählt und dem – vor allem! – Vertrauen entgegengebracht wird. Negativ gewendet: Wenn die Bindekraft einer positiv gestalteten Beziehung zwischen Chef und Mitarbeiter fehlt, dann erhöht sich die Fluktuationsrate überproportional. Daher ist ein weiterer Mythos zu entlarven: »Wichtige Leute gehen überraschend.« Tatsächlich waren die Zeichen seit längerem unübersehbar.

Ken Alvares, Personalchef von Sun Microsystems in Kalifornien: »Unser Ziel ist, dass Leute bei Sun soviel Spaß bei ihrer Arbeit haben, dass sie sich nicht mal den Headhunter anhören.« Es scheint zu funktionieren. Die Fluktuationsrate ist bei Sun mit knapp 11 Prozent zwei Drittel niedriger als die der Wettbewerber. Auch wenn die Definition von Spaß sicher unterschiedlich ist: Allen gemeinsam ist ein *warmes sozial-emotionales Klima*, die Freude an der Zusammenarbeit mit Menschen, die eher schon Freunde als Kollegen, Mitarbeiter oder Chefs sind. Das, was die Mitarbeiter des Befragungssiegers 1999, des Kreditkartenherstellers Synovus Financial aus Columbus »culture of the heart« nennen. Ein Arbeitsklima, in dem man zum Lachen nicht in den Keller muss, in dem gute Laune nicht schlechtes Benehmen ist, in dem ein breiter emotionaler Verhaltenskorridor zugelassen wird – und nicht nur die aftershave-gemeißelte Ausdruckslosigkeit deutscher Managergesichter.

Mitarbeiter sind Kunden

Der zweite Schwerpunkt, der Mitarbeiter bindet, ist mit *Flexibilität* sicher nur unzutreffend gekennzeichnet. Immer weniger Mitarbeiter sind bereit, ihre Einstellungen und Wertorientierungen morgens beim Pförtner abzugeben. Sie verlangen in zunehmenden Maße, dass sich das Unternehmen auf die je besonderen Bedürfnisse des Einzelnen einstellt. Daraus folgt: *Behandeln Sie Ihre Mitarbeiter wie Kunden!* Finden Sie Ihre individuellen Bedürfnisse heraus und dienen Sie ihnen in der für sie besten Weise. Machen Sie Ausnahmen von der Regel. Der eine will einen Lehrauftrag an der Universität annehmen, der andere nach der Geburt seines Kindes weniger arbeiten, ein dritter will gerne ins Ausland, ein vierter ein mehrmonatiges Sabbatical.

Warum Harald B. seinen ersten Arbeitgeber verließ? »Man wollte unsere Individualität, redete viel von Persönlichkeit, aber es gab kaum Möglichkeiten, sich außerhalb der vorgegebenen Horizonte zu bewegen, eigene Erfahrungen zu machen, die nicht in einem Projekt nach dem Muster starrer Evaluationen ausgewertet wurden.« Überschaut man die Forschungen zur Arbeitszufriedenheit, dann wird das »Gefühl, als Individuum vom Unternehmen anerkannt zu werden«, von zunehmend mehr Menschen eingefordert. Unternehmen, die darauf reagieren, flexibilisieren den gesamten organisatorischen Ablauf. Warum drei Stunden täglich im Stau stehen, wenn Sie in der Rushhour zu Hause arbeiten und zwei Stunden später ins Büro fahren können?

One size doesn't fit all.

Das meint nicht zuletzt eine Neubalancierung von Arbeit und Familie. »Nehmen Sie sich Zeit«, ermutigt die e·on im Rahmen einer breit angelegten Teilzeitinitiative. Auch Siemens, Gemini Consulting, 3M oder Hewlett Packard ermöglichen ihren Mitarbeiter Halbtagsarbeit, DIMIDO, Vier-Tage-Woche, Schnupperteilzeit mit Rückkehrgarantie, Vollzeit »Light«, Job-Sharing, Lebensarbeitszeitkonten, mehrmonatige Auszeiten, Arbeiten im Home-Office. Die Bedürnisse sind unterschiedlich: Reisen, Hausbau, Kinderbetreuung, Ausspannen, Studieren. Utho Creusen konnte als Geschäftsführer bei den OBI-Baumärkten nicht nur promovieren, sondern sogar habilitieren. Flexible und/oder reduzierte Arbeitszeit – aber dennoch auf Förderung und Karrierechancen nicht verzichten zu müssen – das wird in der *Fortune*-Umfrage immer wieder angesprochen. Ein Senior Manager von Deloitte & Touche: »Flexibilität hat nicht nur mit Mutterschutz zu tun. Ein junger Manager in meiner Abteilung arbeitet eine reduzierte Stundenzahl, und er hat nicht einmal Kinder. Aber er hat ein Leben.«

Flexibilität bedeutet aber auch herausfordernde Projekte und abwechslungsreiche Tätigkeiten. Karriere nicht mehr verstanden als »Höhe gewinnen«, sondern als »Fläche gewinnen«. Karriere als Kompetenzentwicklung. Menschen begrüßen Situationen, in denen sie sich herausgefordert fühlen, die sie als »aufregend« wahrnehmen. Arbeit als ein persönlichkeitsbildendes Lebensprojekt. Wenn die Arbeit solche Situationen anbietet, bindet das. Persönliches Wachstum in der Aufgabe ist also die entscheidende Voraussetzung für volle Leistungsentfaltung. Arbeit als Arbeit *an sich selbst* zu erfahren. Ein Mitarbeiter der Air-Conditioning-Firma TDIndustries aus Dallas schreibt: »Ich bin nun schon bald 22 Jahre bei dieser Firma, aber ich habe mich noch nicht fünf Minuten gelangweilt.« Das leitet über zum dritten Kernbereich: Die Ansprüche an eine »sinnvolle« Arbeit.

Für wen?

Die Menschen wollen mit *Stolz* den Namen ihres Unternehmens nennen. Sie wollen auch stolz sein auf den Beitrag, den sie dem Empfänger ihrer Arbeit leisten: »Wem diene ich mit meinem Handeln?« Dieses Dienstideal ist – in letzter Zeit verstärkt – auf die Gesellschaft bezogen, hat einen legitimatorischen, ja moralischen Aspekt. Gerade diese »Stolzbrücke« zwischen der eigenen Tätigkeit, der beruflichen und privaten Selbstdefinition und dem »Namen« des Unternehmens im umgebenden Meinungsklima wird immer wieder genannt.

Stolz kann man dabei offenbar auf vielerlei sein. Auf Produkte, auf Traditionen, auf die Unternehmenspolitik. Nur auf eines kaum: Dass ein einseitig verstandenes, mithin verkürztes Shareholder-Value-Denken den Mitarbeitern nicht die Begeisterung in die Seelen trägt, scheint sich mittlerweile herumgesprochen zu haben. In Amerikas Managementkreisen heißt es: »Wenn du Shareholder-Value-Management betreibst, endest du wie ITT.« In einigen Unternehmen ist man stolz darauf, niemals in der Unternehmensgeschichte betriebsbedingte Kündigungen ausgesprochen zu haben: bei FedEx, Deere, Harley Davidson, S. C. Johnson Wax und Southwest Airlines, um nur einige zu nennen. Bei der 3M hat man im letzten Jahr 7 000 Stellen gestrichen, aber nur weniger als 100 Mitarbeiter entlassen. Beim Pharmahersteller Merck stellt man heraus, dass über 30 Prozent aller Manager Frauen sind. Der Whole Foods Market verkauft nur Produkte aus ökologischem Anbau. Die Mitarbeiter sind deutlich besser ausgebildet als in vergleichbaren Lebensmittelketten. Das Gehalt des CEO ist auf das Zehnfache des durchschnittlichen Mitarbeiters begrenzt. Lauter Hippies? Die Umsatzrendite ist die höchste der gesamten Branche und der ROI lag 1998 bei 29 Prozent. Ein Mitarbeiter des SAS Institute betont etwas anderes: »Ich finde es großartig, immer mit der neusten Technologie arbeiten zu können.« Viele Mitarbeiter von Johnson & Johnson sind stolz auf ein 60 Jahre altes Credo, dass die Verantwortung zuerst den eigenen Mitarbeitern zu gelten habe und das die Shareholder auf den letzten Rangplatz setzt. Bei Medtronic, einem Medizintechnik-Hersteller in Minneapolis, konzentriert man sich auf Patienten: »Restoring patients to full life« heißt entsprechend das Firmenmantra. Über alle Kommunikationskanäle werden mit den Firmenprodukten erfolgreich behandelte Patienten vorgestellt. Am Jahresende werden Patienten und deren Familien zu einer großen Party eingeladen, wo die Patienten ihre Genesungsgeschichte erzählen. Tränenrührende amerikanische Seifenoper? Mag sein. Aber Journalisten sind nicht eingeladen, und die Party wird von den Mitarbeitern selbst veranstaltet.

Nun heißt von Amerika lernen keineswegs immer Siegen lernen. Dazu gehört, das Finanzsystem der Deutschland AG nicht ohne Not aufzuweichen, da das Interesse an einer stabilen und stetigen Unternehmensentwicklung dafür sorgt, wertvolle Mitarbeiter zu binden und so das Unternehmen zu stärken. Dennoch gibt die *Fortune*-Umfrage wichtige Hinweise darauf, was auch für unsere Unternehmen gestaltbar ist. Besonders spannend natürlich, wenn's ums Geld geht: Die Finanzmärkte drohen zunehmend mit Entzug der Investitionen, wenn die Unternehmen für talentierte Menschen nicht attraktiv sind. Die niederländische Großbank ABN Amro verkauft mit großem Erfolg Zertifikate, die sich am sogenannten Mitarbeiter-Beteiligungs-Index orientieren. Zurückgerechnet für die vergangenen drei Jahre schlug der Mitarbeiter-Index immerhin 16 europäische Aktienmärkte und stieg 1999 um 68 Prozent. Er kletterte damit fast doppelt so schnell wie der Dow Jones Stoxx. Und das international agierende Beratungsunternehmen Ernst & Young beobachtet seit geraumer Zeit einen Trend, dass die institutionellen Anleger nicht nur »hard results«, »return on assets«, »economic value added« bewerten, sondern Geld zunehmend in jenen Firmen anlegen, die für ihre Attraktivität auf den Arbeitsmärkten bekannt sind. Sie wetten ihr Geld darauf, dass dies den Unterschied macht.

Klare Kriterien

Bleibt die Frage: Bedeutet ein hohes Ranking in der *Fortune*-Umfrage, eine geringe Fluktuation und eine hohe Arbeitsmoral auch hohe Leistung respektive erfolgreiche Unternehmensbilanzen? Nicht in jedem Fall: Southwest Airlines beweist mit ihrem ROI von etwa jeweils 11 Prozent über die letzten fünf Jahre lediglich, dass es auch einer geradezu extrem motivierten Mitarbeiterschaft nur näherungsweise gelingt, die schlechte Ertragslage der amerikanischen Luftfahrtindustrie zu kompensieren. Der Müsli-Gigant General Mills sieht mit 8 Prozent auch nicht viel besser aus und Gewürzehersteller McCormick (- 2,5 Prozent) kostet Shareholdergeld. Bevor wir uns aber über die Unlösbarkeit das Henne-Ei-Problems verbreiten, betrachten wir noch einmal ein Forschungsergebnis. Die Gallup Organization befragte im Jahre 1999 insgesamt 55 000 Arbeitnehmer, um eine Relation zwischen deren Arbeitsmoral und dem Unternehmensergebnis herzustellen. Das Ergebnis kann nur Skeptiker erstaunen. Es sind im Wesentlichen vier Einstellungen, die in einem hohen Maß mit guten Unternehmensergebnissen korrelieren:

- Die Mitarbeiter behaupten mehrheitlich, jeden Tag ihr Bestes zu geben und auch die Möglichkeit dazu zu haben.
- Sie haben das Gefühl, dass ihre Meinung zählt.
- Sie glauben, dass auch ihre Kollegen sich auf Qualität verpflichtet haben.
- Sie sind stolz darauf, bei diesem Unternehmen arbeiten zu dürfen.

Das alles kann Führung gestalten. Wenn sie sich ernst nimmt.

ERGEBNISSE
oder warum Menschen nur das tun, was sie wollen

> Unser Zeitalter traut der Materie mehr als dem Menschen,
> just weil sie keine Seele hat und nicht Person ist.
> *José Ortega y Gasset*

Verhandlung und Vereinbarung

Worum geht es im Unternehmen? Jetzt, da die ideologischen Nebelschwaden aus Gewinnmaximierung, Globalisierung und verletzter Sozialpflichtigkeit des Eigentums, die das Shareholder-Value-Ziel anfänglich umhüllt haben, lichter geworden sind, darf man wieder Selbstverständlichkeiten aussprechen. »Wirtschaften« kommt von »Wert schaffen«. Darum geht es also. Welchen Wert schafft Führung? Fragen Sie sich selbst: Was ist Ihr Beitrag als Führungskraft? Was verkaufen Sie Ihrer Firma? Warum stehen Sie auf der Gehaltsliste?

Sie verkaufen sicher keine Arbeitszeit. Sie verkaufen auch keine Projekte. Sie verkaufen auch keine Motivation, kein Potenzial, keine Arbeitszufriedenheit, keine Beurteilungs- und Umfrageergebnisse, kein Wissen und keine besten Absichten. Was Sie verkaufen, sind *Ergebnisse*. Den Nettowert Ihrer Leistungen. Resultate. Das, was den Unternehmenswert steigert. Ihren Beitrag zur Überlebenssicherung. Dafür stehen Sie auf der Gehaltsliste Ihres Unternehmens. Ergebnisse – das sind sowohl materielle als auch immaterielle Werte. Wobei die immateriellen Werte eine nachgeordnete Rangigkeit einnehmen. Das zu ummänteln wäre töricht. Entscheidend ist, wie man so sagt, »was hinten raus kommt«.

Diese Ergebnisse erzielen Sie als Führungskraft *mittelbar*: mit und durch andere. Das heißt, Sie ermöglichen und organisieren die Leistung Ihrer Mitarbeiter. Ob Sie dabei erfolgreich sind, ob die Ergebnisse der Mitarbeiter hoch oder niedrig zu bewerten sind, hängt davon ab, wie sich die Resultate gegen die Erwartungen ausnehmen. Eine Frage der Leistungsbewertungsgrenze. Es ist also hilfreich, sich über die zu erwartenden Ergebnisse zu verständigen.

Am Anfang steht dabei die *Verhandlung*. Die Verhandlung gleicht Erwartungen ab, berücksichtigt die Interessen der Beteiligten, prüft Übereinstimmendes und Trennendes. Damit ist nicht unbedingt eine konkrete Gesprächssituation gemeint. Verhandlung ist eher eine innere Einstellung. Sie ist Antwort auf die Frage:

> *Wie schauen Sie den anderen an?*

Ist der andere Mittel zu Ihrem Zweck oder ist er auch Zweck in sich? Ist er ein Ausführungsinstrument oder ein Mensch eigenen Rechts? Muss er sich Ihnen anpassen, oder müssen Sie sich einander anpassen? Ist er ein zu erziehendes Kind oder ein Erwachsener? Ist er ein zu gestaltendes Artefakt oder in seinem So-Sein zu respektieren? Die Verhandlung ist also die Basis einer Kooperationsbeziehung von Menschen, die sich wechselseitig in ihrer Individualität respektieren. Sie ist eine verhaltensprägende Perspektive, die den Mitarbeiter als *Partner*, als zu gewinnenden Leistungsträger, als gleichberechtigten Mitspieler auf dem gemeinsamen Spielfeld anerkennt.

Jede Verhandlung ist im Grunde eine Störung. Wenn Sie etwas von einem anderen Menschen wollen, dann stören Sie ihn. Sie unterbrechen ihn in dem, was er ohne Ihre Störung weiter tun würde. Sie und Ihre Erwartung müssen ihm also wichtig sein, wenn er sich stören lässt. Ob er dann tatsächlich tut, was Sie von ihm erwarten, hängt davon ab, ob er seine Interessen in dem neuen, nunmehr veränderten Handeln gleichsam »wiederfindet«. Seine Bedürfnisse und Erwartungen zu berücksichtigen ist mithin – abermals – *kein moralisches Postulat, sondern Klugheit*. Wo jemand seine Erwartungen hat, hat er auch seine Motivation. Und ob Unternehmen wirklich erneuerungsfähig sind, hängt davon ab, ob Menschen sich einbringen können. Dass sie die Erfahrung machen, persönlich mit ihrer Begabung, ihrem Engagement und ihren Interessen gefragt zu sein. Dass es sinnvoll und wirksam ist, mitzumachen und die eigenen Ideen einzubringen. Nur wer *etwas* und *sich* einbringen kann, bleibt auf der Bühne.

> *Jede Verhandlung zielt auf Änderung des Gewohnten.*

In einem Unternehmen, dem es nicht um halbherzige Anpassung geht, werden Erwartungen nicht dekretiert – egal, von welcher Seite –, sondern *verhandelt*. Alle haben das Recht, Erwartungen zu formulieren, Führungskraft und Mitarbeiter gleichermaßen. Das heißt für Sie als Führungskraft: Eingespannt zwischen den Erwartungen Ihrer Mitarbeiter und Ihres Vorgesetzten, müssen Sie zwischen beiden vermitteln, wenn Sie so wollen, beide ein wenig »verraten«. Fest steht, dass alle Handelnden auf ihre Kosten kommen müssen, soll die Zusammenarbeit langfristig funktionieren. Eine einfache Einsicht. Täglich millionenfach ignoriert.

Es ist für einen Mitarbeiter ungeheuer demotivierend, wenn er spürt, dass Sie als Führungskraft nicht einmal die Neigung haben, seinen Wunsch ernsthaft zu prüfen. Wenn er spürt, dass Sie vielmehr seine Ansprüche zu verhindern suchen, indem Sie sich hinter Policys verstecken. Freiräume sind Räume, und die haben Grenzen. Diese sind bei technischen Sicherheits- und Gefahrenaspekten anders gesteckt als etwa im Verkauf. Es gibt Bereiche, die keine Kompromisse zulassen. Ein Unternehmen, das – wie der TÜV – Atomkraftwerke prüft, kann sich wahrlich keine Toleranzen erlauben. Aber im Sozialen ist der Rahmen der Fantasie zumeist nicht annähernd ausgeschöpft.

Diese Flexibilität, dieses individuelle Eingehen auf den anderen, die prinzipielle Bereitschaft, zu ermöglichen, das ist das Wichtige – die Einstellung des »Warum eigentlich nicht?«. Wer glaubt, Ziele diktieren und top down anweisen zu können, bekommt naturgemäß nur eine Anpassungsleistung. Die Leute sagen Ja und meinen innerlich Nein. Vielleicht reicht Ihnen ja die Anpassungsleistung. Glückwunsch! Abhaken können Sie dann jedoch auch Eigeninitiative, Kreativität und Selbstverantwortung.

Klare Erwartungen

Ob aber auch Sie selbst mit dem Ergebnis Ihres Mitarbeiters zufrieden sind, hängt wesentlich von der Klarheit Ihrer Erwartungen ab. Es ist hilfreich, sich zunächst selbst Rechenschaft abzulegen. Was erwarte ich von dem anderen? Was will ich? Was will ich nicht? Was soll zwischen uns gelten? Was sollte zwischen uns möglichst nicht passieren? Viele Konflikte entwickeln sich aus *unausgesprochenen* Erwartungen. Der andere soll dann »raten«, was Sie wollen. In der Er-Wartung steckt das »Warten«, und damit geben Sie das Gesetz des Handelns aus der Hand.

Oder Sie setzen etwas als »selbstverständlich« voraus. Menschen neigen dazu, unausgesprochene Erwartungen als Selbstverständlichkeiten zu etikettieren. Das ist die Anleitung zum Unglücklichsein. Nichts ist zwischen Menschen selbstverständlich. Niemand ist auf der Welt, um Ihre Erwartungen zu erfüllen. Mehr noch: Wenn Ihr Glück davon abhängt, ob ein anderer etwas tut oder lässt, haben Sie ein Problem. Aber dennoch leiden Sie vielleicht darunter, dass der andere Ihren Erwartungen nicht entsprechen will. Sie sind dann enttäuscht. Aber auch das ist nichts Schlimmes. Denn Ent-täuschung ist das Ende der Täuschung: Sie täuschen sich nicht mehr.

Schlimmer noch und beharrlicher sind die Konflikte, die aus *uneingestandenen* Erwartungen entstehen. Sie haben vielleicht Erwartungen, derer Sie sich schämen, weil sie öffentliche Tabuzonen verletzen. Deshalb äußern Sie sie nicht, hoffen aber inständig, der andere möge sie doch ahnen. Und wenn er es nicht tut, strafen Sie ihn dafür bei günstiger Gelegenheit, die in den seltensten Fällen Bezug zum Gegenstand der Erwartungen hat. Etliche glauben auch, zu viel zu sagen und damit Selbstverständlichkeiten zu strapazieren. Aber diese Selbstverständlichkeiten gibt es nicht. Ich kenne keine Führungskraft, die zu viel und zu deutlich Erwartungen kommuniziert. Aber etliche, die auf die Erwartungen anderer so reagieren: »Ich habe dir doch bei unserer Hochzeit gesagt, dass ich dich liebe. Wenn sich etwas ändert, melde ich mich.«

Gerade zu Beginn einer Zusammenarbeit ist es hilfreich, Erwartungen abzugleichen. Beide Partner sollten ihre Erwartungen kurz und informell niederschreiben, sich zusammensetzen und sie sich wechselseitig erläutern: »Was ist mir in der Zusammenarbeit wichtig?« Sagen Sie deutlich, was Sie *wollen*. Sie müssen zunächst dafür sorgen, dass es *Ihnen* gut geht. Klarheit bedeutet nicht notwendig Zahlen; man kann auch über Qualitatives klar sprechen. Wer eine Sekretärin braucht und keine Assistentin, sollte das unmissverständlich sagen. Wenn »Fröhlichsein« für Sie unabdingbar ist, sprechen Sie es an.

Es sind die Dinge, über die man üblicherweise nicht spricht,
die letztlich zur Trennung führen.

Grundsätzlich aber: Stellen Sie Ihre Erwartung zur Verhandlung. Innerhalb einer breiten Straße des betriebswirtschaftlichen »Überlebens« gibt es Variablen; über die kann man reden. Außerhalb dessen ist der gemeinsame Weg zu Ende.

Klare Botschaften

Dinge zu bewegen, hart zu arbeiten und Routinen aufzubrechen war noch nie ein Problem, wenn klar war, wofür. Um kraftvoll zu sein, muss eine vereinbarte Leistungsgröße also legitim sein. Man kann den Menschen nicht immer nur etwas wegnehmen; man muss ihnen dafür auch etwas geben. Eine positiv besetzte Gestaltungsidee. Wenn Sie Änderung verlangen, dann muss der andere davon etwas haben, warum sollte er sonst etwas ändern? Viele Führungskräfte glauben, die Veränderungsnotwendigkeit (»Warum ändern?«) sei selbsterklärend. Das wird in der Regel überschätzt. Um freiwillige Zustimmung muss man werben. Viele Führungskräfte schaffen es nicht, ja bemühen sich nicht einmal, die Notwendigkeit der Veränderung *plausibel zu machen*. Denn wenn uns etwas »selbstverständlich« erscheint, investieren wir nicht in Plausibilität. Warum aber soll das Unternehmen zum Beispiel zweistellige Wachstumsraten erreichen? Setzen Sie nichts voraus! Glauben Sie nicht, dass das doch klar sein müsste. Erläutern und begründen Sie die Anforderungen. Seien Sie präzise und prägnant. Und ordnen Sie ihnen Wichtigkeit zu: Ist es eine »Kann«-Anforderung, eine »Muss«-Anforderung oder sogar ein K.-o.-Kriterium? Wenn Sie keine schriftlichen Vereinbarungen treffen, fassen Sie am Ende des Gesprächs das Ergebnis zusammen. Oder lassen Sie es vom anderen spiegeln: »Was haben Sie jetzt aus unserem Gespräch mitgenommen?« Legen Sie fest, worüber Sie gerade eine Vereinbarung getroffen haben. Einigen Sie sich auf einen konkreten Wortlaut. Vermeiden Sie Botschaften, wie sie nach einer Krisensitzung die Vorstandsmitglieder eines nordrhein-westfälischen Energieunternehmens ausgaben: Erster Vorstand: »Es brennt!« Zweiter Vorstand: »Ich habe gehört, es soll brennen.« Dritter Vorstand: »In drei bis vier Jahren könnte es brennen.« Vierter Vorstand: »Im Ruhrgebiet hat es noch nie gebrannt.« Alles bleibt beim Alten.

Führungskräfte glauben zumeist, sie seien gut in der Definition der Ziele, ließen aber ihren Mitarbeitern den Raum, ihre eigenen *Wege* zum

Ziel zu finden. Das Gegenteil ist der Fall: Sie sind ausgezeichnet im »Ratschlagen« und Maßnahmen vorgeben, jedoch schlecht bei der Zielbeschreibung. Es ist ausgesprochen wichtig, dass eine Führungskraft dem Mitarbeiter Verantwortung für die Wege überlässt, auf denen er das Ziel erreichen will. Das ist vor allem eine Übung in Selbstdisziplin und Vertrauensfähigkeit für die Führungskräfte. Immer wieder aber erlebe ich zum Beispiel Vertriebsleiter, die beharrlich die Art und Weise korrigieren, *wie* ein Verkäufer seinen Job macht. Und überaus sensibel darüber wachen, ob die Besuchsberichte korrekt ausgefüllt sind, die Kleiderordnung gewahrt, der Rahmen der Policy nicht überschritten wird. Muss man Menschen in ein Schema pressen? Lösungswege festlegen? Besuchsfrequenzen vorschreiben? Arbeitszeiten diktieren?

> *Standardwege führen zu Standardergebnissen.*

Die Leistungsmöglichkeiten der Menschen können Sie optimieren; die Leistungsfähigkeiten können Sie verbessern. Der Leistungsbereitschaft Ihrer Mitarbeiter aber sollten Sie *vertrauen*, wollen Sie nicht im Drogensumpf der innerbetrieblichen Bestechungssysteme versinken. In einer Vertrauenskultur gibt es daher keine Misstrauensinszenierungen wie Prämien, Incentives und selbstregelnde Bonus-Malus-Systeme. Für die viel diskutierte Motivation gilt: »Jeder gibt sein Bestes.« Wir müssen vertrauen, dass Menschen einen eigenen Qualitätsanspruch an sich und ihre Arbeit haben. Wenn Sie vertrauen, dann zählen nur Ergebnisse. Dann alimentieren Sie nicht die Organisation, sondern sorgen für Output.

Vereinbaren Sie Ergebnisse – und dann *lassen Sie jede Person ihren eigenen Weg finden*. Jedermann kann Ergebnisse erreichen auf eine Weise, die ihm besonders liegt. Der eine Verkäufer erzielt seine Abschlüsse über Beziehungen, der andere über seine technische Kompetenz, der dritte durch Überredung, der vierte über Beharrlichkeit. Einspruch Michael Jung, Direktor der Baden-Württembergischen Bank AG: »Unsere erfolgreichen Betreuer sind in ihrem Vorgehen sehr individuell. Keiner gleicht dem anderen, wie auch kein Kunde dem anderen gleicht. Zwei Dinge verbinden sie: einmal, der unbedingte Wille, ihrem Kunden helfen zu wollen; zum anderen hohe Kontaktfrequenzen. Die schwachen Betreuer wollen aber auch erfolgreich sein. Es ist mir wichtig, ihnen Ideen *anzubieten*, wie es *auch* gehen kann.« Einverstanden. Aber erliegen Sie nicht der Verführung, die Wege zu diktieren. Pressen Sie Ihre Mitarbeiter nicht in eine Schablone. Noch einmal: So etwas wie »the one best way« gibt es nicht.

> *Wer das Unternehmen »idiotensicher« machen will, kriegt auch nur Idioten.*

Codewort Commitment

Die Verhandlung kann – muss aber nicht! – in eine *Vereinbarung* münden. Das kann eine Zielvereinbarung sein, das kann eine Spielregel sein, das kann eine einfache Absprache sein. Wenn sie funktionieren soll, dann muss sie die Interessen beider berücksichtigen. Wenn Sie ausschließlich Ihre Interessen durchsetzen, erzeugen Sie automatisch Widerstand. Der andere verliert die Lust am Spiel, die Qualität Ihres gemeinsamen Spiels sinkt. Deshalb ist es praktisch und im eigenen Interesse, den anderen mitgewinnen zu lassen. Das bedeutet, einen Teil Ihrer Idealvorstellungen zugunsten des gemeinsamen Spiels zu opfern – und dann aber nicht darüber zu jammern, dass etwas fehlt, sondern es als Teil des Spiels voll anzuerkennen. Es geht also darum, dieser Vereinbarung ein 100-prozentiges »Ja!« zu geben.

Der Einzelne muss sich, um auch von anderen als Individuum anerkannt zu werden, selbst diese klare Zusage geben. Dieser Anspruch zeigt sich im Handeln. Er muss *praktisch* werden, will er nicht bloß behauptet sein. Im Unternehmen ist dieser Praxistest die *Vereinbarungstreue*. Vereinbarungstreue lässt sich nicht erzwingen. Wenn der Einzelne nicht will, wird er nicht oder nur unvollständig handeln. Zwar lässt sich die Leistungsbereitschaft durch Belohnung oder Strafandrohung kurzfristig begünstigen, aber wo der Wille zum Handeln fehlt, da bleibt sie aus. Verlässlichkeit entsteht nur dort, wo das Individuum gegenüber sich selbst verantwortlich handelt und somit aus eigener Einsicht bereit ist, zu seinem Wort zu stehen. Appelle nützen da herzlich wenig. Alle Verantwortung ist daher an Selbstverantwortung gebunden. Und hinter dieser steht die Selbstverpflichtung. Wer die Praxis der Vereinbarung in den Unternehmen kennt und die Nachteile mangelnder Vereinbarungstreue selbst erfahren hat, weiß um die Bedeutung innerer Selbstverpflichtung.

Dieses ganze, von Herzen kommende »Ja!« ist das *Commitment* – mittlerweile eine der meistverhunzten Managementfloskeln überhaupt. Ersatzbegriff für alles und jedes. Gebrauchsanweisung: Verwende den Begriff nur so lange, wie niemand genau weiß, was er bedeutet. Ein letztes Wort von mir dazu: Von Commitment ist nur sinnvoll zu sprechen *in einer als defizitär erlebten Situation*. Wenn einige Erwartungen unerfüllt bleiben. Wenn der Chef sich doch nicht als so toll herausstellt, wie er in den Bewerbungsgesprächen schien. Wenn die Aufgabe doch nicht ganz so spannend ist. Wenn auch mal steinige Wege zu gehen sind, Demotivierendes zu ertragen, Routine zu erledigen ist. Commitment sagt »Ich tue es!«, obwohl einige Wünsche offen bleiben. »Ich mache das Beste aus einer Situation, die ich mir selbst ausgesucht habe.« In einer idealen Situation bedarf es keines Commitments. Aber die ideale Situation ist eben nicht von dieser Welt.

> *Commitment ist eine Verpflichtung mir selbst gegenüber –*
> *nicht einem anderen gegenüber.*

Commitment ist demnach ein persönlicher *Bewusstseins*-Schritt über die Vereinbarung hinaus. Eine individuelle Einstellung; Selbstfestlegung unter Ablehnung anderer Optionen. Commitment ist kein soziales Ereignis, kein Vertrag *zwischen* zwei Menschen. Um es deutlich – und im Unterschied zu vielfach Gehörtem – zu sagen: Sie können sich nicht gegenüber einem anderen Menschen »committen«. Sie können Commitment *nur für sich selbst* geben. Es ist die Selbstgewissheit: »Ich werde es tun.« Man kann Commitment deshalb auch kaum von außen sehen. Das schwer greifbare Optieren für eine Sache, das Sich-daran-Binden auf der individuellen Spürensebene, ist ohne das Zeugnis der Person selbst nur indirekt spürbar. Das Konstatieren von »außen« ist immer mit einem Zug des bloßen Vermutens versehen, wie begründet dies auch immer sein mag. Jedoch ist das Commitment der Mitarbeiter in der Regel viel größer als die Fantasie der Manager, es zu nutzen.

Ich höre oft den Einwand: »Führt Commitment nicht zu Stillstand?« Das ist eine Frage der Zeit und des Zeitpunktes. Wenn Sie langfristig etwas mit halbem Herzen tun, dann führt das in jedem Fall zu Stillstand. Commitment gilt aber für *alle* Punkte auf dem Zeitstrahl. Commitment ist daher – wie alles Menschliche – zeitlich begrenzt. Es hat nicht per se Ewigkeitswert. Commitment heißt nicht (nur) »Liebe es!«, sondern »Tue, was du tust, mit ganzem Herzen!«. Insofern gilt Commitment auch für »Verändere es!«. Die Dinge ändern sich nur, wenn Sie sie entschlossen angehen. Mit Leidenschaft. Der andere spürt Ihre Entschlossenheit. Oder auch nicht; dann sind Sie erpressbar. Commitment gilt aber auch für »Verlasse es!«. Sie können sich wegschleichen – oder entschlossen weggehen. Dann ist ein Ende ein Neubeginn. Und im Untergang steckt ein Aufgang. Mit der Kraft des aufrechten Ganges werden Sie sicher wieder etwas Neues finden.

Dementsprechend können Sie auch niemand anderen »verpflichten« – also »committen«. Eine Verpflichtung gegenüber einem anderen ist eine *Vereinbarung*, kein Commitment. Vereinbarungen können Sie einklagen. Commitment nicht. Commitment ist wie Vertrauen. Sie können es nur schenken. Und hoffen, dass der andere es auch schenkt. Commitment können Sie als Führungskraft also weder fordern noch herbeimanagen. Commitment können Sie nur ermöglichen. Einen spezifischen Rahmen schaffen, der Commitment wahrscheinlicher werden lässt als Halbherzigkeit. Fragen Sie sich selbst: Wann bin ich mit dem ganzen Herzen dabei? Wann gebe ich mein Bestes? Wann fühle ich mich aufgehoben in einer Atmosphäre wechselseitigen Respekts? Ob Sie sich auch gegenüber einem anderen verpflichtet fühlen, hängt davon ab, wie Sie sich vom anderen angeschaut fühlen, wie nah Ihnen der andere steht.

Commitment bekommen Sie von Ihren Mitarbeitern nur dann, wenn Sie gewählt werden.

Klärende Konflikte

Als autoritäre Führung out war, begannen wir, unklar zu werden. Heute gehen viele Führungskräfte in die Defensive, sind nicht mehr bereit, zu fordern, nicht mehr bereit, klar ihre Erwartungen zu formulieren – und nennen das dann »kooperative Führung«. Klarheit wird immer mit Härte verwechselt. In einem Führungshandbuch las ich, man solle Mitarbeiter nicht tadeln; man solle ihnen vielmehr »helfen, über sich selbst enttäuscht zu sein«. Lieber Himmel!

Alle wollen selbstverantwortliche Mitarbeiter. Was wir aber zuallererst brauchen, sind *selbstverantwortliche Führungskräfte*! Menschen, die ihre Führungsaufgabe ernst nehmen und mutig gestalten; die bereit sind, Unangenehmes zu tun und anzusprechen; die es aushalten, mal keinen Applaus zu bekommen. Verantwortliche Führung heißt auch, zu den Schattenseiten seines Jobs zu stehen. Und das heißt auch klare Konfrontation im Konfliktfall. Machen Sie nicht die Faust in der Tasche. Das ist die unintelligenteste Art, ein Leben zu leben. Erwachsene Führung ist weder offensiv noch defensiv, sie faltet nicht die Mitarbeiter zusammen noch versteckt sie sich hinter Opferstorys (»Die Personalabteilung zwingt mich ja ...«). Da es mir in diesem Punkt besonders wichtig ist, verstanden zu werden: Lange habe ich geglaubt, Führungskräfte seien mehrheitlich autoritäre Durchsetzer. Ich habe mich geirrt. Die meisten Führungskräfte führen gar nicht oder viel zu wenig – und halten das für modern und mitarbeiterorientiert.

Was können Sie als Führungskraft tun? *Vereinbarungen sind einzuklagen.* Sie müssen auf der Einhaltung einer Vereinbarung bestehen, wollen Sie nicht in jene Beliebigkeit abdriften, die sich gerne als Toleranz ausgibt. Konfrontieren Sie klar und deutlich. Wenn Sie die Verantwortung auf die Bezahlungssysteme schieben und die scheinbar »humanisierende« Wirkung des Geldes vorziehen, dann binden Sie Geldsäcke an Vereinbarungen, die, bleiben die Ziele unerreicht, einfach nicht ausgezahlt werden. So leicht geht das. Wer auf dieses Mittel setzt, signalisiert damit eindeutig: »Es ist nicht wichtig, ob du deine Ziele erreichst. Wenn du sie verfehlst, dann bekommst du einfach weniger Geld, aber es ist sonst nicht weiter schlimm. Deshalb musst du Vereinbarungen auch nur insoweit ernst nehmen, als sie deinen Geldbeutel berühren. Ob die Überlebensinteressen des Unternehmens berührt werden, ist zweitrangig.« Wenn Sie also glauben, Sie könnten das Problem lösen, indem Sie dem anderen Geld vorenthalten, ist Ihnen die Überlebensfähigkeit des Unternehmens egal. Dann sind die Vereinbarungen auch nicht wirklich wichtig. Dann ist es auch in Ordnung, sie zu brechen. Muss man sich wundern, wenn sich niemand mehr an Spielregeln hält? Dass jeder sie bricht, wo es ihm gerade gefällt? Prüfen Sie sich selbst: Wenn Ihnen eine Vereinbarung wichtig ist, dann bestehen Sie doch darauf, dass sie eingehalten wird. Wenn sie unwichtig ist, dann sind Sie nachsichtig, weniger fordernd, stellen sie ins Belieben des anderen. Wie also lautet das Signal, wenn Sie eine Vereinbarung nicht einklagen, wenn Sie sie an ein »wenn, dann« knüpfen? Vereinbarungen sind nicht wichtig! Sie stimmen schon beim Aushandeln der Vereinbarung dem Vereinbarungsbruch zu.

Führung erfordert Klarheit und Konsequenz.

Klarheit und Konsequenz – das sind die beiden Begriffe, um die sich bei der Mitarbeiterführung alles dreht. Dazu müssen Sie sich selbst in die Waagschale werfen. Klarheit in Ihren Erwartungen, Klarheit in Ihren Botschaften, Konsequenz in Ihrem Handeln. Über Erwartungen habe ich zuvor gesprochen. Wenden wir uns den Botschaften zu.

Auf Augenhöhe

Führungskräfte haben meistens das Gefühl, klare Botschaften zu senden. Das Gegenteil ist meiner Erfahrung nach der Fall: Sie sind in der Regel ausgesprochen unklar. Besonders in konfliktgeladenen Situationen verrenken sie sich oft in weichgespülten Andeutungen, höflichen Hinweisen und nebligen Formulierungen, die allenfalls geeignet sind, den Haussegen schief zu hängen, nicht aber Klarheit zu schaffen. Sie frönen einer Konfliktvermeidung, ohne Verantwortung zu übernehmen. Die Götzenverehrung, die sie dabei dem Harmonieideal entgegenbringen, ist die hohe Schule der Verzärtelung. Anschließend sind sie überzeugt, dem anderen »mal so richtig die Meinung gesagt zu haben«. Der andere müsste jetzt doch genau wissen, wo er steht. Diesen Selbstbetrug kann man erleben, wenn man Führungskräfte zunächst im per-

sönlichen Kontakt mit dem Mitarbeiter beobachtet und später auf dem Flur mit der Klarheit des Urteils gegenüber Dritten vergleicht. Dazwischen liegen Welten. Eine verantwortliche, erwachsene Führung schafft Klarheit. Sie spricht deutlich und natürlich. Sie sagt: »Das will ich« und »Das will ich nicht«. Sie sagt nicht: »Überlegen Sie doch mal, ob ...« Darum geht es: Kommunikation auf Augenhöhe. Richtung: Souveränität.

Wie gelingen klare Botschaften? Seien Sie fair: Konfrontieren Sie im Konfliktfall so *zeitnah* wie möglich. Wenn Sie zehnmal eine Rückdelegation angenommen haben, dann haben Sie zehnmal schon falsches Verhalten bestätigt. Kleben Sie keine Rabattmarken. Servieren Sie nicht alten Ärger. Ärger heißt immer Verantwortung abschieben, die Sie selber haben. Vermischen Sie nicht Ihren Zorn über das Verhalten des anderen mit dem Ärger über sich selbst, weil Sie so lange passiv blieben. Ob Sie gerade alten Ärger servieren, können Sie an Ihrer Sprache erkennen: »immer«, »nie«, »seit längerem« und »typisch« sind deutliche Hinweise. Auch Ihr zorniges »Jetzt reicht's!« ist ein Beleg dafür, dass Sie schon geraume Zeit ein Ärgerkonto führen.

Beginnen Sie nicht mit einer Rückmeldung. Sie steigen sonst häufig schon mit einem Vorwurf ein. Schaffen Sie zunächst *Klarheit über die Anforderungen*. Vorwurfsfrei. Wie lautet unsere Absprache? Was war unsere Vereinbarung? Oder falls keine Absprache getroffen wurde: Was will ich? Schaffen Sie Klarheit über die Bedingungen der Zusammenarbeit. Sie gehen in die Verantwortung, wenn sie bei wichtigen Dingen an den Vertrag erinnern: Geben und Nehmen müssen im Gleichgewicht sein. Es ist die Aufgabe von Führung, dieses Gleichgewicht einzuklagen. In einer Konfliktmoderation habe ich einmal erlebt, wie ein Mitarbeiter, mit dessen Gegenleistung die Führungskraft nicht einverstanden war, sagte: »Gut, ich werde dann mal versuchen, die Sache zu erledigen.« Darauf der Chef: »Dann werde ich mal versuchen, Ihnen Ihr Gehalt zu überweisen.«

Es ist hilfreich, in regelmäßigen Abständen das Bewusstsein für die Gegenleistung zu schärfen. Fragen Sie nicht danach, welche Stelle jemand besetzt, sondern machen Sie Arbeit als Teil des Ganzen verständlich. Manchmal greife ich zur folgenden Übung: »Stellen Sie sich vor, Ihr neuer Vorstandsvorsitzender hat sich angekündigt. Er gilt als knüppelharter Sanierer und trennt sich von allen Unternehmensteilen, die nicht zur Wertsteigerung des Unternehmens beitragen. Erklären Sie ihm in zwei Minuten, wieso er ausgerechnet auf Sie nicht verzichten sollte.« Anders, freundlicher gefragt: »Was ist Ihr Beitrag zum Überleben des Unternehmens?« oder »Wofür werden Sie von der Firma bezahlt?« Gehen Sie nicht davon aus, dass Ihren Mitarbeitern das bewusst ist. Sie werden Ihnen reflexhaft »Ich-bin«-Antworten geben: »Ich bin Gruppenleiter Health Care.« Bitten Sie Ihre Mitarbeiter, mit »Ich sorge dafür, dass ...« oder »Ich trage dazu bei, dass ...« zu beginnen. Lassen Sie den Satz ergänzen: »Mein Kunde ist bereit, mir folgende Leistungen zu bezahlen ...« Nur dann kommt man von der Position zum Beitrag, vom Titel zum Tun.

Im Ernst

Nach der Klarheit der Absprache folgt die *Klarheit der Rückmeldung.* Wie erlebe ich die Situation? Es muss deutlich werden, was Sie stört. Klären sie die Beziehungsebene, auch wenn sie belastet ist. Oder besser: gerade dann. Zeigen Sie, wenn Sie emotional betroffen sind. Der Mitarbeiter muss spüren, dass es sich um keine Bagatelle handelt. Und wenn es wirklich dringlich ist: Pusten Sie Ihr Standardlächeln aus dem Gesicht! Falls die gegenwärtige Leistung das K.-o.-Kriterium berührt, müssen Sie auch deutlich machen, dass, wenn sich nichts ändert, die Basis der Zusammenarbeit nicht mehr existiert. Sie meinen es ernst und sind zu Konsequenzen bereit. Auch wenn Sie misstrauen, muss das klar sein. Dann kann der andere sich darauf einstellen. Verstörend ist das Schlingern zwischen Vertrauen und Misstrauen.

Diese Klarheit wird oft vermieden. Stattdessen orientalische Sprachwolken, raunende Nebelwörterei und der Tran feiger Anspielungen. Die Führungskraft, die zögerlich ein Problem »in den Raum stellt« und im beschwichtigenden Sprachgestus therapeutischer Sensibilitäten »ein Stück weit« enttäuscht ist. Sie glauben, das sei überzeichnet? Lassen Sie sich mal vorführen, wie ein Chef, der sich täglich bis zur Weißglut über die Ignoranz eines Mitarbeiters ärgert und eine Verhaltensänderung für unaufschiebbar hält, ein Konfliktgespräch beginnt: »Herr Müller, wie finden Sie denn so unsere Zusammenarbeit?«

Schonen wolle man den anderen, heißt es dann verteidigend. Damit stellen Sie sich gleichsam »über« den Mitarbeiter. Sie sagen: »Du kannst mit meiner Ehrlichkeit nicht umgehen; das darfst du aber nicht selbst entscheiden, das entscheide ich für dich.« Dadurch werten Sie ihn ab und verlassen die Ebene der Gesprächssymmetrie. Sie nehmen ihn nicht mehr ernst. Es ist, als wenn Sie Ihre Eltern fürsorglich entmündigen: »Denen kann man nicht mehr alles zumuten; das verstehen die nicht mehr.« So erzeugen Sie den Altersstarrsinn Ihrer Eltern selbst.

Jemanden schonen heißt jemanden entmündigen.

Aber häufig wollen Sie den anderen ja gar nicht schonen; Sie wollen sich selbst schonen. Sie fürchten bei Klarheit Liebesentzug. Aber das wollen

Sie sich nicht eingestehen und externalisieren die eigene Mutlosigkeit: »Mit dem kann man nicht mehr reden.« Schonung ist ein Bärendienst. Übrigens: Auch Mitarbeiter erzeugen den Führungsstarrsinn ihrer Vorgesetzten selbst. Durch Schweigen.

Infantilisierende Weichspülung: »Da haben Sie mich schwer enttäuscht!« (Beste Antwort: »Da bin ich aber froh!«) Wenn es eines weiteren sprachlichen Beweises bedarf, dass Führung mit Erziehung verwechselt wird, dann diesen. Fragen Sie sich: Welche Wirkung wollen Sie erzielen? Schuldgefühle? Oder soll der andere handeln? Wenn Sie von Enttäuschung sprechen, dann werden Mitarbeiter zu Kindern, die versuchen, es Ihnen recht zu machen, und – wenn das nicht gelingt – trotzig werden. Die Erziehungssprache ist für die anstehenden Aufgaben völlig ungeeignet. Wenn Sie ein Problem lösen wollen, müssen Sie auch lösungsorientiert sprechen – und nicht beschuldigen. Sagen Sie, was Sie wollen. Sagen Sie klar und deutlich: »Ich bin verärgert!«

Subjektiv und souverän

Klarheit ist kein Freibrief für Verletzungen! Sie erfordert vor allem die innere Haltung, nicht verletzen, nicht Recht haben, sich nicht auf eine höhere Stufe stellen zu wollen. Ob Sie jemanden verletzen, können Sie letztlich nicht wissen. Aber Sie können abwertungsfrei kommunizieren. Das tun Sie, wenn Sie wirklich das Problem lösen wollen, und nicht lediglich beschuldigen. Das tun Sie, indem Sie *dieses* Problem fokussieren, *spezifisch* sind, und nicht ins Allgemeine und Persönliche abgleiten. Das tun Sie, indem Sie bei der Beschreibung des Ist-Zustandes bei sich selber bleiben, von Ihrem Erleben sprechen, »Ich«-Botschaften senden, von Ihren Erwartungen und Eindrücken reden – und es auch so meinen.

Wichtig ist es also, den gegenwärtigen Zustand aus Ihrer Sicht klar zu bewerten. Ziehen Sie ein Resümee. Radikal subjektiv. Lassen Sie es nicht an Entschiedenheit fehlen. Delegieren Sie nicht die Bewertung an den anderen. Glauben Sie nicht, es sei implizit schon klar geworden, man hätte es doch durchhören müssen. Wenn Soll und Ist nicht klar sind, erzeugen Sie diffusen Druck. Sagen Sie explizit: »Es gefällt mir nicht.« »Das ist für mich nicht in Ordnung.« Sagen Sie: »Das will *ich* ändern.« Sagen Sie nicht: »Sie verstoßen gegen die Führungsleitlinien.« Das bleibt immer schwach und erniedrigt Sie selbst. Wenn Sie sich über das häufige Zuspätkommen des anderen ärgern, dürfen sie das nicht lächelnd wegwitzeln. Das Signal lautet dann: »Es ist mir nicht wichtig.« Etwas anderes ist es, wenn sie klar und entschieden auftreten und sagen: »Das stört mich wirklich!« Gehen Sie in die Verantwortung für Ihr Gefühl.

Wenn Sie nicht verletzen wollen, sind Sie sicher oft übervorsichtig. Führungskräfte neigen dann zum »Wir«. Dann wird Verantwortung mit Entmündigung verwechselt. Wenn Sie vorsichtig sind, wollen Sie sich schonen. Beliebt ist dabei die schwache Sprachform des Konjunktivs: »sollte«, »müsste«, »könnte«. Es ist praktischer, von folgender Maxime auszugehen: »Jeder ist für sein Denken und Fühlen selbst verantwortlich.« Also: Indikativ!

Aus Furcht, zu weit zu gehen, gehen wir oft nicht weit genug.

Mut zur Wahrhaftigkeit

Die Wahrheit kann niemand sagen. Hätte sie schon jemand gesagt, herrschte seitdem Stille. Auch radikale Offenheit ist im Unternehmen – das heißt unter Machtverhältnissen – weder möglich noch wünschenswert. Aber *wahrhaftig* können wir sein. Wir können das, was wir erleben, was wir sehen und fühlen, klar sagen. Wir können es so sagen, dass wir nichts hinzufügen oder weglassen, was den anderen in die Irre leiten könnte. Wir können es unmanipuliert und nicht-manipulierend sagen. Wir können ein Klima schaffen, in dem ein möglichst hohes Maß an Offenheit gelebt wird. In dem es sich aber mindestens nicht auszahlt, verdeckt zu kommunizieren. Dabei ist es leicht, schonend und wertschätzend zu sein. Es ist auch leicht, schonungslos und abwertend zu sein. Es ist aber schwer, wertschätzend und »schonungs«-los zu sein. Bewertung bedeutet nicht Abwertung des anderen. Mit dem Menschen freundlich; in der Sache klar und konsequent, mindestens abwertungsfrei. Abwertungsfreie Kommunikation ist nicht nur der Verzicht auf Verbalinjurien: Schonung ist auch Abwertung. Ein solches Verhalten geht an erwachsener Führung völlig vorbei. Wer ernst nimmt, braucht nicht zu schonen. Es ist vielmehr eine Ehrung: Sie trauen ihm etwas zu!

Stellen Sie dann aktivierende Fragen: »Welche *Handlungsmöglichkeiten* sehen Sie?« Warten Sie auf die Antwort. Aber bestehen Sie auch auf Antwort. Fragen Sie aber nur dann, wenn Sie wirklich lösungsoffen sind. Wenn Sie die »einzig mögliche Lösung« schon in der Tasche haben und nicht bereit sind, die Lösungsalternative Ihres Mitarbeiter ernsthaft zu prüfen, sollten Sie lieber anweisen. Vereinbaren Sie Maßnahmen mit klarer Adressierung: Wer soll handeln? Ich? Sie? Beide? Häufig steigen Führungskräfte in das Gespräch ein, indem sie gleich Maßnahmen vorschlagen. Der andere konzentriert sich dann darauf, die Maßnahmen zu diskutieren, ohne das dahinter stehende Problem überhaupt verstanden zu haben. Beachten Sie vor allem Widerspruchsfreiheit. Widersprüchlich ist: »Ich will Ihnen nicht sagen, was Sie tun sollen, aber ...«

So gelingen Botschaften: klar, wertschätzend und »schonungs«-los.

Mit Konsequenz

Alle vier Wochen trifft sich der erweiterte Führungskreis einer der größten deutschen Sparkassen. Die Zahlen sind mäßig. Ein Vorstand trägt vor, zeigt Charts, hebt warnend die Stimme, schaut mahnend in die Runde, beschwörend beinahe seine Gestik. Die annähernd 30 Führungskräfte im Raum schauen desinteressiert, gelangweilt, schlafen fast, einige tuscheln, führen ungeniert Nebengespräche. Der Vorstand zuckt nach der Sitzung resigniert die Schultern. Das sei immer so. – Warum ist das so? Weil die Sitzung nicht wichtig ist. Und warum ist sie nicht wichtig? Weil sie keine Konsequenzen hat.

Immer dann, wenn menschliches Handeln von Konsequenzen entkoppelt ist, droht das Verderben. Einerlei, ob man die Spätwirkungen unseres Wirtschaftens auf künftige Generationen abschieben kann, wenn Sie nicht selbst den Preis für ein Gut oder eine Dienstleistung bezahlen müssen, wenn gilt »einmal Führungskraft, immer Führungskraft«, wenn es im Unternehmen traditionell ein Tabu ist, sich von einem Mitarbeiter zu trennen, egal was er getan oder nicht getan hat, wenn der Kündigungsschutz oder die Macht der Betriebsräte uns wider alle Vernunft aneinander kettet, wenn eine Führungskraft, ein Unternehmen oder ein Privatmann für die von ihm verursachten Kosten nicht selber aufkommen muss, wenn die Verschmutzung von Luft, Wasser und Böden vom Preissystem abgekoppelt ist und zum »Nulltarif« ausgebeutet werden kann, wenn Unternehmen für große Risiken die Haftung nicht oder nur teilweise übernehmen, wenn Unternehmen so groß werden, dass sie faktisch eine Staatsgarantie erhalten (aber weiterhin die Fahne des Wettbewerbs schwenken), wenn Monopole und Kartelle sich dem Preiswettbewerb über schiere Größe entziehen, wenn Subventionen längst gestorbene Gewerbe künstlich beatmen, wenn Großunternehmen bei der Wahl neuer Produktionsstandorte Gratisleistungen aus Staat und Gemeinden herauspressen und damit den Wettbewerb auf Kosten lokaler Kleinunternehmen verzerren, wenn die »Gesundheitswesen« genannte Planwirtschaft Wettbewerb und Leistungskontrolle verunmöglicht, wenn die Produktivitätsgewinne einiger aktiver und vorausschauender Bundesländer über den Länderfinanzausgleich sozialisiert werden, wenn ein unflexibler Arbeitsmarkt, Druck der Gewerkschaften, staatliche Mindestlohnvorschriften oder das Arbeitslosengeld die Löhne daran hindert, mit den Kosten des Kapitaleinsatzes konkurrenzfähig zu sein, wenn gerettet, geschützt, gesichert, verteilt und umverteilt wird, wenn Leistung ohne Gegenleistung möglich ist, kurz: wenn jemand mit der Hand in der Tasche des anderen lebt.

Immer dann, wenn man so tut, als sei irgendetwas »kostenlos«, ist das Handeln von Konsequenzen entkoppelt. Unternehmen ärgern sich über hohe Arbeits- und Arbeitsnebenkosten, wettern gegen die politische Blauäugigkeit der Verteilungspolitiker – und geben in ihrer Werbung mit der »Kostenlos!«-Masche den Konsumenten das Gefühl, dafür sei kein Preis fällig. Ist den Unternehmen eigentlich klar, was sie damit anrichten? Ist Ihnen klar, dass sie damit eine gesamtgesellschaftliche Versorgungsmentalität erzeugen, die sie anschließend durch ihre politischen Lobbyisten vehement verurteilen? Alles hat Konsequenzen. Irgendjemand zahlt den Preis. Manchmal, auf Umwegen, auch derjenige, der glaubt, gerade etwas kostenlos erhalten zu haben.

Nur das, was Konsequenzen hat, ist wichtig.

Wenn Sie – um ein Beispiel zu nennen – aus Ihrem Unternehmen eine »Lernende Organisation« machen wollen, ist ein Preis fällig. Sie müssen sich von alten Strukturen aktiv verabschieden. Dabei wird es Hiebe setzen. Sie müssen beispielsweise die Einstellungsinterviews dynamisieren und speziell die Lernfähigkeit des Bewerbers abprüfen. Sie müssen das Gehaltssystem neu gestalten. Sie dürfen das Gehalt nicht mehr an die Position binden, sondern an die Fähigkeiten und Kenntnisse des Mitarbeiters. Gehaltserhöhungen werden dann an die nachhaltige Aneignung definierter und für den Erfolg der Organisation unverzichtbarer Fähigkeiten gebunden. Die Leistungsbeurteilung orientiert sich nicht mehr an absoluter Leistung, sondern an einem relativen Maßstab, der die Leistungssteigerung relational zu den persönlichen Möglichkeiten honoriert. Demzufolge ist eine Leistungssteigerung von 60 auf 100 Prozent höher zu bewerten als eine Dauerleistung von 110 Prozent. Führungskräfte werden dann mehr für ihre Leistungen als Förderer ihrer Mitarbeiter belohnt als für gute Zahlen. Leistung wird dann auch nicht mehr verglichen, um Kriterien für das Belohnen/Bestrafen zu haben, sondern um voneinander zu lernen. Sie müssen also den Wettbewerb innerhalb Ihres Unternehmens zurückfahren. Das wollen Sie alles nicht? Dann ist das mit der Lernenden Organisation auch nicht so wichtig.

Glaubwürdigkeit und Konsequenz sind nahezu deckungsgleiche Begriffe. Wer sagt, was er meint, und tut, was er sagt, ist glaubwürdig, weil konsequent. Wenn Sie bei Ihren Mitarbeitern Veränderungsbereitschaft erreichen wollen, dann dürfen Sie nicht nur reden, sondern müssen handeln. Bereinigen Sie die Bilanz und verschaffen Sie Ihren Mitarbeitern Zugang zu den ungeschminkten Zahlen! Reden Sie nicht nur vom Sparen, sondern schaffen Sie den Luxuswagenpark des Vorstandes ab! Fliegen Sie auch als Direktor Holzklasse! Verkaufen Sie die Unternehmenszentrale und ziehen Sie in ein Provisorium um! Was keine Konsequenzen hat, ist unwichtig. Es mag ja sein, dass Aufforderungen bisweilen auch Verhalten auslösen können (obwohl ich da skeptisch bin), keinesfalls aber wird es dadurch aufrechterhalten. Erst Konsequenz stabilisiert ein Verhalten oder aber – beendet es. Das gilt auch für Ihren Umgang mit anderen. Die allseits so beliebten Leitbilder sind nicht zuletzt deshalb so beliebt, weil sie keine Konsequenzen haben. Soll-Sätze erzeugen ihre Wirkung erst, wenn sie ergänzt werden mit

»... und wenn nicht ...«. Dann ist ein Preis zu zahlen. Leitsätze ohne Konsequenz sind lächerlich. Mehr noch: Sie erzeugen Zynismus. »Bei uns werden keine Vereinbarungen eingehalten!« Klar, weil es keine Konsequenzen hat. Vereinbarungen ohne Konsequenzen sind verschwendete Zeit. Wenn Sie Verständnis zeigen, wegsehen, keine Konsequenzen ziehen, dann anerkennen Sie falsches Verhalten.

> *Nichthandeln heißt zustimmen.*

»Konsequenzen haben« heißt: Handlung auslösen. Das sind aber nicht nur Handlungen, die negativ bewertet oder als bedrohend erlebt werden. Das kann auch Hilfe sein. Oder das Unternehmen so zu bauen, dass Mitarbeiter möglichst nah am Kunden sind, seine Reaktionen spüren, sein Handeln erleben. Solange ein Mitarbeiter nicht persönlich und physisch erlebt, wie ein Kunde sich abwendet und zum Wettbewerb geht, so lange wird er sich weiter kundenfeindlich verhalten. So lange wird im Unternehmen über Kundenorientierung nur geredet, sie aber nicht gelebt.

Ende des Spiels

Wenn »Erwachsensein« heißt, für die Folgen des Handelns gerade stehen, dann heißt »erwachsene Führung« im Kern: *Selbstverantwortung aufzeigen und stärken*. Konsequenz erleben lassen. Konsequenz, die die logische Folgerichtigkeit des selbst zu verantwortenden Handelns beschreibt. Konsequenz, die nicht moralgetränkt »verzeiht«, die nicht anmaßend »vergibt«, die nicht über das Falsche und Unredliche »hinwegsieht«, die nicht mauschelt, mogelt und weichzeichnet. Konsequenz, die nicht subventioniert, wo schon gestorben wird, die nicht in einer falschen Humanität die Unverantwortlichkeit unterstützt, das Parasitäre am Leben erhält, das Leben auf Kosten anderer künstlich beatmet. Sondern den Preis einfordert. Die logischen, sich aus der Sache ergebenden Konsequenzen. Mindestens die Suppe auszulöffeln, die sich jemand eingebrockt hat. Die Versagen kennt. Schuld. Scheitern trotz besten Wollens. Oder sollten wir die Abdankung des Erwachsenseins als Erlösung betrachten?

Viele Führungskräfte sind Konsequenzinvaliden. Sie flüchten in die Anonymität der Anständigkeit. Als Bonbon-Onkel fühlen sie sich prächtig. Wenn es aber darum geht, eine schwache Leistung zu konfrontieren, klar zu sagen: »Ich bin mit Ihrer Leistung nicht einverstanden«, »Wir haben Absprachen getroffen und die klage ich ein«, »Sie brechen Spielregeln, und das toleriere ich nicht«, »Sie bedrohen mit Ihrem kundenfeindlichen Verhalten meinen Arbeitsplatz, und das lasse ich nicht zu«, dann beginnt die Herumeierei, der Ruf nach der Personalabteilung oder gar nach dem Vorstand, der es richten soll. Konflikte werden gemieden, die klare Konfrontation unterbleibt, man geht den bequemen Weg oder deckt das Problem mit einer Neueinstellung zu. Oder man nutzt die Fortschritte der Informationstechnologie: In der amerikanischen Zeitschrift *Fortune* schrieb ein Leser: »Mein Chef machte mir Vorwürfe – per E-mail. Er saß fünf Meter von mir entfernt.«

Muss ich, um im Folgenden nicht missverstanden zu werden, die Grundsätzlichkeiten eigens nennen? Dass Unternehmen Veranstaltungen von Menschen für Menschen sind? Dass wir alle mal Leistungstiefs haben? Dass jedes Unternehmen 15 Prozent Problemfälle mittragen sollte? Klares Denken erzeugt klares Sprechen erzeugt klares Handeln: Manchmal heißt ein Problem lösen, sich vom Problem lösen. Sie müssen auch bereit sein, sich zu trennen. Nur wenn Sie bereit sind, ein Spiel zu beenden, wenn Werte verletzt werden, sind Ihnen diese Werte wichtig. Und nicht verständnisvoll lächeln, wenn gegen Regeln verstoßen wird.

> *Alles, was nicht auch durch eine Trennung bezeugt werden kann, ist unwichtig.*

Das gilt auch für die Managerebene: Statt ständig um unkooperative Manager herumzumoderieren, sollte man ihnen besser kündigen, mit Signalwirkung vor allem jenen, die als »untouchable« gelten. Konsequente Trennungspolitik ist deshalb genauso wichtig wie gute Auswahlpolitik. Trennen Sie sich aber erst dann, wenn Sie schonungslos geprüft haben, ob Sie vorher Ihre Erwartungen deutlich kommuniziert, klar rückgemeldet und mögliche Konsequenzen unmissverständlich klargemacht haben. Sie müssen den Raum füllen zwischen Schweigen und Kündigung. Zwischen langem Schonen und jähem »Schluss jetzt«. Konsequent ist nur derjenige, der sich darin seiner Sache sicher ist.

Alle Kooperationsverhältnisse pervertieren, wenn sie nicht oder nur zu einem hohen Preis beendet werden können. Dann beginnt jenes Kurieren an Symptomen, das die Probleme nur vertieft, die es zu beheben vorgibt. Das Ende des Spiels muss gefürchtet werden. Nur dann wird Verantwortung übernommen. Nur wenn ich fürchte, dass ein Spiel zu Ende ist, ist es mir wichtig. Wenn das Ende nicht gefürchtet wird, ist es nichts wert. Und wenn ein Spiel nicht beendet werden kann, dann besteht kein Grund, sich einzusetzen. Dann gibt es kein Motiv, für den Erhalt zu sorgen. Dann gibt es keine *Motivation*. In einer Luxemburger Bank wurde der Vorstand von den Ressortleitern regelrecht an der Nase herumgeführt, weil sie mit dicken Versorgungsverträgen in der Tasche wenig fürchten mussten. Man mag es in die moralische Büßerecke stellen, dennoch ist Al Capones Weisheit bedenkenswert: »You can get a lot more done with a kind word and a gun than with a kind word alone.«

> *Wenn man etwas nicht abwählen kann, kann man es auch nicht wählen.*

Wenn Sie nicht die Möglichkeit haben, zu etwas Nein zu sagen, dann können Sie auch nicht Ja sagen. Der biblische Gott hat uns ja gerade deshalb in die Freiheit entlassen, weil wir uns nur dann für das Gute entscheiden können, wenn uns die Wahl für das Böse bleibt. Erst wenn Sie diese Möglichkeit haben, dann wird die Pflicht zur Selbstverpflichtung, wird die Halbherzigkeit zur Entschiedenheit. Erst im Bewusstsein, eine Alternative zu haben, eine Entscheidung treffen zu müssen, wächst die Klarheit.

Ordnung und Freiheit

Heißt die Devise der Zukunft also zurück zu Ordnung und Disziplin? Unter gewissen Voraussetzungen ja. Unternehmen funktionieren nur, wenn sich ihre Mitglieder an Vereinbarungen halten. Wo dies nicht geschieht, muss es Handhaben geben, den Vereinbarungsbruch zu sanktionieren. Sonst kommen Sie nicht zu klaren Kooperationsverhältnissen. Genau dies beobachte ich in vielen Firmen. Manche haben kaum Möglichkeiten, Sanktionen zu verhängen. Krank feiern, Mobben, Demotivieren, Vereinbarungen brechen – all das bleibt weitgehend folgenlos, weil es innerhalb eines hoch verrechtlichten Betriebs nicht zu ahnden ist. Führungskräfte kommen in Schwierigkeiten, die bei groben Regelverstößen (ihrer Mitarbeiter als auch ihrer Kollegen) nicht weggucken, sondern handeln. Nur wenn Unternehmen sich selbst Regeln setzen und deren Einhaltung auch einfordern, können sie ihren Mitgliedern glaubhaft vermitteln, dass ein Unternehmen ohne Regeln nicht bestehen kann.

> *Nur Freiheit schafft Ordnung.*

Die vielgerühmte Toleranz? Eine Toleranz, die keine Werke und keine Werte hervortreibt, ist leer und sinnlos. Wer das als soziale Kälte, Ellbogengesellschaft und Radikalkapitalismus denunziert, will bewusst missverstehen oder lebt von der Ausbeutung der organisierten Unverantwortlichkeit. Ihm kann und will ich nicht helfen. Aber er ist in Deutschland immer auf der moralisch richtigen Seite.

Not-wendigkeit

Jeder Aufruf »Ändere dich!« beinhaltet eine Abwertung des Alten. Das Bisherige ist das Defizitäre. Schon allein aus diesem Grund kann man zur Abweichung vom Gewohnten nicht auffordern. Automatisch gehen Menschen in den Widerstand. Das Bisherige hat doch funktioniert. Es hat uns doch erfolgreich gemacht. Wir haben *Furcht* vor dem Unbekannten, dem Neuen. Die Visionen von den herrlichen Zukünften klingen zwar gut, aber die Vorstellung, dass wir unser Verhalten ändern sollen, verursacht genügend Abwehr, sodass wir entweder erst gar nicht hinhören (»Mit uns wurde nicht gesprochen!«) oder die Verwendbarkeit der Botschaft leugnen (»Wir brauchen erst noch genaue Handlungsanweisungen!«) oder den Botschafter abwerten (»Hat ja keine Ahnung!«). Dominiert in einem Unternehmen traditionell eine Verfol-

gerkultur, dann begrenzen sich Menschen selbst auf einen engen, sicheren Verhaltensbereich.

Warum ändern sich Menschen aber selbst dann nicht, wenn der Wandel als notwendig erkannt wurde? Weil er eben nicht *not*-wendig ist. Den Leuten zu sagen, dass das Unternehmen Schwierigkeiten hat, die Gewinne schwinden, Marktanteile verloren gehen, die Kosten zu hoch sind oder das Wachstum schlicht nicht den Erwartungen der Shareholder entspricht, bewirkt herzlich wenig. »Alle Veränderung resultiert aus Leid«, sagt unser aller Goethe, aber der vielbeschworene Leidensdruck ist auf der Appellebene eben nicht groß genug, um die angelernte Furcht vor der Veränderung zu überwinden. Das Problem ist, dass wir kein Problem haben. Denn im Grunde bleibt jeder von einer Zukunft überzeugt, in der es schon irgendwie weitergehen wird und zwar auch immer »irgendwie besser«. Beim vielbeschworenen Umdenken verhält sich der Mensch daher im Grunde nicht anders als ein Tier: Erst die Not macht die Verhaltensänderung not-wendig. Ein Leben mit der bitteren Einsicht in die Unrettbarkeit der angenehmen Verhältnisse ist bei weitem erträglicher als die geringste Konsequenz aus ihr zu ziehen.

Wie aber können wir uns dann vorwärts bewegen, wie schneller lernen? Die Organisationspsychologie gibt uns eine paradoxe Antwort: durch Furcht! Durch eine Furcht *zweiter Ordnung*, die größer ist als die Furcht vor der Veränderung. Wir müssen fürchten, dass das Spiel zu Ende sein könnte – erst dann bewegen wir uns. Und diese Furcht zweiter Ordnung ist verknüpft mit der klaren Erkenntnis, dass wir unsere persönliche Glücksbilanz dramatisch eintrüben, wenn wir so weitermachen wie bisher. Erst wenn wir das Ende des Spiels fürchten, verlassen wir unsere Routinen. Intel liefert etwa 90 Prozent der Mikroprozessoren für PC, macht fünf Milliarden Gewinn, und dennoch veröffentlicht Intel-Chef Andrew Grove ein Buch mit dem Titel *Nur die Paranoiden überleben*. Darin gibt er offen zu, dass er Furcht hat: Furcht vor der Konkurrenz und Furcht vor der Erfolgsgewissheit, die aus dem langanhaltenden Erfolg resultiert. Für Deutschland beobachtet er, »dass neue Techniken nicht gerade aggressiv übernommen werden«.

Tacheles reden

Management by Angst? Ich habe nicht zufällig von »Furcht« gesprochen. Noch Heidegger hat unterschieden: »Furcht ist Furcht vor etwas. Angst ist Angst vor nichts.« Was er meinte: Furcht hat einen konkreten Gegenstand und aktiviert. Angst ist gegenstandslos und lähmt. »Wo kriege ich schnell so eine Furcht her?«, denkt jetzt vielleicht mancher Manager. Im Klartext: Eine solche Furcht lässt sich nicht manipulativ erzeugen, sie muss von *jedem Einzelnen* innerlich erlebt werden. Jeder Einzelne in der Organisation muss wahrnehmen können, dass das Spiel vorbei ist, wenn er nicht aus den Strümpfen kommt. Dazu braucht er Informationen. Change-Manager müssen die Verunsicherungsinformationen für alle klar erkennbar zur Verfügung stellen. Diese Daten müssen in hohem Maße konkret, wahrheitsgetreu, selbsterklärend und überzeugend sein. Misserfolgsmeldungen müssen schnell allen zugänglich gemacht werden. Das erfordert intensive Kommunikation, Aufklärung über wirtschaftliche Zusammenhänge, eine Verbindung herzustellen zwischen den bedrohlichen Daten und dem Verhalten der Menschen im Unternehmen, kurz: aktives Führungsverhalten. Menschen wollen *einbezogen* werden, man muss ihnen reinen Wein einschenken. Man muss sie *in die Verantwortung bringen*: »Wir haben ein ernstes Problem, das können wir nur gemeinsam lösen.« Wer die Daten, die die Ernsthaftigkeit der Situation darstellen, nicht zur Verfügung hat oder nicht zur Verfügung stellen will, hat auch kein ernstes Problem. Der hat auch kein Recht, Wandel einzuklagen.

Mancher Leser wird das Nicht-Tabuisieren von Furcht als Rückfall ins Mittelalter erleben. Aber dahinter steckt ein völlig falsches Verständnis von Fairness. Viele Führungskräfte lassen es an Klarheit fehlen, vermeiden es, zu drohen – und lassen den anderen nach langem Schweigen ins Messer laufen. Fair ist etwas anderes: klar und frühzeitig konfrontieren, die rote Linie aufzeigen, deutlich markieren, wann der gemeinsame Weg zu Ende ist. Das enthebt Führungskräfte nicht von der Aufgabe, die Menschen zu gewinnen, ihre Herzen zu erreichen. Deshalb will ich der Vollständigkeit halber noch etwas anfügen: Es gibt noch eine Bedingung, unter der Menschen sich ändern. Aber das ist eine sprachliche Peinlichkeit: Liebe.

Warum Fürsorge schwächt

Freunde in der Not sind nicht so selten, wie uns das Sprichwort glauben machen will. Einige warten geradezu auf die Not, um zu helfen. Mit dem Eifer eines Trüffelhundes suchen sie das Missliche. Es ist ihnen verdrießlich, nicht helfen zu können, zu dürfen, zu sollen. In den Unternehmen trägt dieser Babysitterkomplex den Namen »Fürsorgepflicht«. Ein schweres Wort aus schweren Wörtern. Fürsorge und Pflicht. Das deutsche Jammertalwort Pflicht hat schon etwas nicht ganz Freiwilliges. Verpflichtet fühlt man sich eher gezwungen, gedrückt. Ob unter Zwang etwas Sinnvolles entsteht, sei dahingestellt. Tatsache ist, dass nicht gerade die Brust sich hebt und der befreite Atem die Lungen füllt. Aber wir haben natürlich eine verbreitete Pflicht-Ethik, die mit christlichen Traditionen und dem Namen Immanuel Kant fest historisch verflochten ist. Auch viele Führungskräfte – und es sind nicht unbedingt die schlechtesten! – haben die Idee der Fürsorgepflicht des Vorgesetzten früh und nachhaltig verinnerlicht. Sich »vor die Mitarbeiter stellen«, die »Mitarbeiter nicht im Regen stehen lassen«, für seine Mitarbeiter »in die Bresche springen« sind Redewendungen, die auf eine Schutzfunktion des Vorgesetzten verweisen.

Geschützt werden soll, was sich nicht selber schützen kann, was sich nicht selber artikulieren, helfen, verteidigen kann. Im Unternehmen ist das offenbar der Mitarbeiter, der vermeintlich Schwächere, der sich in die Obhut eines Vorgesetzten gibt, aus der heraus dieser dann »Verantwortung« für die ihm Schutzbefohlenen übernimmt. Das Unternehmen wird dabei gedacht als eine Institution, die – ähnlich wie Familien, Krankenhäuser, Armeen – die Beziehungen zwischen mehr oder weniger Mächtigen strukturiert. Vorgestellt wird eine Situation, in der der Mitarbeiter Ansprüchen oder Vorwürfen anderer, meistens hierarchisch Höhergestellter ausgesetzt ist, die Angelegenheit jedoch nicht selber regeln kann, sondern von seinem Chef mannhaft herausgehauen wird. Oder das Bild vom Vorgesetzten als Schäfer, der seine Schafe hütet, sie von Schäferhunden als Fluchtverhinderungsagenten um- und einkreisen lässt, aber sie auch gegen allen äußeren Unbill verteidigt.

Grundsätzlich sollten wir uns, wenn von »Schutz« die Rede ist, nicht vorschnell beeindrucken lassen. Wir sollten nüchtern prüfen, ob da etwas Schützenswertes unserer besonderen Achtsamkeit bedarf. Unstrittig ist wohl, dass jeder Mensch immer wieder in die Lage kommt, auf die Hilfe anderer angewiesen zu sein. Andere zu achten, heißt auch, ihre situative Hilfsbedürftigkeit anzuerkennen. Bedingungslos gilt dies allerdings nur gegenüber Kindern und unter extremer Not Leidenden, eben gegenüber solchen Menschen, die ihre Ansprüche und Interessen nicht artikulieren können. Aber gilt dies auch für Mitarbeiter? Menschen, die für sich und ihre Familien täglich zahllose zukunftsbezogene Entscheidungen fällen, die Häuser bauen, Politiker wählen und abwählen, Militärdienst leisten, ihre Kinder erziehen, Freundschaften pflegen, ihren Hobbys nachgehen und ihren Beitrag im Unternehmen leisten, zum Teil umfangreiche und organisatorisch anspruchsvolle Aufgaben im Vereinsleben ihrer Heimatgemeinde wahrnehmen? Müssen wir diesen Menschen nicht Erwachsensein unterstellen und auch Erwachsensein zumuten? Was da heißt: die Konsequenzen ihres Handelns verantworten lassen?

Die Idee, die Mitarbeiter als Objekte moralischer Pflichterfüllung wahrzunehmen, krankte schon immer daran, den Mitarbeitern Bedürftigkeit zu unterstellen, diese verminderte Wehrhaftigkeit zu kollektivieren und damit die Besonderheit der beteiligten Personen auszuklammern. Wer als Vorgesetzter moralisch und verantwortlich handeln wollte, verdrängte seit jeher Unterschiede, Fähigkeiten und Reifegrade der Mitarbeiter zugunsten einer reflexhaften und undifferenzierten Handlungsfixierung. Als guter Vorgesetzter gilt dann, wer »seine Leute«

verteidigt. Es ist auch heute sicher noch einigen Mitarbeitern recht, in einer behüteten Welt zu leben, die von Vorgesetzten gewährleistet wird. Nicht selten infantilisieren sie sich gerne selbst, um passiv bleiben zu können. Sie fürchten Freiheit, wollen nicht erwachsen werden, wollen nicht für die Wirkungen ihres Handelns gerade stehen. Sie wollen »starke« Vorgesetzte, hinter deren Schutzschild sie sich verstecken können. Sie appellieren an die Fürsorgepflicht ihres Vorgesetzten, nutzen sie geradezu aus, überfordern sie mitunter, muten ihnen moralischen Druck und Hilfeleistung bedenkenlos zu (»Wozu ist er/sie denn da?«) und manipulieren mit gut kalkulierter Selbstviktimisierung. Außer in Familien wird nirgendwo so hochprofessionell moralisch erpresst wie in Unternehmen. Andere Mitarbeiter hingegen – hochindividualisiert, gut ausgebildet und keineswegs auf den Mund gefallen – wollten schon immer selbst Rede und Antwort stehen, glaubten ihre Interessen am besten selbst vertreten zu können, kurz: monierten einen Verlust an Autonomie.

Verführung zur Entmündigung

Und heute? Ist es unter den Bedingungen der neuen Wirtschaft noch vertretbar, jenem einspringend-beherrschenden Fürsorglichkeitsideal zu huldigen, das historisch aus der Zeit der Frühindustrialisierung stammt? Zweifelsfrei ist: Fürsorgliches Verhalten hat immer einen Hang zur *Entmündigung*. Beschützen hält die Menschen klein. Das alles unter dem Vorzeichen des Verstehens, Verständnishabens und Verständniszeigens. Hans-Georg Gadamer hat dieses Problem in *Wahrheit und Methode* trefflich beschrieben: »Insbesondere die Dialektik der Fürsorge [durchdringt] alle mitmenschlichen Verhältnisse als eine reflektierte Form des Herrschaftsstrebens ...«

Fürsorge ist verführerisch. Ihr Entlastungsversprechen ist einladend. Fürsorge ist daher die Nummer eins der zehn Möglichkeiten, Menschen passiv zu machen. Anschließend beklagen wir dann mit Krokodilstränen das Phänomen, das wir selbst erzeugt haben. Denn Fürsorge beinhaltet stets Bevormundung. Wenn der Chef in vorauseilender Fürsorge »sich der Sache annimmt«, hat der andere nicht die Chance, das Problem selbst zu lösen. Er erhält nicht die Möglichkeit, selbstständig zu handeln, vielleicht sogar an einer Herausforderung selbst zu wachsen. Verdrehter noch: Aus einem solchen Führungsrollenverhalten erwächst ja mitunter gerade jene gelernte Hilflosigkeit, die von vielen Vorgesetzten ausgebeutet wird, um ihre Unersetzlichkeit zu inszenieren: »Ich werd' mal sehen, was ich für Sie tun kann ...« Fürsorge als Herablassung. Die eitle Selbstdarstellung des Beschützers: Wer sich in seiner gütigen Vater- bzw. Mutterrolle gefällt, muss alles tun, um erwachsenes Verhalten seiner Mitarbeiter zu verhindern. Funktionäre, die das Volk nicht lieben, entwickeln Fürsorglichkeit.

Für diesen Gedanken kann man auch Rot geben. Empörung ist keine seltene Reaktion. Viele wohlmeinende und ehrlich bemühte Führungskräfte fühlen sich missverstanden, ungerecht behandelt. Sie erreiche ich nur, wenn ich an ihrer guter Absicht (was noch für Kant das allein hinreichende Kriterium moralischen Handelns war) ansetze und sie bitte, diesen Gedanken nicht vorschnell zu verwerfen: Auch ein ehrlich wohlmeinender Paternalismus ist blind für den zugreifenden und bevormundenden Modus seiner Beziehung zum Menschen. Er hat die patriarchalische Struktur nur »netter« gemacht. Das gilt auch für viele Institutionen, deren praktische Auswirkungen vielfach darin liegen, Selbstbestimmung und Erwachsensein zu be- und verhindern. Um ein Beispiel namhaft zu machen: Warum gehen Mitarbeiter zum Personalrat? Weil es ihn gibt.

Es ist schon einigermaßen widersinnig, dass jene, die hartnäckig auf dem Gleichheitsgrundsatz beharren, gleichzeitig an der schiefen Beziehung der Fürsorge festhalten. Um den eigenen Bestand zu sichern? Wichtig ist: Fürsorge und Gleichbehandlung schließen sich wechselseitig aus. Ist der Mitarbeiter ein gleichberechtigter Partner, dann sind Respekt, Distanz und Achtung geeignete Beziehungsqualitäten. Wenn wir den anderen als gleichberechtigte Person anerkennen wollen, ist die einseitige Beziehung der Wohltätigkeit unangemessen.

Gegenüber Personen, die ihre Interessen artikulieren können, verbietet sich Fürsorglichkeit.

Klaus W. Wilsmann ist Leiter der Medizinischen Abteilung von Grünenthal Pharma. Ich wurde Zeuge einer Situation, in der eine Mitarbeiterin von der Seite an ihn herantrat mit den Worten: »Ich weiß in dieser

Angelegenheit nicht, was ich tun soll. Da müssen Sie mir helfen.« Wilsmann drehte sich zu ihr um und antwortete ihr ausgesprochen freundlich, fast liebevoll: »Wir können gerne über Lösungsmöglichkeiten reden. Aber ich helfe grundsätzlich niemandem.« Nur eine humorlos entschlossene Menschenbeglückungsideologie wird das als kalte Gleichgültigkeit missverstehen wollen. Verantwortung heißt in gewissen Situationen auch Nicht-Einmischung. Zumindest ein höheres Maß an zugemuteter Selbstverantwortung.

Zum anderen hat Fürsorge den Charakter einer *einseitigen, nicht-reziproken Zuwendung*. Fürsorge definiert ein asymmetrisches Verhältnis, das nicht auf Gegenleistung beruht. Das hält, gewollt oder ungewollt, den anderen in Abhängigkeit. Dieser spürt Schuld, Unlust und Druck. Er kann nicht zurückgeben, muss dankbar sein, spürt, dass dieses Konto niemals ausgeglichen werden kann. Manche Vorgesetzte erfreuen sich an der Rolle dessen, der mehr gibt als nimmt: »Du sollst dich verpflichtet fühlen!« Es ist die eitle Selbstinszenierung des Beschützers, der wie St. Georg durch die Lande reitet und überall nach dem Rechten sieht, überall einschreitet, auch ohne gerufen worden zu sein, überall rettet, hilft, versorgt, verteilt und umverteilt. Wir kennen diese Haltung als Helferideal. Doch ist diese Einstellung beziehungsfeindlich. Wer den Ausgleich verweigert, sonnt sich in seiner Überlegenheit, genießt die Selbsterhöhung ... und stößt damit den anderen fort. Diese tyrannische Fürsorge, die sich aufdrängt, können Sie daran erkennen, wie jemand reagiert, wenn Hilfe abgelehnt wird. Deshalb sind so viele St.-Georgs-Ritter einsam und verbittert.

Achtung und Aufmerksamkeit

Aus all dem darf nun in keiner Weise geschlossen werden, jede gefühlte Bindung, jede gegenseitige Unterstützung, gar Nächstenliebe aufzukündigen. Gemeinschaftliche Interessen müssen auch durch die Führungskraft wahrgenommen werden. Und den Raum zwischen den extremen Polen Fürsorge und Unerbittlichkeit verantwortungsvoll zu füllen ist keine leichte Aufgabe. Die Versuchungen liegen an beiden Enden der Skala: ganz auf Distanz zu gehen oder sich in öliger Kumpanei zu wärmen. Beide Extreme verfehlen die Führungsaufgabe: Spannungen auszuhalten und produktiv zu machen. Andere zu achten heißt immer auch, sie in ihren selbstgewählten Vorhaben zu unterstützen. Ein solches Verhalten darf aber – erstens – nicht der Vorgesetztenrolle geschuldet sein. Es kann allenfalls unserem Menschsein entspringen, dem Grundsatz, alle Menschen in gleicher Weise als autonome Individuen zu achten, gleichgültig, wie sie mir begegnen. Es darf weder als Geber noch als Nehmer den anderen als defizitär voraussetzen noch seine Selbständigkeit verletzen.

Dazu bedarf es der *Aufmerksamkeit*. Aufmerksamkeit in der doppelten Bedeutung von sensibler Wahrnehmung und Rücksichtnahme. *Sensible Wahrnehmung*, ob der andere seine Ansprüche nicht auch selbst artikulieren, nicht auch selbst seine Interessen vertreten kann und sollte. *Rücksichtnahme* gegenüber der Andersheit des anderen. Die Pflanze seiner Individualität zu pflegen, sie nicht im Schatten unternehmenskultureller Dornenbüsche verdorren zu lassen; weniger wie ein Vorgesetzter, eher wie ein Freund der individuellen Besonderheit zu achten. Also eine innere Haltung, die individuelle Nuancen und Unterschiede registriert, die Fähigkeit, zuzuhören, die Bereitschaft, sich emotional zuzuwenden, das Vermögen, persönliche Eigenarten zuzulassen, ja zu ermutigen.

Was mithin ansteht, ist der Wechsel von einer beherrschenden Fürsorge zu einer befreienden Aufmerksamkeit. Unter den Bedingungen der Gegenwart heißt das, den Mitarbeiter bei Schwierigkeiten gerade *nicht* aus der Verantwortung herauszunehmen. Es heißt, ihn zu ehren, ihm etwas zuzutrauen, keine *bedingungslose* Verpflichtung aus einem Rollenverständnis heraus, sondern ein feingestimmtes Gefühl für Angemessenheit, die Autonomie des anderen zu erhalten, seine Andersheit wirken zu lassen. An jemanden glauben und das vermitteln. An seinen Ressourcen andocken. Selbstvertrauen aufbauen. Fürsorglichkeit also in dem Sinne, die Bedingungen der Möglichkeit von Leistung aus Individualität zu optimieren.

Wer unbedingt am Selbstbild der fürsorglichen Führungskraft festhalten will, sollte sich fragen, was Fürsorge heute heißen kann. Zum Beispiel: Informationen früh zur Verfügung stellen. Mitarbeiter Neues ausprobieren, lernen zu lassen. Also ins Risiko zu gehen. Auf die maximale Ausbeutung seiner aktuellen Talente zu verzichten, um Freiräume für seine Persönlichkeitsentwicklung zu schaffen. Für die Führungskraft erwächst daraus die Aufgabe, den Mitarbeiter so einzusetzen, dass er kontrastreiche Erfahrungen machen kann. Auf dem Flughafen in Denver las ich: »After working with Andersen, you can work for anyone, anywhere – or you can work for yourself.« In der alten, stabilen Welt, da mochte der Tausch »Arbeitsplatzsicherheit gegen Anpassung« funktionieren. In der neuen Wirtschaftswelt ist Beschäftigungsgarantie unternehmerischer Selbstmord. Nur der Markt kann Arbeit garantieren. Verantwortlich handeln heißt: Menschen die Möglichkeit geben, ihren Marktwert zu erhöhen. Sowohl auf internen wie auf externen Märkten. Die Lernfähigkeit aufrechtzuerhalten ist in der Arbeitswelt »flockiger« Beschäftigungsverhältnisse eine Investition in das »Gefragtsein« innerhalb des Unternehmens oder außerhalb auf dem Arbeitsmarkt. Schon heute ist die durchschnittliche Verweildauer in einem Unternehmen unter die 10-Jahres-Grenze gefallen, und damit hat kaum noch jemand Anspruch auf Betriebsrente. Eben nicht mehr lebenslange Beschäftigung sondern Investition in die – möglichst lebenslange – Beschäftigungsfähigkeit als »new moral contract«: »Wir stellen Ihnen vermarktbare Erfahrungen zur Verfügung, die Sie auch für andere Arbeitgeber attraktiv machen, sollten wir je unsere Personalkosten zurückfahren müssen.« Fürsorge kann unter bestimmten Bedingungen auch heißen, einen Mitarbeiter von Aufgaben zu entbinden, denen er nicht gewachsen ist, ja sich vom Mitarbeiter zu trennen. Fürsorglich sein heißt dann nicht mehr, sich selber Arbeit aufhalsen, überzuständig sein, heißt nicht entmündigen, sondern Erwachsensein zumuten.

ENTSCHEIDUNGEN
oder die Freiheit zum Unvorhersehbaren

> Wir sind eigenwillig und nonkonformistisch in Nebensächlichkeiten, aber wenn es darauf ankommt: träge Konformisten.
> *John R. Saul*

Freiheit im Zielkonflikt

Leben ist Leben im Zielkonflikt. Menschliche Handlungsbedingungen sind durch Widersprüchlichkeiten, Ungereimtheiten und Unsicherheit gekennzeichnet. Immerfort müssen wir wählen zwischen Alternativen, die uns alle attraktiv erscheinen oder deren Konsequenzen wir nicht kennen. Jede Führungskraft kennt die Dilemmata, aus denen es keinen gesicherten Ausweg gibt: Zentral oder dezentral organisieren? Global oder lokal? Groß oder klein? Freie Handelsvertreter oder angestellter Außendienst? Langsam und wenig ändern oder rasch und viel? In Deutschland oder im Ausland produzieren? Diversifizieren oder fokussieren? Mitarbeiterorientiert oder aufgabenorientiert? Konkurrenz oder Kooperation? Fusionieren oder aus eigener Kraft wachsen?

Menschliche Handlungsbedingungen sind aber auch durch Widersprüchlichkeit *ausgezeichnet*! Ihr Wesen ist Freiheit, denn:

- Die Umstände sind nie identisch.
- Es führen immer verschiedene Wege zum Ziel.
- Es müssen zumeist gleichzeitig mehrere konkurrierende Ziele verfolgt werden.

Führung lebt in diesen Widersprüchen, weiß, dass beide Alternativen unverzichtbar sind, muss täglich ein neues Gleichgewicht finden, täglich wählen, welche Alternative sie in dieser Situation vorzieht.

Das nennt man *Entscheidung*. Die Festlegung auf eine Handlungsalternative mit Blick auf eine unbekannte Zukunft. Wobei ein geflügeltes Wort von Fritz Ammann, dem ehemaligen CEO von Swatch, zu berücksichtigen ist: »Die Zeit, die ein Manager für eine Entscheidung aufwendet, verhält sich immer umgekehrt proportional zur Größe und Wichtigkeit der Entscheidung.« Eine Entscheidung akzeptiert mithin nicht den Lauf der Dinge, sondern verschiebt bewusst die Verhaltensgewichte zu der bevorzugten Seite.

Das tun Sie unter der Bedingung der Unsicherheit. Gäbe es den Zweifel angesichts von Handlungsalternativen nicht, wären Sie nicht auch im Zweifel mit sich selbst, mit Ihrer Analysefähigkeit. Dann bräuchten Sie nur den besten Effekt zu berechnen und wüssten damit schon, was zu tun ist. Die Lösung des Problems fiele Ihnen wie eine reife Frucht in die Hände. Das wäre keine Entscheidung. Nur wenn es vollkommen unklar ist, wohin die Reise gehen wird, wenn Sie angesichts der verschiedenen Handlungsmöglichkeiten ernsthaft im Zweifel sind, dann ist eine Entscheidung fällig. Die kostet Kraft. Denn die praktische Option für eine Alternative bedeutet zugleich die zu rechtfertigende Ausgrenzung der anderen, die Ihnen ebenfalls plausibel erscheint. Sie wählen nicht zwischen richtig und falsch, sondern immer zwischen verschiedenen Münzen, die alle eine Vorder- *und* eine Rückseite haben. Also liegt in jeder Entscheidung ein Widerstand, gegen den anzugehen ist. Derjenige, der diesem Widerstand ausweicht, gilt als »entscheidungsschwach«. In vielen Unternehmen hat die Präsentation von Gesinnung und lautstarker Entschlossenheit die Entscheidung zu ersetzen begonnen. Dort ist das Vermeiden von Fehlern weitaus lohnender als eine Entscheidung in der Sache. Zum Beweis ihrer Tatkraft legen die Topmanager dann Zukunftsprogramme vor.

Experimente statt Eindeutigkeit

Eine Entscheidung kommuniziert zweierlei: was und dass Sie entschieden haben. Festlegung und Verzicht auf eine Option. »Wir machen es so, aber es wäre auch anders gegangen.« Mit welchem Ergebnis – besser? schlechter? – können Sie nicht wirklich wissen, weil Sie die Alternative abgewählt haben und daher ihre Folgen nicht kennen. Konsequent gedacht, können Sie erst *nach* einer Entscheidung wissen, wie Sie sich entschieden haben. Das gilt insbesondere – wie manche leidvoll erfahren mussten – auch für Karriereentscheidungen. Erst nach einer Entscheidung wissen Sie, was Sie sich da eingebrockt haben. Deshalb werden die getroffenen Entscheidungen gerechtfertigt, die Alternativen minimiert oder schlecht gemacht. Die Psychologie nennt das »postdezisionale Dissonanz-Reduktion«. Tataaa! Von einer Entscheidung kann man daher im strengen Sinne nur sprechen, *wenn in einer prinzipiell unentscheidbaren Situation entschieden werden soll.* Wenn in einer Welt voller Alternativen überzeugende Argumente sowohl für das eine wie für das andere Handeln sprechen. Der Rest ist dann Fortune und die berühmte glückliche Hand, ohne die auch der Fähigste scheitert. Sie können also auch Karten legen oder zum Astrologen gehen. Und Glück haben. Der Philosoph Odo Marquard hat dazu das Nötige gesagt: »Wir irren uns voran.«

> *Was vorhersehbar war, weiß man hinterher am besten.*

Wiederholt wurde ich von Managern gefragt, wann wir denn »da« wären. Dabei wissen wir alle: Es gibt kein »da«. Einige der geschicktesten Verhaltensweisen langlebiger Unternehmen sind Experimentierfreude, Herumprobieren und Irrtum, Opportunismus und Zufall. Was wie brillante Planung aussieht, ist oft das Ergebnis der Devise: »Probieren wir eine Menge aus und bleiben wir bei dem, was funktioniert.«

Widersprüchlichkeit und Entscheidungszwang sind also die *Existenzvoraussetzungen der Führungskraft.* Wir entscheiden immer in Situationen unvollständiger Information. Sonst könnte man auch einen Großrechner zum CEO machen. Führen erfordert unausweichlich Kompromisse zwischen Alternativen, die beide unverzichtbar sind. Handeln heißt daher immer Ausschluss von Alternativen: You can't have the cake and eat it, too. Dann heißt Handeln immer auch: sich schuldig machen. Dafür bekommt man – je nach Tribünenplatz – Prügel. Aber wer als Führungskraft geliebt werden will, ist ohnehin im Unmöglichen zu Hause.

Wird diese Unschärfe personalisiert, bezieht der Einzelne die Widersprüchlichkeit auf sich, wird das als Stress erlebt. Gut verstehen kann ich daher den Ruf vieler Führungskräfte nach Orientierungsgrößen und Eindeutigkeiten, nach denen man sich richten könne. Aber dann wird Sollen mit Müssen gleichgesetzt. Dann wird die differenzierte Identität des Einzelnen preisgegeben. Und es zerstört Freiheit und die

Existenzvoraussetzung der Führung. Ein Programm zur Selbstabschaffung. Ist es doch die unbestrittene Leistung der Hierarchie, die Entscheidbarkeit nicht entscheidbarer Situationen zu sichern.

Soll eine Entscheidung auf eine breite Basis gestellt und nicht gegen Widerstände durchgesetzt werden, dann bietet sich die dialogische Gesprächsform an. Das ist intelligent. Das ist langsam. Der Dialog ist mithin kein Allheilmittel. In manchen Situationen ist es ratsam, schnell zu entscheiden sowie klar und deutlich anzuweisen. Nicht nur im Turnaround-Management sind mitunter sehr schnelle Entscheidungen unter hoher Unsicherheit angezeigt. Die Führungskraft muss wählen, wann welche Vorgehensweise praktisch ist. Viele Führungskräfte trauen sich jedoch nicht mehr, schnelle Top-down-Entscheidungen zu fällen. Sie halten das für unkooperativ. Damit aber entwerten sie den Dialog. Mitarbeiter tragen auch situationsgebundene Anweisungen mit – wenn sie *im Regelfall* dialogisch eingebunden werden und zudem das haben, was jede funktionierende Kooperation letztlich zusammenhält: Vertrauen.

Wir brauchen also nicht nur runde Tische, sondern auch eckige Entscheidungen. Besonders in der Krise ist eine von allen respektierte Hierarchie die letzte Ausfahrt Brooklyn. Wenn sich die Menschen nicht einigen können, muss die Entscheidungsfähigkeit gesichert werden. Das muss Führung leisten. Das ist ihre Aufgabe. Führungskräfte sind auch in dieser Hinsicht Kooperationsparasiten. Ziel muss es aber letztlich sein, eine Gruppe von Mitarbeitern so zusammenzustellen, dass sie das aus eigener Kraft kann. Das beste Mittel, eine Führungskraft zu messen, ist mithin die Leistung ihrer Mitarbeiter *während ihrer Abwesenheit*. Die beste Führungskraft macht sich überflüssig. Dennoch gilt auch für diese Aussage:

> *Führen ist immer Führen im Dilemma.*

Management zweiter Ordnung

Die grundsätzlich dilemmatische Situation von Führung wird noch komplexer, wenn wir die Spät- und Nebenwirkungen einer Entscheidung betrachten. In komplexen Situationen muss davon ausgegangen werden, dass die Nebenwirkungen (zweite Ordnung) gleich groß oder sogar größer sind als die beabsichtigte Hauptwirkung (erste Ordnung). Eine Entscheidung entlastet oft kurzfristig, indem sie langfristig Probleme schafft. Beispiele dafür gibt es genug: die griechischen Städte, deren Häuser oft eine hässlich unverputzte Wand aufweisen, weil erst für ein voll verputztes Haus die Steuern fällig sind; die Regierung von Mexico City, die, um die Luftverschmutzung zu reduzieren, Autos mit geraden Kennzeichen an geraden Tagen und Autos mit ungeraden Nummern an ungeraden Tagen fahren lässt und dadurch die Zahl der Autozulassungen vervielfacht hat; die Fluggesellschaft, die im Zuge der Kundenorientierung die Abflugpünktlichkeit am Ablegen des Fliegers vom Gate misst, weshalb die Passagiere oft stundenlang auf dem Rollfeld warten müssen; die Bank, die die Neukundengewinnung an der Zahl neuer Kontonummern misst und damit eine Nummerninflation und extremen bürokratischen Aufwand erzeugt; die Ölgesellschaft, die, um die Reisekosten einzudämmen, mit Video-Konferenzen experimentierte und steigende Reisekosten hinnehmen musste, weil Menschen im Unternehmen, die sich zuvor nicht kannten, Beziehungen zueinander entwickelten und mehr und mehr beschlossen, sich persönlich zu treffen; der Vertriebsleiter, der den Verkauf bestimmter Produkte durch Bonussysteme fördern will, und so dafür sorgt, dass die anderen Produkte wie Blei im Lager liegen bleiben.

Wer misstrauisch beäugt, dass die Mitarbeiter nicht geschlossen hinter den Unternehmenszielen herrennen, greift zur Brieftasche, um dem Enthusiasmus nachzuhelfen. Eine typische Reaktion des Managements erster Ordnung, die zunächst die Komplexität reduziert und später mit den Folgeproblemen zu kämpfen hat. Man könnte sich auch fragen: *Warum* fehlt es an Leidenschaft? Könnten die Ziele illegitim sein? Könnten sie gegen die Interessen der Mitarbeiter laufen? Müssen sie Nachteile in Kauf nehmen? Erleben die Mitarbeiter ihre Arbeit als »sinnlos«?

So wie sich das Verhalten eines Menschen verändert, wenn er beobachtet wird, so kann man beispielsweise auch beim Business Process Reengineering erleben, wie die ursprüngliche Ausgangslage durch den Prozess so verändert wird, dass das ursprüngliche Ziel nicht mehr existiert. Oder aber sich verändert und neue Veränderungsnotwendigkeiten erzeugt. Das führt zu allerlei Alibiveranstaltungen, um zu zeigen, dass man die Lage im Griff hat. Wie ein Autofahrer, der über die Autobahn rast und sich über die vielen langsamen Fahrer aufregt. Er sieht nicht, dass er das Phänomen selbst erzeugt, das er beklagt. Die Manager rufen ihren Mitarbeitern »Ändere dich!« zu, und sehen nicht, dass Sie mit ihrem Verhalten dazu beitragen, dass sich gar nichts ändert. Weil sie mit ihrem Druck Gegendruck erzeugen. Das Management zweiter Ordnung betrachtet sich selbst als mitverantwortlich für die Phänomene. Es fragt: Was ist mein Beitrag?

Wenn ich Ziele vereinbare und mit einem Belohnungssystem koppele, grenze ich alle Zieldimensionen aus, die von der Vereinbarung nicht erfasst werden. Zudem erzeuge ich eine Abhängigkeit von immer neuen Belohnungen. Diese Ausgrenzungen, Spät- und Nebenwirkungen sind die »blinden Flecken«. Sie können so wirkungsmächtig sein, dass sie die angestrebte Hauptwirkung ins Gegenteil verkehren und die Ausgangslage verschärfen. Da die Nebeneffekte meistens mit zeitlicher Verzögerung auftreten und sich auch dann oft nicht mehr an den Ort ihres Ursprungs zurückverfolgen lassen, ist die Verführung groß, sie zu bagatellisieren. Vorbeugendes, weitsichtiges und mögliche Spätwirkungen berücksichtigendes Handeln gibt es daher in Unternehmen kaum. Es zählt der kurzfristige Erfolg. Unterstützung für nur Wahrscheinliches ist schwer zu organisieren. Diese Ignoranz äußert sich zum Beispiel in Sprüchen wie: »Was nicht gemessen werden kann, kann nicht gemanaged werden.« Diese reduktionistische Auffassung von Führung setzt auf kurzfristige Erfolge und überläßt die Spätwirkungen den Nachfolgern oder Nachgeborenen. In vergleichbarer Weise lösen Unternehmensberater ein Problem und werden dann erneut gerufen, um die Probleme der Problemlösung zu lösen. Sie lösen Probleme erster Ordnung und bewirtschaften dann anschließend die aus der Problemlösung entstehenden Probleme zweiter Ordnung. Wenn also Führung für kurzfristige Erfolge belohnt wird, erzeugt man mit mechanischer Sicherheit jene Nach-mir-die-Sintflut-Haltung, die nicht selten von jenen beklagt wird, die sie ausbeuten.

Das Management zweiter Ordnung versteht Unternehmen dagegen als komplexe, nichtlineare und dynamische Systeme. Es weiß, dass jede Problemlösung, jede Reduktion von Komplexität neue Probleme erzeugt, die Komplexität wieder erhöht, und sie kalkuliert diese Effekte mit, soweit es ihr möglich ist. Das kann im Extremfall dazu führen, ein

Problem ungelöst zu lassen, weil man sich die Nebenwirkungen der bisher verfügbaren Lösungen ersparen will. Auch Nichtentscheidung ist dann eine Entscheidung. Und nicht selten eine intelligente. Denn oft haben wir es mit einer Situation zu tun, die sich der Analyse entzieht. Nicht etwa, weil wir über zu wenige Daten verfügen, sondern – wie oben gezeigt – weil wir keine Hinweise bekommen, welche Argumente überwiegen. Die Reaktion auf diese Komplexität ist oft Ärger und Verwirrung. Seien Sie mutig! Denn da ist er wieder, der Moment der Entscheidung.

BILDUNG
oder warum man Führung nicht lernen kann

> Er hat sich richtig gesehen. Das bedeutet,
> dass er auch andere richtig sah.
> *Wolfgang Hildesheimer*

Die innere Einstellung

Versteht man Führung nicht als Ergebnis abstrakter Persönlichkeitseigenschaften, sondern als Ereignis, das zwischen konkreten Menschen stattfindet, als eine Beziehung, die sich ändern kann, die funktioniert oder nicht funktioniert, dann wird klar, dass die Idee der Lernbarkeit für Führung inadäquat ist. Führung lässt sich nicht lernen, weil jeder letztlich nur auf seine Weise führen kann. Diese Aufgabe ist nur individuell zu erfüllen. Jeder Einzelne muss Beziehungen auf seine Weise gestalten. Es gibt da nichts, was von anderen so und genau so gemacht würde oder gemacht werden sollte. »Führen lernen« besteht mithin nicht darin, nachzumachen, was ein anderer tut. Bestenfalls ist zu sagen: Führen *ist* Lernen – Lernen des Einzelnen unter den jeweils spezifischen Umständen. Und auch nur dann ist Führen souverän: als Tätigkeit der ausdrücklich selbstbewussten, nicht kopierten Individualität.

> *Führen kann man nicht lernen. Führen ist Lernen.*

Was Sie sicherlich lernen können, sind Techniken, den Umgang mit Instrumenten, das Wissen »über« Führung. Sie können als Führungskraft Ihren Wirkungsgrad optimieren. Sie können bestimmte Strategien einsetzen. Zeitmanagement ist so eine Strategie. Jene, die nicht über die Idealkonstitution für ihre Rolle verfügen, können sich Hilfe, Ergänzung und Beratung holen. Was Sie aber kaum lernen können, sind die inneren Einstellungen, die den Umgang mit diesen Strategien erst sinnvoll und erfolgreich machen. Ein Manager, der glaubt, er sei der Wahrheit näher als andere, wird niemals ernsthaft einen ergebnisoffenen Dialog führen. Verrat sickert aus jeder Pore.

Urteilskraft im Datenmeer

In der Diskussion um die Erfolgsfaktoren von Führung ist es stets verführerisch, die Aufmerksamkeit auf ein oder zwei Einflussgrößen zu reduzieren. Aber Führungskräfte sind keine »Experten in Führung«, sie sind keine Beziehungs-»Spezialisten« und sie wissen oft selbst nicht einmal, warum sie von anderen als Führungskraft akzeptiert werden. Wenn jedoch Führung keine Sache von Expertentum, von Techniken und Fertigkeiten ist, wie kann man sie dann überhaupt als Fähigkeit verbessern? Aus der Angebotspalette greife ich etwas heraus, was zukünftig immer wichtiger werden wird: *Bildung*. Gerne hätte ich ausgerufen: »Bildung statt Ausbildung!« Das wäre im Unwesentlichen richtig, im Wesentlichen falsch. Ausbildung ist sicherlich eine notwendige Voraussetzung für Führung. Aber noch keine hinreichende. Das leistet erst Bildung. Denn die Zukunft ist mehr als nur superschnelle Computer und Netzwerke. Um die wesentlichen Fragen zu beantworten, die die Märkte, Technologien und Unternehmensarchitekturen aufwerfen, brauchen wir mehr als nur eine blinde Systemintelligenz, mehr als nur Dauermobilisierung zu »Fortschritt« und »Change«. Alles das ist wichtig. Angesichts der Datenflut aber wird die »Urteilskraft« größte Bedeutung bekommen, das heißt die Fähigkeit, Informationen einzuordnen, zu gewichten und zu beurteilen.

Informationen machen Entscheidungen nicht leichter, sondern schwerer. Unser Kopf bleibt daher das wichtigste Instrument. Informationsnetze nehmen uns das Denken jedenfalls nicht ab. Die wichtigste Fähigkeit der Zukunft wird es sein, aus der Informationsflut das Wesentliche herauszufiltern. Und dazu bedarf es der Bildung. Bildung, durchaus in einem humanistischen Sinne. Bildung, die sich nicht von immer neuen Managementmoden blenden lässt. Bildung, die sich nicht am eiligen Meinen beteiligt, sondern in innerer Tiefe Orientierung findet. Bildung, die gelassen macht und zulässt. Das ist mehr als nur unterscheiden zu können zwischen Platon und Plankton.

Was Training nicht leistet

Ich möchte eine Entgegensetzung einführen, die grundsätzlicher Natur ist: die zwischen Training und Bildung. *Training* ist – nimmt man das Wort ernst – Zu- und Hinrichtung. Reinigungsritual bei psychischen Glanzverlusten. Da alle das Gleiche lernen, gleicht Training die Menschen einander an. Es soll ähnlich machen. Training ist mithin dem Ideal des perfekten Menschen verpflichtet. Im Training gibt es eine »richtige« Weise, etwas zu tun. Training soll Techniken und Fertigkeiten entwickeln und stabilisieren. Es ist ein auf Wiederholbarkeit angelegter Prozess. Das funktioniert bekanntlich besonders gut in Standardsituationen. Ist jedoch das zu lösende Problem neuartig, wird das trainierte Verhalten der spezifischen Situation schnell unangemessen.

Einverstanden, ein wenig zielgerichtetes Training kann hier und da Eigenschaften polieren, die ein Mensch schon besitzt. Aber wenn demnächst Massenware in allen Branchen über das Internet verkauft wird und anspruchsvolle Kunden immer mehr maßgeschneiderte Produkte nachfragen, dann brauchen wir weniger Verkäufer. Dafür aber gebildetere. Noch immer kann man beobachten, dass Verkäufer monologisch ihre Fragenkataloge herunterbeten, ohne zu merken, dass der potenzielle Käufer nur noch genervt auf die »Wer-fragt-der-führt-Masche« reagiert. Weil man nicht mehr lauscht, nicht mehr wirklich sich dem anderen öffnet, ihn in seiner Individualität gar nicht ernst nimmt. Und menschliche Beziehungen sind, wenn sie denn funktionieren, immer besonders, immer neu, immer bunt. Menschen wird man mit Techniken nie gerecht. Auf dem Spiel steht jedoch weit mehr, die Basis von Führung: Vertrauen. Jeder hat schon einmal erlebt, wie lächerlich es wirkt, wenn jemand nach einem Seminar sein angelerntes Verhalten seinen Mitarbeitern vorführt, wenn er als Kopie von »Erfolgsrezepten« daherkommt, das so oft Durchgekaute noch einmal aufwärmt.

Wer diesen Gedanken ablehnt, weil er »einen anderen Trainingsbegriff« habe, sollte ernsthaft prüfen, ob er denn tatsächlich so anders ist.

Mehr als Kompetenz und Wissen

Bildung lehrt keine Techniken, keine auf sofortige Verwertbarkeit angelegten Fertigkeiten. Bildung meint auch nicht die Curricula der Business Schools: Marketing und Finanzen. Bildung meint Poesie, Literatur, Geschichte, Philosophie. Viel zu oft bereitet uns die Schule auf Beschäftigung vor, nicht auf das Leben. Rajat Gupta, Worldwide Managing Director McKinsey & Co.: »I see examples in my work everyday – people who do well at a certain kind of task, but who don't bring to their pursuits the values, as well as the richness of experience, that come from a broadbased education.« Einige der besten Führungskräfte, die ich kennen lernen durfte, haben Literaturwissenschaft studiert oder sogar Theologie. Etliche, die als »Kaufleute« groß geworden sind, haben sich der Kunst und der Geschichte geöffnet. In der Begegnung mit großen Ideen haben sie ihre Erfahrungen kontinuierlich überprüft und waren zu Transferleistungen in der Lage, die kein »Experte« je in den Blick genommen hätte. Diese Menschen verstehen die subtile Bandbreite von Kräften, die in Organisationen wirken – und sie gehen Entscheidungen sehr viel vernetzter an. Sie sehen insbesondere die »unbeabsichtigten Nebenfolgen«, von denen wir umstellt sind; die Spät- und Nebenwirkungen unseres wohlmeinenden Handelns, die die angestrebten Effekte konterkarieren. Bildung führt zu Wissen und, wenn es gelingt und in guten Händen ist, auch zu Weisheit. Bildung beinhaltet Qualitäten, die ohne Zweifel fundamental für Führung sind. Warum? Um zu verstehen, was Menschen wünschen, hoffen, fürchten, erwarten, wofür sie sich einsetzen und wofür sie kämpfen.

> *Bildung führt zu Menschlichkeit, Entschiedenheit,*
> *Respekt und angemessenem Urteil.*

An Maßstäben will ich nennen:

Maß und Mitte. Das war Wilhelm Röpkes Forderung: Führungskräfte mit »Maß und Mitte«, die gegen die Mode auch das zu Bewahrende balancieren. Das steht auch heute an: die Versöhnung der global-digitalen Moderne mit einer vorsichtigen Wahrung der Unternehmenstraditionen. Nicht jede überkommene Struktur unterjocht, und nicht jede Innovation befreit. Eigentlich erkennen wir sofort, wenn etwas sein Maß verloren hat, wenn es unverhältnismäßig erscheint, wenn es ins Unmenschliche abzugleiten droht. Man muss kein bekennender Christ sein oder unter den vorwurfsvollen Blicken der Moralapostel leiden, um intuitiv zu wissen: »So sollte es nicht sein!« Oder um von den Durchgeknallten unter den Beiseiteschiebern und Maximalprofiteuren angewidert zu sein.

Freude und Glück. Freude ist tägliches Glück. Die Fähigkeit, Freude zu empfinden und auszudrücken. Auch kleine Nischen des Glücks zu ehren. Nahbar zu sein. Sich mitfreuen zu können. Eine Atmosphäre der Wärme und des Wohlbefindens zu verbreiten.

Eigentlich sollten nur jene Menschen Führungskräfte werden, die über sich selbst lachen können. Jene innere Ausgeglichenheit, die sich an sich selbst, den kleinen und großen Erfolgen freut. Vor allem aber auch an der Leistung anderer. Und sich nicht so wichtig nimmt.

Verständigung wollen. Konflikte – jeder hat sie, niemand will sie. Deshalb können wir Konflikte besser leugnen als lösen. Also: Konflikte nicht zudecken, sondern auf-decken. Konflikte so austragen wollen, dass die Kooperationsbeziehung auf Dauer keinen Schaden nimmt. Der Wille, sich einzufühlen, das innere Erleben des anderen in sich selbst entstehen zu lassen. Seine Sichtweise zu respektieren. Verständigung *über* das Streitobjekt stellen. Damit Konflikte als Chancen begreifen.

Selbstverantwortung und Mut. Für die Folgen seines Handelns gerade stehen. Sein Leben selbst in die Hand nehmen. Bereit sein, Risiken einzugehen und zu experimentieren. Fehler als Lerngelegenheit begrüßen. Sich nicht zum Opfer machen; sich nicht hinter anderen verkriechen: hinter Sachzwängen, Zufällen, Umständen, Märkten, dem Wettbewerb, dem Wetter, dem Chef, der Kindheit, der Meinung anderer. Entschieden leben. Klar. Konsequent. Ja sagen und Ja meinen. Nein sagen und Nein meinen. Radikal zum eigenen Maßstab stehen, ohne sich zum Maß der anderen zu machen.

Eine Liste wie viele andere, mögen Sie vielleicht einwenden. Aber der Unterschied liegt womöglich in dem, was ihr fehlt: Worte wie »strategisch«, »emotional intelligent«, »synergetisch«. All das mündet nicht in Bildung, sondern in Ausbildung. Unsere Frage lautet aber: Was ermächtigt zu Führung, und – wenn es Bildung ist – was leistet sie?

Der eigene Stil

Souveräne Führung lebt nicht von der Übernahme, der Kopie, sondern vom eigenen Stil, auf den man sich verlassen kann. Es zählt die ganze Person, nicht Techniken und Tricks. Der in sich ruhende Mensch, der sich seiner selbst bewusst ist und erlebbar zu sich selbst steht, so wie er ist. Der auf der Basis transparenter Werte integer entscheidet. Immer. Nur der ist glaubwürdig. Nur der schafft Vertrauen. Wie es Arnold Gehlen ausdrückte: »Eine Persönlichkeit: das ist eine Institution in *einem* Fall.« Und genau das leistet Bildung: Sie macht Menschen besonders. Sie fördert die Unterschiede, macht Menschen unverwechselbar. Bildung fördert die Einsicht in sich selbst. In der Begegnung mit dem radikal anderen – großen Ideen, bedeutenden Menschen, Geschichten, Sprache und Sprachen – wird man komplexer, vielgestaltiger. Deshalb brauchen wir – wenn wir wirklich Führungs-»Persönlichkeiten« wollen – Bildung, auch Herzensbildung! – und nicht Training. Führung kann man nicht trainieren, aber Führung kann sich bilden. Kann das ein Unternehmen leisten? Kaum. Deshalb ist die Auswahl von Führungskräften so wichtig.

> *Bildung macht Führungskräfte einzigartig und unverwechselbar.*

Mir kommt das Bild eines guten Gastgebers in den Sinn, der unauffällig dafür sorgt, dass alles gut läuft und ineinander spielt, der sich sorgt um die vielen kleinen Dinge, die das Fest zu einem Erfolg machen, aufmerksam für das, was zwischen den Gästen sich entwickelt, jenen einbeziehend, der bisher unbeachtet am Rande stand, schwierige Beziehungen charmant überbrückend, und der vor allem dafür sorgt, dass jeder in seiner besten Rolle zur Geltung kommt.

INDIVIDUELLE FÜHRUNG
oder die Souveränität des Ich

> Play to the individual,
> not to the crowd.
> *Bruce Springsteen*

Kostbar – und gefährdet

Gott hat nicht die Menschheit geschaffen, sondern die Menschen. Jeder von ihnen ist einzigartig. Keiner gleicht dem anderen. Er hat eine eigene Art zu denken, eine eigene Weise, sich auf andere Menschen zu beziehen, sehr persönliche Motivationen. Eine unverwechselbare Kombination von Eigenschaften, die in der Welt kein zweites Mal existiert. In jeder Weise besonders. Jeder Einzelne will geachtet, ja, wenn wir ehrlich sind, geliebt werden. In der Art, was er tut und wie er es tut. Dieser Mensch ist kein Material, dem Form gegeben werden muss, sondern Essenz, die erfasst werden kann. Kein typisierter Mustermann und keine idealisierte Musterfrau, sondern ein Unikat, das – wenn es hohe Leistung bringen will – dies nur nach seiner eigenen Art kann. Individualität – in einer von Systemen, Apparaten und Organisationen beherrschten Welt ist sie kostbar und gefährdet.

Führung macht mit jedem Menschen einen neuen Anfang.

Individuelle Führung wehrt sich daher mutig gegen das »Im Gleichschritt, marsch!«. Sie wendet sich gegen die Plumpheit der Verallgemeinerungen. Sie erkennt an, dass die Individualisierung und die Unterschiedlichkeit von Lebensstilen eine stabile Tatsache der überschaubaren Zukunft sein wird. Sie weiß, dass, wenn organisatorische Erfordernisse und individuelle Lebensbedürfnisse besser harmonieren, beide etwas davon haben: der Einzelne und das Unternehmen. Dass der wahre

Wettbewerbsvorteil in einem Kontext liegt, in dem die Menschen ihre Individualität ausleben können. Sie betrachtet Mitarbeiter nicht als verlängerten Arm, nicht als Erweiterung ihrer selbst. Sie will das Subjektive, das Unverwechselbare des Einzelnen nutzen. Das, was Menschen mitbringen. Sie will die Individualität ihrer Mitarbeiter kapitalisieren, ihr Exzentrisches, ihr Besonderes mehren – ohne sie beherrschen zu wollen.

Eigenwillig, eigensinnig

Aufgabe individueller Führung ist es daher nicht, Stellenbeschreibung und Personal zur Deckung zu bringen, sondern die Situation dem Individuum anzupassen. *Das Unternehmen um den Einzelnen herum zu bauen.* Jobs für Menschen zu kreieren. Wie es Bud Grant, in den USA eine Basketball-Trainerlegende, gesagt hat: »Wenn immer ich meine Taktik entwickele, gehe ich von den Spielern zum Spiel.« Wenn eine Führungskraft das leistet, zeichnet sie sich vor allem durch eins aus: *dass sie Unterschiede wahr- und ernst nimmt.* Eigenarten, die sie nicht antasten, Eigensinn, den sie nicht wegreden darf, Eigenwillen, der nicht zu brechen ist. Sie verzichtet auf jede erzieherische Haltung. Individuelle Führung wählt vielmehr eine Einstellung, die es dem Mitarbeiter erlaubt, sich zu »zeigen«. Sie fragt: »Wie ermögliche ich es dem Mitarbeiter, zu *sein*, und nicht zu *scheinen*?« Sie stellt Kreativität als Wert über Normerfüllung und Standardisierung. Sie richtet sich eher nach den Interessen und Neigungen der Mitarbeiter statt nach dem Organigramm. Sie ebnet das Unverwechselbare nicht mit Leitbildern, Trainingseinheiten, Führungsinstrumenten ein. Sie presst nicht zusammen, was nicht zusammengehört. Das Einordnen und Gleichmachen ist ihre Sache nicht. Sie führt keine Schwächen-Debatte, sondern baut auf Stärken, sie schraubt nicht an dem Menschen herum, sondern setzt ihn klug ein. Dass er mehr und mehr das werden kann, was er schon ist. Sie respektiert das, was Frank Sinatra »My Way« genannt hat. Sie huldigt nicht mehr dem völlig überlebten Ideal des Symphonie-Orchesters, sondern kann eher in einer Jazz-Band das Paradigma gelebter Gemeinschaft entdecken: Nur dann ergibt sich ein wohlklingendes Gemeinsames, wenn jeder Raum hat, seine eigene Melodie zu spielen, und sich dennoch mit dem anderen permanent abstimmt.

Das ist die Kunst individueller Führung: Die Menschen machen lassen. Aber so, dass es im Sinne des Ganzen ist. Die neue Führungskraft wird daher Diversität wertschätzen, den Konflikt als Chance nutzen, den Dissens als Bereicherung erleben, die kulturellen Unterschiede respektieren und wissen, dass das Individuelle die größte Hoffnung für langfristiges Überleben und Erfolg ist. Kurz: Sie wird das Unternehmen als »offene Welt« gestalten.

Begegnung statt Behandlung

Der Motor individueller Führung ist daher nicht die Anpassung des anderen an einen vorgegebenen Standard, sondern mit einem anderen Menschen zu *sein*. Eine Verbindung einzugehen. Die eigenen Grenzen zu öffnen, sich selbst zu riskieren. Daher ist jede Führung, so sie funktioniert, im Grunde eine Liebesgeschichte. Ich meine nicht die kuschelige Verliebtheit, die aus Übertragung und Gegenübertragung resultiert. Schon gar nicht irgendeine Form seelsorgerischen Erbarmens. Ich meine die tiefe Verbundenheit mit allem Menschlichen, die unerschöpfliche Zuneigung, die jenseits des Panzers unsere Natur ist. Ich meine Beziehung, nicht Behandlung. Die Führungskraft muss frei sein, ihre quasitherapeutische Attitüde über Bord zu werfen und diesen Tanz mitzutanzen. Das wird ihr nicht gelingen, wenn sie einen Erziehungsauftrag erfüllen möchte, wenn sie nicht von der Vorstellung lassen kann, einen Patienten vor sich zu haben.

Als Führungskraft haben Sie nicht die Aufgabe, den Mitarbeiter zu ändern. Sie haben weder einen Erziehungs- noch einen Therapieauftrag. Sie können nur prüfen, ob und inwieweit Sie sein Spiel mitspielen wollen. Wichtig ist, dass die Überlebensinteressen des Unternehmens gesichert werden. Das kann und muss Führung entscheiden. Darum geht es: an den Mitarbeiter glauben. Seinem selbstgesetzten Qualitätsanspruch vertrauen. Seine Individualität ehren. Also:

Die Menschen stärken – und nicht zurichten.

Das gilt auch für die Führungskraft selbst: Wenn Führung auf ein einziges ideales Anforderungsprofil reduziert wird, wird man der Komplexität der Führungsaufgaben niemals gerecht. Individuelle Führung erlaubt sich daher auch selbst den eigenen Weg – und lässt dem Kollegen den seinen. Sie weiß sich in ihrem Führungshandeln als besonders – und erkennt das Anderssein des anderen an. Erst, wer sich vor der Brillanz anderer verbeugt, ist frei für die eigene. Individuelle Führung ist mithin vor allem Führung ohne Instrumente. Führung ohne Leitbilder. Sie greift nicht nach einem vorgefertigten Führungsstil, erkennt Führung als situatives Ereignis an, konzentriert sich auf Ergebnisse: kurzfristige und langfristige, materielle und immaterielle, quantitative und qualitative. Sie lässt statt Einfalt Vielfalt zu. Hilary Swank, als beste weibliche Hauptdarstellerin für ihre Rolle in *Boys don't cry* mit dem Oscar 2000 geehrt, in ihrer Dankesansprache: »Ich bete für den Tag, an dem wir unsere Unterschiede nicht nur akzeptieren, sondern feiern.«

Die goldene Regel

In den meisten Unternehmen, so wie ich sie erlebe, gibt es für individuelle Führung keine Orden, höchstens Bußgelder. Wer der Welt mit offenem Herzen begegnet, stört den Großkonsens der Regulatoren, die Selbstzufriedenheit der Aufpasser, schürt die Angst der Gleichmacher. Denn die Ego-Inszenierung hält keine Vielfalt aus; für sie gibt es nur Einheitslösungen. Und nach jeder Neustrukturierung gibt es eine neue Einheitslösung. Und danach wieder eine Einheitslösung. Entsprechend ruinös ist eine Führung, die den Einzelnen laufend entmündigt, entindividualisiert, alle im Namen einer völlig absurden Scheingerechtigkeit über einen Kamm schert.

Jede Normierung ist ein Anschlag auf die Kreativität, die Innovationsfähigkeit, die Flexibilität und die Selbstverantwortung im Unternehmen. Wir kennen alle die Erfolgsfalle der Einzigrichtigkeiten, die demotivierende Wirkung, die die Alternativen vernichtende Verregelungswut erzeugt. Wissen im Sinne von Sicherheit, Checklisten und Handbuchkenntnissen ist nicht Macht, sondern wird immer mehr Ohnmacht. Das größte Problem dabei ist: Standards verengen die Verantwortung zur Sorgfaltspflicht. Die reine Sorgfaltspflicht drängt zur Anpassung, verweist auf Normen, bleibt im Vorformulierten. Wer jedoch Verantwortung übernimmt, überschreitet das Verregelte, geht ins Risiko, verlässt den Sicherheitscontainer, unternimmt etwas. Verantwortungsübernahme jedes Einzelnen – das ist die Qualität, die Unternehmen zukünftig erfolgreich sein lässt.

Was wir also brauchen, ist nicht mehr oder weniger Führung. Wir brauchen eine starke Führung, die den Wandel, den Zweifel, das Widersprüchliche begrüßt, die das Individuelle nicht als Bedrohung erlebt, die selbstverantwortliche Menschen schätzt, die Unsicherheit als Chance begreift. Wir brauchen Führung von Erwachsenen durch Erwachsene, Führung, die sich um den Ausgleich von Geben und Nehmen kümmert, die den anderen ernst nimmt, ihm etwas zumutet und zutraut, Vereinbarungen einfordert und konsequent ist, auf Augenhöhe kommuniziert. Anspruchsvolle Führung im doppelten Sinn: die hohe Ansprüche an Mitarbeiter stellt und an sich selbst, Führung, die in die Verantwortung geht, und ihre Aufgabe nicht in skandalöser Weise an scheinobjektive Instrumente abtritt.

Führungskräfte, die sich dieser Aufgabe stellen, leisten heute Schwerstarbeit. Sie leben aus dem Wissen, dass es nicht nur eine beste Lösung gibt, sondern mehrere beste Lösungen. Sie leben eine Didaktik der Vielfalt, die Bewährtes erhält und Neues erprobt, Unterschiede zur Geltung bringt und dennoch ein »Wir« immer neu umgrenzt. Starke Führung schaut unverkrampft auf das Balanceproblem, das immer neu zu lösen ist. Ein Entweder-Oder ist lebensfeindlich. Aber ein Sowohl-als-Auch darf sich nicht feige um Entscheidungen herumdrücken. Sie achtet vor allem auf das Recht, anders zu sein als die anderen. Sie macht nicht alles, was alle machen. Sie fragt: »Muss das wirklich sein? Können wir nicht vielleicht doch darauf verzichten? Und wenn wir die Spät- und Nebenwirkungen bedenken – sollten wir es dann nicht einfach *lassen*?« Gewöhnlich wird immer etwas den laufenden Geschäftsprozessen hinzugefügt. Die Unternehmen wollen unterschiedlich *scheinen*, ohne das Risiko einzugehen, unterschiedlich zu sein. Ein Unternehmen, das seine Prozesse um Menschen herum baut, wird nach Lage der Dinge nicht etwas hinzufügen müssen, sondern vor allem etwas wegnehmen. Etwas lassen. Führungsprothesen wegschlagen. Die Struktur zerstören, um den Wert des Individuellen zu erhöhen. Auch Nichtstun kann wohlbegründet sein und ist keineswegs mit Passivität oder Unentschiedenheit gleichzusetzen.

Geben Sie dem Lassen eine Chance!

Aus eigener Sicht

Eigenständigkeit und Selbstverantwortung zu stärken ist in den Unternehmen allerdings oft zum Vorwand geworden, sich um Führung nicht mehr zu kümmern und alle unangenehmen Entscheidungen an den Mitarbeiter zu delegieren. Die Individuen werden so zu Müllschluckern struktureller Schieflagen. Das ist hier nicht gemeint. Gemeint ist vielmehr: Nicht bevormunden, aber auch nicht allein lassen. Nicht überzuständig sein, aber auch nicht kalt abfertigen. Nicht entmündigen, aber auch nicht wegsehen. Wie oft habe ich Führungskräfte sagen hören: »Unsere Mitarbeiter sind die wichtigste Ressource.« Das stimmte auch, nur umgekehrt: Wenn die Kosten reduziert werden sollten, waren Mitarbeiter die wichtigste Kürzungsressource, nicht die letztmögliche. Wenn aber die Mitarbeiter weg waren, war nicht selten auch die Qualität weg (man erlebe nur große Teile der Hotellerie). Differenzieren können nur Menschen, Führungskräfte, nicht Systeme. Wenn Leistung *bewertet* werden muss – auch das kann nur Führung. Die Tatsache, dass Leistung nur bewertet werden kann und diese Bewertung immer rettungslos subjektiv ist, darf nicht dazu führen, vor der Bewertung zu kneifen. Zur Subjektivität des Urteils stehen und sich nicht hinter Instrumenten verstecken. Instrumente dürfen die Führung nicht abnehmen. Eine Führung, die »Ich« sagt, »Ja« sagt zu der eigenen Sicht, die auch nur vom Einzelnen zu verantworten ist. Das schwächt die Führung nicht, das adelt sie.

Das Unternehmen – nicht festgelegt als eine Gruppe von Menschen mit gemeinsamen Merkmalen, aber angesichts gemeinsamer Probleme doch hinreichend ähnlich, um von einem gemeinsamen Begriff umspannt zu werden. Damit sie von anderen unterscheidbar sind. Doch sind sie es in einer Vielfalt, die das Unternehmen nicht dazu verleiten sollte, Identitäten festzulegen. Ein solches Unternehmen, das Identitäten nicht vorgibt, lässt die Mitarbeiter *wählen*. Jeden. Freiwillig. Trauen wir auch den Führungskräften etwas zu: Stellen wir die Instrumente zur Wahl! Wehren wir uns gegen die Alles-im-Griff-Mentalität der Stäbe. Für einige Unternehmensbereiche in gewissen Situationen mögen Instrumente nützlich sein, für andere überflüssig. Lassen wir Unterschiede zu. Wer glaubt, mit ihnen besser zu führen, soll sich ihrer bedienen können. Aber nötigen wir sie nicht unter die Kuratel unserer Machtansprüche. Bauen wir Öffnungsklauseln ein.

Wenn Unternehmen glauben, alle über einen Kamm scheren, die Verregelungsdichte weiter erhöhen und Unterschiede einebnen zu können, dann wird sich das ändern müssen. Das individualisierende Unternehmen macht den Anbieter einer Dienstleistung auch *im* Unternehmen wählbar. Demgegenüber steht das Bedürfnis der Menschen nach Ordnung, Struktur und Orientierung. Doch genau das ist es, was wir haben: Radikale Ordnung. Wenn wir Werte bewahren wollen, müssen wir Strukturen zerstören. Radikale Wählbarkeit schleift die Grenzen des Unternehmens zur Umwelt. Hier sind neue Gleichgewichte zu finden.

Wider die Gleichheit des Verschiedenen

Daraus resultiert der kategorische Imperativ der individualisierenden Führung: »Prüfe ständig, ob deine Entscheidungen Unterschiede im Unternehmen ausreichend berücksichtigen.« Ob sie mehr Freiheit und damit mehr Verantwortung ermöglichen. Daher – es gibt nur eine goldene Regel:

> *Es gibt keine goldene Regel!*

Und wenn es sie gäbe, würde ich raten, ihr nicht zu folgen.

Aus der Evolutionstheorie wissen wir, dass die *Ausnahme* ein grundsätzliches Lebensprinzip in seinem Drang nach Vielfalt ist. Eine individuelle Führung sieht daher in der Ausnahme keine Bedrohung, sondern einen wichtigen Verbündeten. In der Natur erzeugt Komplexität eine verschwenderische Vielfalt kreativer Lösungen. Sie ist deshalb so kreativ, weil sie dem Besonderen eine wichtige Funktion einräumt: Es soll das Überleben sichern. Wir wissen, dass ein lebendiges System, das keine Ausnahme mehr zuläßt, eigentlich schon gestorben ist, weil es sich nicht mehr an veränderte Rahmenbedingungen anpassen kann. Wir brauchen gleichsam Standbein und Spielbein, um überleben zu können. Ausnahmen ermöglichen uns versuchsweise Anpassungen an veränderte Rahmenbedingungen. Warum nicht Ausnahmen zulassen und schauen, ob sie funktionieren? Sind Sie selbst nicht eine Ausnahme wert? Also: Behandeln Sie jeden Mitarbeiter wie eine Ausnahme! Behandeln Sie jeden Mitarbeiter als sehr verschieden und sehr besonders! Niemandem sollte eine Ausnahme verweigert werden, nur weil die anderen sich irritiert zeigen oder allein das Vorhandensein von Ausnahmen anstößig finden.

Und irgendjemand wird immer irritiert sein! Erst wenn die Ausnahme Nachteile für andere bringt, müssen die widerstreitenden Interessen ausgeglichen werden. Unsere Rechtsordnung ist voller Ausnahmen. Jugendliche sind vom Strafrecht ausgenommen, Beamte von der gesetzlichen Krankenversicherung, arme Menschen von der Bezahlung der Rundfunkgebühren, Priester von der Wehrpflicht. Der gesellschaftliche Zusammenhalt und die Rechtstreue der Bevölkerung haben darunter nicht gelitten. Natürlich, in bestimmten Kernbereichen bleibt nur die Wahl zwischen Anpassung oder Kündigung. Wer am 24. Dezember frei haben will, sollte sich nicht als Weihnachtsmann bewerben. Aber muss ein Sikh auf der Baustelle einen Schutzhelm aufsetzen, obwohl seine Religion ihm den Turban vorschreibt? Sollten Sie einen Arbeiter entlassen, der während der Arbeitszeit die vorgeschriebenen Gebete verrichtet oder an einem religiösen Feiertag der Arbeit fernbleibt? Einige Mitarbeiter wollen in Ruhe gelassen werden, einige brauchen Kontakt; einige gehen bei Routinearbeiten zugrunde, einige blühen gerade dann auf; einige lieben risikoreiche Aufbauarbeiten, einige lieben das Gleichmaß der Abschöpfungsmärkte.

Wie aber können Sie wissen, wie jemand behandelt werden möchte? Der größte Fehler: »Führe so, wie du selbst geführt werden möchtest!« Damit machen Sie sich selbst zum arroganten Maß aller Dinge, werden dem anderen in seiner Andersartigkeit nie gerecht. Besser ist: Fragen Sie! Bringen Sie den Mitarbeiter in die Verantwortung für sein eigenes Wohlbefinden. Jeder weiß selbst am besten, was gut für ihn ist.

Glauben Sie nicht, Fairness geböte es, alle Menschen gleich zu behandeln! Es gibt in den empirischen Zusammenhängen unseres Daseins keine *Gleichheit*, die immer wieder beschworen wird. Jeder hat seine Geburtsstunde, seine Herkunft und seine Entwicklung, die er so mit niemand anderem teilt. Die einzige auch von den Biologen gemachte Ausnahme, nämlich die der eineiigen Zwillinge, gilt nur für den Genotyp, nicht aber für die entwickelten Einzelwesen. Fairness heißt daher keineswegs Gleichheit. Das Gegenteil ist der Fall:

> *Fair ist es, Menschen nach ihrer Art zu behandeln. Nicht nach Ihrer.*

Freiheit – dies sei ganz entschieden unterstrichen – ist immer Freiheit innerhalb von Grenzen. Freiheit ohne Grenzen ist leer. So müssen durch geschicktes Aushandeln der unterschiedlichen Interessen zunächst Grenzen definiert, eine gewisse Plattform geschaffen werden. Es müssen die Spielregeln, so sie denn existieren, befolgt werden. Wie viele es sind, wie tief sie gestaffelt sind und auf welche Bereiche sie sich beziehen – das gilt es zu diskutieren. Wenn Sie jedes Gestaltungsproblem im Unternehmen mit einer Richtlinie erschlagen, dann dürfen Sie sich über mangelnde Kreativität und Eigeninitiative nicht beklagen. Von dieser Plattform ausgehend aber muss Vielfalt entstehen und sich ausbreiten. Es gilt, wie es der Autor Thomas Roosevelt ausgedrückt hat, »das Giraffenhaus so umzubauen, dass auch Elefanten darin gut leben können«. Nur wer Unterschiede sieht, kann auch Unterschiede machen. Und nur wer Vielfalt toleriert, kann auch von ihr profitieren.

> *Unternehmerischer Erfolg setzt die Fähigkeit voraus, zu unterscheiden und sich zu unterscheiden.*

Aber droht nicht das Chaos, die Anarchie? Wenn man ins Extrem geht, kann man nur beweisen, dass alles falsch ist. Es geht mir um ein *Mehr* an Individualität, ein *Mehr* an Freiraum, ein *Mehr* an Subjektivität. Es geht mir um ein *Weniger* an Verregelung, ein *Weniger* an Gängelung, ein *Weniger* an Therapeutisierung.

Und was haben die Menschen davon? Bessere Orte zum Leben und Arbeiten vielleicht. Dass sie weniger an falschen Alternativen und Strukturen zerbrechen. Dass sie frei werden zur Integration all dessen, was ihnen im Leben wichtig und wertvoll ist. Dass sie das einbringen können, was an ihnen besonders ist. Dass sie etwas weniger Gefahr laufen, sich selbst und ihren Charakter zu verlieren.

Selbst-Bewusst-Sein

Führungskräfte in einem individualisierenden Unternehmen leben rigorose Offenheit gegenüber anderen und anderem. Das heißt nicht nur einfach, die Standard-Vordrucke der Arbeitsverträge einzustampfen. Es heißt für Sie vor allem, sich über sich selbst klarer zu werden, sich Rechenschaft abzulegen über die Eigenheiten, die Sie mitbringen und füglich zu beachten haben, wollen Sie nicht Unangemessenes von sich selbst erwarten. Sokrates entdeckte, dass alles Wissen seinen Wert verliert, wenn es sich nicht auf den selbstbewussten Anspruch des Menschen bezieht. Man kann nichts wirklich wissen, wenn man sich nicht wenigstens um Selbsterkenntnis bemüht und das dabei erworbene Wissen von sich selbst zum Ausgangspunkt jeder bewussten Entscheidung macht. Mit welchen Rollenmodellen und anthropologischen Grundannahmen lebe ich? Wo bin ich empfindlich? Wo bin ich verführbar? Darum geht es: sich selbst kennenlernen. Diese Selbsterkenntnis ist nur im Angesicht des anderen möglich. Und je kontrastreicher dieser ist, desto erkenntnisreicher. Deshalb ist Führen immer ein Selbstführen. Eine Aufgabe in Permanenz, die nur individuell zu erfüllen ist. Also fordert das Selbstführen ein profiliertes Selbst, ein Ich, das sich seiner Eigenart derart bewusst ist, dass es nur durch *eigenes* Führen ausgedrückt werden kann. Das ist das Handeln einer sich selbst bewussten Führungskraft, einer selbstbewussten Führungskraft, die ohne Betroffenheitsjargon »Ich« sagt. Und nur diese »erwachsene« Führung kennt auch die eigenen Grenzen. Sie huldigt nicht der eigenen Grandiosität oder einem wild gewordenen Behaviorismus, der »Alles ist möglich!« grölt, sondern übt sich in Selbstbegrenzung, Selbstbescheidung, Demut. Und kann über sich selbst lachen. – Wer zuletzt lacht, hat's nicht eher begriffen.

Das Verhältnis zur Organisation ist daher ein naturgemäß »spannendes«. Denn alles Lebendige geht von sich selbst aus. Alles strebt nach Wachstum und Entfaltung aus eigenem Impuls. Und indem alles

Lebendige von seinen eigenen Antrieben ausgeht, widersetzt es sich auch dem äußeren Zwang. Wir brauchen nur unsere Augen aufzumachen, um zu erkennen, dass die Abwehr von Zwang eine Verhaltensdisposition ist, die alles Lebendige umfasst, das zu Ortsveränderungen in der Lage ist. Wir wollen uns nun einmal nicht zwingen oder auch nur nötigen lassen. Wir wollen unseren eigenen Willen haben. Jeder will der sein, der er ist, und er will das tun können, was seiner eigenen Einsicht entspricht. Dadurch entstehen Probleme, Krisen. Alles Nachdenken ist auf Zustände bezogen, die wir möglichst vermeiden, in den Griff bekommen, hinter uns lassen oder auch nur vergessen wollen. Auch die Selbstreflexion.

Wenn wir feststellen, dass wir uns zu entscheiden haben, dass überlieferte Autoritäten, traditionelle Normen oder organisatorische Vorentscheidungen nicht mehr verbindlich sind, dann müssen wir uns selbst fragen, was zu tun ist. Natürlich kennen wir die alten Pflichten noch, aber sie haben ihre Strenge verloren. Es gibt plötzlich offene Alternativen, das Vorgegebene ist nur eine Möglichkeit unter vielen. Die Gegenwart fordert ihr Recht, und in dieser Gegenwart steht der Handelnde selbst. Wir müssen *eigene* Wege gehen und dafür *eigene* Gründe haben. Und in dem Bewusstsein, vom Üblichen unabhängig zu sein, verstärkt sich die Selbstständigkeit. Individualität drängt zu Abweichung und Widerstand und führt so zur Erosion der alten Ordnung. Es ist die Individualität des Einzelnen, die in die Probleme *hineinführt*, weil die Entscheidungen nicht länger unter Berufung auf die »erfolgreichen« traditionellen Wege getroffen werden können. Zugleich ist sie es aber auch, in der das Handeln der Einzelnen neue Verlässlichkeit und Vertrauen gewinnt. Nun liegt die Ordnung darin, dass jeder bewusst selbst entscheidet. Es ist auch diese Individualität, die aus den Problemen *hinausführt*, die eine eigene Lösung verlangt. Das heißt: Das durch die Verselbstständigung des Individuums entstandene Problem kann nicht durch Verzicht auf eben diese Selbstständigkeit gelöst werden! Vielmehr fordert das mit der Verselbstständigung entstandene Problem auch die volle Selbstständigkeit in der Lösung.

Individualität ist die Ursache der Krise und zugleich ihre Lösung.

Die Kurzformel für den Anspruch an sich selbst findet sich in Nietzsches Forderung: »Verwechselt mich nicht!« Das ist die Formel des Individuums. Das ist auch die Erfolgsformel auf allen Märkten dieser Welt. Wer so spricht, der wäre nicht glaubwürdig, wenn ihm nicht an seiner eigenen Leistung und wohl auch nicht an seiner spezifischen Eigenart gelegen wäre. Es wäre auch unbillig, es bei dieser Forderung zu belassen, ohne etwas für die eigene Unverwechselbarkeit zu tun. Wer das aber eingesteht, hat eigentlich alles zusammen, um die moralische Ursprungsfrage »Was soll ich tun?« erschöpfend zu beantworten: »Sei du selbst!« Das ist der kategorische Imperativ einer Moral der Individualität. Durch den bewussten Einsatz seiner besten Kräfte steigert sich der Mensch – und bleibt doch der, der er ist. Das »Sei du selbst!« rückt in die Entwicklungsperspektive des Lebens und wird zum »Werde, der du bist!« Man muss also seine Gründe behalten, seiner Herkunft begegnen. Jenem Ruf folgen, den man einst vernahm und der »Berufung« zu allen Zeiten war und sein wird. Um dem zu genügen, braucht jeder nur konsequent in eben dem zu sein, womit er *von sich aus* angefangen hat.

Vertrauen in Individualität

Alle Unternehmen suchen nach unentdeckten Wertreserven. Die menschliche Individualität ist die größte. Aber sie ist, anders als andere Naturkräfte, eben individuell, nicht einheitlich. Ihre Kraft steckt in ihrer Besonderheit, ihrer Unwucht. Das macht sie für Unternehmen so unhandlich. Wenn Unternehmen diese Kräfte nutzen wollen, müssen sie Vertrauen in die Individualität entwickeln. Sie müssen sich zum Vertrauen *entschließen*. Sie müssen dazu die Organisation öffnen. Kreative Spontanität ist innerhalb straffer Prozessrationalität nicht zu haben. Denn Kreativität kann sich nur in einer gewissen Desorganisation entfalten. Freiheit ist ihre Existenzbedingung. Das ist im Unternehmen nur näherungsweise möglich. Freiheit ist immer Freiheit in Grenzen. Das Unternehmen muss irgendwann Farbe bekennen und ein Produkt abliefern. Wir haben aber die Balance zu sehr auf die ordentliche Seite, auf die Seite der Rechtfertigung verschoben. Hier müssen wir gegensteuern.

Im gewissen Sinne bewegen wir uns also immer zwischen den Grenzen der »economy of scale« und den Möglichkeiten der Effizienzsteigerung durch Neuentwicklung. In den globalen Unternehmen kommt es zukünftig verstärkt darauf an, Strategische Führung mit dem innovativen Impuls des Individuums zu verknüpfen. Unternehmen nicht mehr als Reißbrettentwurf, sondern als Organismus zu gestalten. Wir dürfen nicht nur den Einzelnen an das System anflanschen, wir müssen auch das System für den Einzelnen flexibilisieren. Die daraus resultierende Spannung müssen wir begrüßen: Auch ein Flugzeug erhält Auftrieb erst durch den Widerstand.

Wir haben daher in den Unternehmen einen Reformbedarf, der historisch wohl nur mit dem Beginn der Industrialisierung verglichen werden kann. Wir müssen die Unternehmen öffnen für den Unterschied, das Besondere, das Individuelle, für bunte Lebensformen, für die Varianz des Lebendigen. Das heißt auch die Frage zu beantworten: Wie bringen wir in unserer Organisation den Neuerer, den Innovativen, den Kreativen so unter, dass er nicht zur anarchischen Seite ausschert, aber auch so, dass wir ihn nicht in seinem Tatdrang beschneiden? Dafür gibt es keine allgemeingültige Antwort. Das muss jedes Unternehmen je nach organisatorischer Verfasstheit selbst entscheiden. Ein kluges Management wird nicht den Einzelnen zum Wandel auffordern und die Rahmenbedingungen, unter denen er sich wandeln soll, unverändert lassen. Es wird die Auseinandersetzung über den Sinn und Zweck einer Organisation wieder in die Organisation einführen. Es wird wissen: »Wir haben den Feind erkannt: Wir sind es selbst!« Der Ernst der Ironie aber besteht darin, dass Manager keine haben.

Nachwort

Raymond Chandler hat in einem Brief vom April 1954 drei »absolute« Regeln für's Schreiben aufgestellt. Davon lautet die erste: »Nimm nie einen Rat an.« Gegen diesen Rat, keinen Rat anzunehmen, habe ich mehrfach verstoßen. Sabine Bruderer, Karl-Bernd Greve, Robert Janz, Michael Jung, Britta Kroker und Brigitte Roser haben alle auf ihre je besondere Weise dazu beigetragen. Mein Bruder Norbert hat den Text aus seiner Unternehmersicht gegengelesen. Am meisten zu- und abgetragen hat – wie schon beim letzten Buch *Die Entscheidung liegt bei Dir!* – Karin Beiküfner. Sie war es auch, die mir in einer dunklen Stunde sagte, dieses Buch nicht zu schreiben sei »unterlassene Hilfeleistung«. Mögen jene, *die es angeht*, so empfinden.

Wer mir nach der Lektüre noch etwas mitteilen möchte, Gedanken anknüpfen, Einspruch erheben, Erfahrungen berichten will, den lade ich ein, das auf »modernem« Weg zu tun:

www.sprenger.com
reinhard@sprenger.com

Literatur

Baecker, D.: *Die Form des Unternehmens*, Frankfurt 1999
Beck, U. (Hg.): *Kinder der Freiheit*, Frankfurt 1997
Beck, U./Ziegler, U. E.: *Eigenes Leben. Ausflüge in die unbekannte Gesellschaft*, München 1997
Blank, W.: *The 9 Natural Laws of Leadership*, New York 1995
Boyett, J. H./Conn, H. P.: *Workplace 2000. The Revolution Reshaping American Business*, New York 1991
Boyett, J. H./Boyett, J. T.: *The Guru Guide. The Best Ideas of the Top Management Thinkers*, New York 1998
Collins, J. C./Porras, J. I.: *Built to Last. Successful Habits of Visionary Companies*, New York 1994
Crease, R. P./Mann, Ch. C.: *The Second Creation. Makers of the Revolution in Twentieth-Century Physics*, New York 1987
Davis, St./Meyer, Ch.: *Das Prinzip Unschärfe. Managen in Echtzeit – Neue Spielregeln, neue Märkte, neue Chancen in einer vernetzten Welt*, Wiesbaden 1998
Daniels, A. C.: *Bringing Out the Best in People*, New York 1999
Dunn M. H.: *Die Unternehmung als ein soziales System. Ein sozialwissenschaftlicher Beitrag zur Neuen Mikroökonomik*, Berlin 1998
Fickinger, N.: »Nomaden auf dem Weg in die Selbst-GmbH«, in: *FAZ*, 15. 12. 1999, S. 20
Foucault, M.: *Überwachen und Strafen. Die Geburt des Gefängnisses*, Frankfurt 1976
Fox, A.: *Beyond Contract. Work, Power and Trust Relations*, London 1974
Fukuyama, F.: *Trust. The Social Virtues and the Creation of Prosperity*, New York 1996
Gerhardt, V.: *Selbstbestimmung. Das Prinzip der Individualität*, Stuttgart 1999
Ghoshal, S./ Bartlett, Ch. A.: *The Individualized Corporation. A New Doctrine for Managing People*, New York 1997
Guehenno, J.-M.: *Das Ende der Demokratie*, München 1996
Heuser, U. J.: »Unruhe als Prinzip«, in: *Die Zeit*, Nr. 6, 03. 02. 2000, S. 22
Heuser, U. J.: *Das Unbehagen im Kapitalismus. Die neue Wirtschaft und ihre Folgen*, Berlin 2000
Hösle, V.: *Philosophie der ökologischen Krise. Moskauer Vorträge*, München 1991

Jones, L. B.: *Jesus CEO. Using Ancient Wisdom for Visionary Leadership*, New York 1995

Klotz, U.: »Netzwerkeffekte und Ökonomie der Aufmerksamkeit«, in: *FAZ*, 25.04.2000, S. 15

Klotz, U.: »Neue Unternehmensmodelle führen zu einer anderen Definition von Arbeit«, in: *FAZ*, 29.05.2000, S. 33

Kramer, R. M./Tyler, T. R.: *Trust in Organizations. Frontiers of Theory and Research*, New York 1996

Levering, R./Moskowitz, M.: The 100 Best Companies to work for in America, in: *Fortune*, 1/2000, S. 82-110

Moser, K./Batinic, B./Zempel, J. (Hg.): *Unternehmerisch erfolgreiches Handeln*, Göttingen 1999

Müller, M.: *Das vierte Feld. Die Bio-Logik revolutioniert Wirtschaft und Gesellschaft*, Köln 1998

Müller, U. R.: *Machtwechsel im Management. Drama und Chance*, Freiburg 1997

Neidhöfer, Loil: *Intuitive Körperarbeit*, Oldenburg 1991

Neuberger, O.: *Führen und geführt werden*, 3. Aufl., Stuttgart 1990

Neuberger, O.: *Personalentwicklung*, Stuttgart 1991

Pfeiffer, H.: »Vom Mitarbeiter zum Kapitalisten«, in: *Die Zeit*, Nr. 14, 30.03.2000, S. 38

Polanyi, K.: *Ökonomie und Gesellschaft*, Frankfurt 1979

Polanyi, K.: *The Great Transformation. Politische und ökonomische Ursprünge von Gesellschaften und Wirtschaftssystemen*, 4. Aufl., Frankfurt 1997

Pothast, U.: *Lebendige Vernünftigkeit*, Frankfurt 1998

Priddat, B. P.: »Zukunft der Arbeit«, in: *Universitas*, 2/1999, S. 133-141

Ripperger, T.: *Ökonomik des Vertrauens. Analyse eines Organisationsprinzips*, Tübingen 1998

Risch, S.: »Eine feine Gesellschaft«, in: *managermagazin*, 4/1999, S. 255-275

Roosevelt, R. Th./Woodruff, M. I.: *Building a House for Diversity. A Fable About a Giraffe & an Elephant Offers New Strategies for Today's Workforce*, New York 1999

Rosenstiel, L. v./Lang-von Wins, T. (Hg.): *Existenzgründung und Unternehmertum. Themen, Trends und Perspektiven*, Stuttgart 1999

Rust, H.: »Kampf um die Besten«, in: *managermagazin*, 4/2000, S. 241-258

Scholz, Chr.: *Personalmanagement. Informationsorientierte und verhaltenstheoretische Grundlagen*, 5. Aufl., München 2000

Schrage, M.: *Shared Minds. The New Technologies of Collaboration*, New York 1990

Scott, D.: »The causal relationship between trust and MbO«, in: *Journal of Management*, 6/1980, S. 157-175

Sen, A. K.: »Goals, Commitment and Identity«, in: *Journal of Law, Economics and Organisation*, 1/1985, S. 341-355

Schmidt, S. J. (Hg.): *Der Diskurs des Radikalen Konstruktivismus*, Frankfurt 1988

Sonntag, M.: *Das Verborgene des Herzens. Zur Geschichte der Individualität*, Reinbek 1999

Stirner, M.: *Der Einzige und sein Eigentum*, Stuttgart 1972

Then, W.: »Die Selbst-GmbH«, in: *Personalwirtschaft*, 3/2000, S. 38-48

Thomas, R. R.: *Redefining Diversity*, New York 1996

Turner, Ch./Webber, A.: *All Hat and No Cattle. Tales of a Corporate Outlaw. Shaking up the System and Making a Difference at Work*, Cambridge 1999

Weik, E.: *Zeit, Wandel und Transformation. Elemente einer postmodernen Theorie der Transformation*, München 1998

White, R. P./Hodgson, Ph./Crainer, St.: *Überlebensfaktor Führung. Über den zukünftigen Umgang mit Risiko und Unsicherheit im Management*, Wien 1997

Reinhard K. Sprenger
Mythos Motivation
Wege aus einer Sackgasse
276 Seiten · ISBN 3-593-37637-7

Motivation ist kein Zufall

An zahlreichen Beispielen analysiert Reinhard K. Sprenger die ausgeklügelten Antreibertechniken und weit verbreiteten Anreizsysteme in unseren Unternehmen und ihre kontraproduktiven Folgen: Belohnungssucht, Burn-out, Passivität und letztlich Demotivation. Die Alternativen lauten Fordern statt Verführen, klare Vereinbarungen und Commitment sowie Rahmenbedingungen für individuellen Spielraum zu schaffen. Die vollständig überarbeitete Neuauflage berücksichtigt die Entwicklungen der vergangenen zehn Jahre und diskutiert auch die neuesten Anreizsysteme.

Gerne schicken wir Ihnen unsere aktuellen Prospekte:
vertrieb@campus.de · www.campus.de

Reinhard K. Sprenger
Das Prinzip Selbstverantwortung
Wege zur Motivation
280 Seiten · ISBN 3-593-37638-5

Erfolgreiche Wege zur Motivation

Alle neueren Management-Systeme wie Lean-Management, Kaizen und Reengineering können nur dann greifen, wenn sich die Einstellungen der Menschen ändern. Eigeninitiative und mutige Innovationen sind gefragt. Reinhard K. Sprenger beschreibt, was Selbstverantwortung ist und wie Führungskräfte sie fördern können: Indem sie ihre Überzuständigkeit angemessen reduzieren, Mitarbeiter in der Verantwortung lassen, sie unterstützen in ihren Bemühungen um Erfolg, Commitments vereinbaren und einfordern sowie differenzierte Rückmeldungen geben.

Gerne schicken wir Ihnen unsere aktuellen Prospekte:
vertrieb@campus.de · www.campus.de

Frankfurt / New York

Reinhard K. Sprenger
Vertrauen führt
Worauf es im Unternehmen
wirklich ankommt
192 Seiten · ISBN 3-593-37640-7

Königsweg der Mitarbeiter-Führung

Reinhard K. Sprenger beschreibt die Essenz moderner Führung und konzentriert sie in einem Begriff – Vertrauen. Das klingt überraschend einfach, dennoch steht einiges für die Manager auf dem Spiel. Wer Vertrauen zum zentralen Führungsprinzip erklärt, muss Macht abgeben, auf Kontrolle verzichten und bereit sein, sich von seinen Mitarbeitern abwählen zu lassen. Doch es gibt zu gegenseitigem Vertrauen keine Alternative. Nur wer Vertrauen als Führungsinstrument einsetzt, fördert die entscheidenden Wettbewerbsvorteile Kostenminimierung, Schnelligkeit und Innovation. Reinhard K. Sprenger hat ein revolutionäres Buch geschrieben, das zu einem neuen Klassiker der Führungsliteratur werden wird.

Gerne schicken wir Ihnen unsere aktuellen Prospekte:
vertrieb@campus.de · www.campus.de *Frankfurt / New York*

Reinhard K. Sprenger
Die Entscheidung liegt bei Dir!
Wege aus der alltäglichen
Unzufriedenheit
230 Seiten · ISBN 3-593-37442-0

Glück ist keine Glückssache

Die Freiheit zu wählen und Alternativen zu realisieren ist das zentrale Thema dieses aufrüttelnden Buches von Reinhard K. Sprenger. Es geht darum, die eigenen Wünsche ernst zu nehmen, Spielräume zu erkennen und den Mut zu finden, Entscheidungen zu treffen. Letztlich geht es darum, die Verantwortung für das eigene, das einzige Leben zu übernehmen. Mit seinen Erfahrungen aus dem Wirtschaftsbereich deckt der Bestsellerautor die meist selbstverschuldeten Unmündigkeiten auf, die unser ganzes Leben durchziehen. An zahlreichen Beispielen verdeutlicht er, was uns daran hindert, den Traum vom besseren Leben zu realisieren – und wie wir diese Hindernisse überwinden können.

Gerne schicken wir Ihnen unsere aktuellen Prospekte:
vertrieb@campus.de · www.campus.de

Frankfurt / New York

Reinhard K. Sprenger
Mythos Motivation
Wege aus einer Sackgasse
Hörbuch · 2 CDs · 139 Minuten
ISBN 3-593-37578-8

Der neue Weg zur Mitarbeitermotivation

Lob, Prämien, Boni, Incentives, leistungsvariables Einkommen: Alles, was in Unternehmen an Tricks und Kniffen zur Mitarbeitermotivation praktiziert wird, ist kontraproduktiv. In der Hörbuchversion seines Longsellers zeigt Reinhard K. Sprenger kurz und prägnant, wie Leistungsfreude entfesselt werden kann und gute Mitarbeiter gehalten werden.

Der Bestseller von Reinhard K. Sprenger jetzt als Hörbuch.

Gerne schicken wir Ihnen unsere aktuellen Prospekte:
vertrieb@campus.de · www.campus.de